Wilhelm Schwendemann / Silke Trillhaas / York Breidt in Verbindung mit André Paul Stöbener / Sadik Hassan / Jürgen Marose

Was geht mich Menschenwürde an? – Ethik für das Leben unterrichten

Materialien und Unterrichtsentwürfe ab Klasse 10 zu den Themen:

- Einführung in die Didaktik medizinethischer Themen
- Menschenrechtliche Grundlegung der Ethik für das Leben
- Würde im Beginn des Lebens
- Inklusion und Behinderung

Bestandteil dieses Buches sind Bilder vom Künstler Jürgen Marose in Farbe. Ergänzend dazu stehen zudem Impulse und Arbeitsaufträge zu jedem Bild und eine Linkliste zu den Materialien und Filmen im Netz zur Verfügung.

Download unter: (bitte Groß- und Kleinschreibung beachten)
https://www.calwer.com/cwv/download/Was_geht_mich_Menschenwuerde_an-Ethik_fuer_das_Leben_unterrichten

Code: **WS4594KK23**

calwer materialien

Bild- und Textnachweis sind jeweils an entsprechender Stelle vermerkt.
Leider war es nicht möglich, alle Urheber zu ermitteln. Betroffene Inhaber:innen von urheberrechtlichen Ansprüchen, bitten wir, sich beim Verlag zu melden.

Im Interesse des Textflusses und der Leserfreundlichkeit werden in diesem Materialienheft weitestgehend geschlechtersensible Termini gebraucht. Wir benutzen die gendersensible Schreibweise mit „:". Die zum Teil noch vorhandenen Bezeichnungen Patient, Arzt, Mitarbeiter etc. beziehen selbstverständlich jeweils die anderen Geschlechter mit ein.

Abkürzungen:
AB = Arbeitsblatt
L = Lehrperson
S:S = Schülerinnen, Schüler und Divers

Bibliografische Information der Deutschen Bibliothek

Die Deutsche Bibliothek verzeichnet diese Publikation in der Deutschen Nationalbibliografie; detaillierte bibliografische Daten sind im Internet über *https://www.dnb.de* abrufbar.

ISBN 978–3–7668–4594–8

Satz und Herstellung: Karin Class, Calwer Verlag
Umschlaggestaltung: Karin Sauerbier, Stuttgart
Druck und Verarbeitung: Mazowieckie Centrum Poligrafii –
05-270 Marki (Polen) – ul. Słoneczna 3C – www.buecherdrucken24.de

Internet: www.calwer.com
E-Mail: info@calwer.com

Inhalt

1. Einführung in die Didaktik medizinethischer Themen 5
1. Einleitung 5
2. Religionspädagogische Reflexion 6
3. Menschenrechtliche Diskussion 7

Unterrichtsentwurf: Einführung in das Feld der theoretischen und praktischen Ethikmodelle 8
Stundenübersicht 8
M 1 Rollenkarten 10
M 2 Schaubild / Tafelbild / Bodenzeitung / Handout . . 11
Zusatzmaterialien 12

Einführung in das dialogische Denken bei Martin Buber 13

2. Menschenrechtliche Grundlegung der Ethik für das Leben 23
1. Einleitung 23
2. Gottebenbildlichkeit und christliche Ethik 24
3. Gottebenbildlichkeit und Tradition 25
4. Islam und Menschenwürde 26
5. Das Coronavirus 33

Reflexionsfragen 36

Unterrichtsentwurf: Würde des Lebens 37
Stundenübersicht 37
M 1 Negative und positive Zuschreibungen 39
M 2 Zuschreibungskarten 40
M 3 Peter Bieri: Würde als Begegnung 41

Unterrichtsentwurf zu John Rawls: Eine Theorie der Gerechtigkeit – eine Einführung 48
Stundenübersicht 48
M 1 Aus Johns Rawls: Theorie der Gerechtigkeit 1971 49
M 2 Der Schleier des Nichtwissens 53

Unterrichtsentwurf zu Kants kategorischem Imperativ 54
Stundenübersicht 54
M 1 Sophie und der kategorische Imperativ 56
M 2 Glossar: Kant, Sophie und der kategorische Imperativ 61
M 3 Immanuel Kant: Kategorischer Imperativ 62
M 4 Immanuel Kants „Selbstzweckformel" 63
Zusatzmaterialien 64
M 5 Coronavirus 65
M 6 Entwicklung der Corona-Pandemie 66
M 7 Ethische Fragen in der Corona-Pandemie . . . 77

3. Würde im Beginn des Lebens 79
1. Künstliche Befruchtung 79
2. Social Egg Freezing 80
3. Präimplantationsdiagnostik 83
4. Pränataldiagnostik 83
5. Samenspende, Eizellspende und Leihmutterschaft 84
6. In Würde geboren werden 86
7. Schwangerschaftsabbruch 87
8. Schwangerschaftsabbruch aus islamischer Perspektive 89
9. Sternenkinder 89

Reflexionsfragen und Impulse 92

Unterrichtsentwurf: Würde im Beginn des Lebens 93
Stundenübersicht 93
M 1 Menschen nach Maß? 95
M 2 Ein Designerbaby nach Bauplan – für 140.000 Dollar 96

Unterrichtsentwurf zum Thema Pränataldiagnostik 98
Stundenübersicht 98
M 1 Entscheidungsfindung zum Schwangerschaftsabbruch 99
M 2 Methoden der pränatalen Diagnostik 100
M 2a Methoden der pränatalen Diagnostik – Lösungsvorschlag 101
M 3 Rollenspiel: Pränatale Diagnostik – eine Talkshow 102
M 4 Entscheidungsfindung Flussdiagramm 103

Unterrichtsentwurf zum Thema „Sternenkinder" 104
M 1a Informationsblatt: Begriffserklärungen „Sternenkinder" 105

M 1b Informationsblatt: Gesetzliche Rahmenbedingungen zu „Sternenkindern“ 106
M 1c Informationsblatt: Umsetzung der rechtlichen Bestimmungen bezüglich „Sternenkinder“ . . . 107
M 2 Arbeitsblatt: Notizen zum Thema „Sternenkinder“ 108
Sternenkinder: Filme und Materialien, Reflexionsfragen 109

4. Inklusion und Behinderung 110
1. Inklusion 110
2. Inklusion und Behinderung 114
3. Andere Aspekte von Behinderung 115

Reflexionsfragen 121

Unterrichtsentwurf zum Thema Inklusion 122
Stundenübersicht 122
Pädagogische Methode „Vier Ecken“ 124
M 1 Heribert Prantl: Der Paulusweg 125
M 2 Die UN-Behindertenrechtskonvention 127

Unterrichtsentwurf zum Thema Behinderung . . 128
Stundenübersicht 128
M 1 Lied: Vergiss es nie 131
M 2 Schönheitsvorstellungen 132
M 3 Schönheit und Behinderung 135
M 4 Der Begriff der Behinderung 136
M 5 Vorurteile und Vielfalt 137
M 6 Kriterien der Leichten Sprache 138

Literatur 139

Downloadmaterialien

- Bilder in Farbe (Jürgen Marose)
- Impulse und Arbeitsaufträge
- Linkliste aller Medien

Abrufbar unter: https://www.calwer.com/cwv/download/Was_geht_mich_Menschenwuerde_an-Ethik_fuer_das_Leben_unterrichten

Code: **WS4594KK23**

1 Einführung in die Didaktik medizinethischer Themen

© Jürgen Marose | Download in Farbe s. S. 4

1. Einleitung

Nach dem Bildungsplan Baden-Württemberg (2016) ist der Leitgedanke der Schulfächer Ethik und Evangelische Religion, den lernenden Menschen (= Lernende) hin zu einem selbstbestimmten und verantwortungsbewussten Leben zu befähigen. Diese Befähigung geschieht nach dem menschenrechtlichen Befähigungsansatz von Martha Nussbaum und Amartya Sen sowohl im Ethik- als auch im Religionsunterricht und setzt als Referenzrahmen die Allgemeine Erklärung der Menschenrechte von 1948 und die Europäische Menschenrechtskonvention von 1950/1953 voraus (siehe Materialien). Damit der/die Lernende bewusst selbstbestimmt in seinem/ihrem Individualinteresse entscheidet und verantwortungsvoll zwischen Persönlichem und Sozialem abwägt, verlangt dies von ihm/ihr ein besonderes Maß an Reflexionsfähigkeit, vernünftiger Einsicht und Sachkenntnis über sein/ihr Leben und das Leben an sich in einer komplexen Gesellschaft. Dies ist für Menschen nicht einfach, denn durch die Vielfalt ethischer Orientierungen in einer heteronomen und pluralistischen Gesellschaft, bedingt durch die Geschwindigkeit wissenschaftlich-technischer Neuerungen, werden permanent ethische und moralische Fragestellungen neu gestellt. Sie durchziehen das gesamte Leben und verlangen von jeder Person zu jedem Zeitpunkt ein reflektiertes Verhalten und eine begründete ethische Stellungnahme.

Sich ethisch zu etwas verhalten und dazu Stellung zu beziehen, findet im Feld der praktischen Philosophie, d.i. die Ethik, statt und wirft theoretisch die existenziellen Begriffe nach Freiheit, Gerechtigkeit, und Verantwortung im Zusammenhang des Lebens auf. Diese Begriffe sind auf das Diskursprinzip innerhalb einer demokratischen Zivilgesellschaft (Jürgen Habermas) bezogen und fordern von den Diskursteilnehmenden Offenheit, Wahrhaftigkeit und Authentizität und verbieten strategische und taktische Kommunikation.

Die darin zu verortenden Fragen sind im Kontext einer Ethik für das Leben, wie oben erwähnt, vielfältiger Art und ausschließlich multiperspektivisch zu beantworten. Beispielsweise tangieren diese Fragen die Fachdisziplinen Medizin, Biologie, Technik, Ökonomie, Politik, Philosophie, Theologie, Pädagogik usw. und die für uns in religionspädagogischer Absicht fokussierte Dimension des Lebens. Durch die sich stetig ausdifferenzierende und zunehmend komplexer werdende heteronome pluralistische Gesellschaft müssen die Reflexionsfähigkeit und die Sachkenntnis in sämtlichen Lebensbereichen und Phasen des Menschen mitwachsen, sodass Menschen ihre dialogisch-selbstbestimmte Existenz in der gesellschaftlichen Entwicklung als Beziehungsgeflecht verstehen lernen, was Grundbedingung für menschliche Mündigkeit darstellt. Eine sich in ihren verändernden Normen und Werten aufgeklärte, sittlich moralisch reflektierende Gesellschaft kann schließlich nur durch mündige Menschen, die in Beziehungen und im Dialog zueinanderstehen, gestaltet und erreicht werden.

Bildungsplan

Entsprechend orientiert sich der Bildungsplan Baden-Württemberg am „Projekt der Aufklärung“, dass es eine Idee der Menschenwürde und menschlicher universellen Rechte im Rechtsstaat und der Zivilgesellschaft gibt (vgl. Bildungsplan Baden-Württemberg 2016) und sich auch die ersten 19 Artikel des Grundgesetzes am Prinzip der Menschenwürde orientieren.

Dieses Projekt des Bildungsplans muss von den Lehrpersonen als dynamisch und dennoch gleichzeitig fundamental verstanden werden. Die Aufklärung des Menschen ist durch die Vernunft bestimmt. Sie stellt die Brücke zwischen Erfahrung, Fortschritt und Erinnerung dar und verbindet diese

Felder durch Besinnung und Selbstreflexion und ist letztlich nach der Selbstzweckformel von Immanuel Kant begründet. Die Schulfächer Ethik und Evangelische Religion sind in Baden-Württemberg ordentliche Schulfächer und schlüsseln ihre je eigenen Zugänge sowie ihren Bildungswert im Bildungsplan dahingehend ausführlich auf. Gilt für das Fach Ethik die menschliche Vernunft als Bezugsgröße, sind für Ev. Religion der christliche Glaube und die Auslegungen und Äußerungsformen des Glaubens zielführend, ohne dass die Bedeutung menschlicher Vernunft und Reflexionsfähigkeit dadurch in Frage gestellt wird.

Was jetzt schon auf den Punkt gebracht werden kann, ist: Beide ordentlichen Schulfächer befassen sich mit den prozessbezogenen Kompetenzen (Wahrnehmen und Hineinversetzen, Analysieren und Interpretieren, Argumentieren und Reflektieren, Beurteilen und Sich-Entscheiden) (vgl. Bildungsplan Baden-Württemberg 2016 zu Ethik und Ev. Religion) und stellen diese in den Zusammenhang mit dem Erwerb inhaltsbezogener Kompetenzen. Die inhaltsbezogenen Kompetenzen beinhalten personale und soziale Fragestellungen, die anhand von materialethischen Themenbereichen, wie sie in den bisherigen Bänden „Ethik für das Leben" (zuletzt medizinisch-assistierter Suizid) vorgestellt wurden, bearbeitet werden können.

Für alle inhaltsbezogenen Felder bleibt das Sachthema gleich. Sachthemen sind die ethischen und (inter)religiösen Grundlagen medizinethischer Fragestellungen am und im Anfang menschlichen Lebens, die wir in diesem Band fokussieren.

2. Religionspädagogische Reflexion

In den grundlegenden medizinethischen Kontexten der „Ethik für das Leben" geht es unterrichtlich um die zu erwerbenden prozessbezogenen und inhaltsbezogenen Kompetenzen (vgl. Bildungsplan Sekundarstufe II Gymnasium). In der Dimension Mensch heißt es: „Die Schülerinnen und Schüler entfalten Aspekte des christlichen Menschenbildes und eines weiteren anthropologischen Entwurfs und setzen sie zu aktuellen Fragestellungen in Beziehung." (https://www.bildungsplaene-bw.de/site/bildungsplan/get/documents/lsbw/export-pdf/depot-pdf/ALLG/BP2016BW_ALLG_GYM_REV.pdf, S. 29. Vgl. auch S. 11, 17, 23.)

Folgende Teilkompetenzen sind hierbei wichtig[1]:

(1) Aspekte des biblischen Menschenbildes (zum Beispiel Gottesebenbildlichkeit, Leben in Beziehung, Arbeit, Sünde und Schuld, Endlichkeit, Hoffnung, Gewalt, Erlösung) mit denen eines weiteren anthropologischen Konzepts (z.B. Platon, Aristoteles, Kant, Hobbes, Rousseau, Freud, Buber, Arendt, Gehlen, Adorno, Singer) vergleichen

(2) das Verständnis von Freiheit und Verantwortung in christlicher Perspektive (Geschöpflichkeit, Rechtfertigung) zu einer anderen Sichtweise (z.B. Kant, Freud, Camus, Roth) in Beziehung setzen

Mögliche Bibeltexte: Gen 1–11; Ps 8, Ps 139,1–18; Jes 43,1; Mk 1,9–11; Lk 15,11–32; Joh 7,53–8,11; Röm 3,21–28; Röm 7,15–20; 1. Kor 9,19; 1. Kor 12,4–11; Gal 3,26–28; Gal 5,1.13–15.

Mögliche Fachbegriffe: Anthropologie; Humanismus; Freiheit eines Christenmenschen; Rechtfertigung; Menschenwürde; Heteronomie; Autonomie; Determinismus; Hedonismus, Geschöpflichkeit, Segen; Ebenbild Gottes; Sünde; Vergebung; simul iustus et peccator; Gnade; Erlösung; Gewissen; Person; Individualität; Philosophie; Theologie; Ästhetik; Ökonomie; Psychologie; Naturwissenschaft

In der Dimension: Welt und Verantwortung

„Die Schülerinnen und Schüler setzen sich mit ethischen Fragestellungen und unterschiedlichen Zugängen zur Wirklichkeit auseinander. Sie legen biblische Gerechtigkeitsvorstellungen und ethische Argumentationsmodelle dar." (Bildungsplan Ev. Religionslehre, S. 30.)

Teilkompetenzen

(2) anhand eines ethischen Konfliktfeldes (z.B. Krieg und Frieden, Ökonomisierung, Globalisierung, Medienethik) biblische Gerechtigkeitsvorstellungen entfalten

(3) zwei ethische Argumentationsmodelle erörtern (zum Beispiel Pflichtethik, Gesinnungsethik, Verantwortungsethik, utilitaristische Ethik)

Mögliche Bibeltexte: Gen 1–2; Gen 12,1–3; Ex 20,1–17; Ex 22,20–26; Ex 23,10–12; Ps 104; Jes 2,1–5; Jes 11,1–9; Am in Auszügen; Mt 5–7 in Auszügen; Mt 20,1–16; Mt 22,36–40; Mt 25,31–46; Lk 10,25–37; Lk 14,12–14.15–24; Joh 20,24–29

Mögliche Fachbegriffe: Zedakah; Verteilungsgerechtigkeit; Teilhabegerechtigkeit; Leistungsgerechtigkeit; Nachhaltigkeit; Gerechter Krieg; Menschenwürde; Menschenrechte; große Transformation; deontologische Ethik; teleologische Ethik; Pflichtethik; Gesinnungsethik; Verantwortungsethik; utilitaristische Ethik; fides qua creditur – fides quae creditur; Hermeneutik; Wahrheit und Wirklichkeit; Komplementarität; Konstruktivismus; messianisches Friedensreich; Reich Gottes; Apokalyptik; Eschatologie; Utopie; Neurobiologie; Medienethik

Personen: Aristoteles; Max Weber; John Rawls; Michael Sandel; Martha Nussbaum

1 Fußnote: https://www.bildungsplaene-bw.de/site/bildungsplan/get/documents/lsbw/export-pdf/depot-pdf/ALLG/BP2016BW_ALLG_GYM_REV.pdf.

In der Dimension Gott

„Die Schülerinnen und Schüler stellen Grundaussagen des christlichen Glaubens an Gott dar und setzen sich im Horizont ausgewählter theologischer und philosophischer Fragestellungen damit auseinander" (Ev. Bildungsplan, S. 31).

Teilkompetenzen:

(3) zu einer religionskritischen Konzeption aus Philosophie, Psychologie oder Naturwissenschaft
(z.B. D. Diderot, J.O. de La Mettrie, Feuerbach, Marx, Nietzsche, Freud, Dawkins, Hendrikse, Onfray) theologisch begründet Stellung nehmen
Mögliche Bibeltexte: Ex 3,1–15; Ex 20,2–4; 1. Kön 19,1–13; Hiob (in Auszügen); Ps 22; Ps 104; Mt 6,5–15; Mk 14–16 (in Auszügen); Joh 1,18; Joh 19 (in Auszügen); Apg 2 (in Auszügen); Röm 8,31–39; Phil 2,13; 1. Joh 4,7–21
Mögliche Fachbegriffe: JHWH; Bilderverbot; Verborgener Gott; Deismus; Theismus; Gottesbeweise; Religionskritik; theoretischer und praktischer Atheismus; Materialismus; Agnostizismus; Projektionsthese; Opium des Volkes; Gott ist tot; Theodizee; Gott der Philosophen; Fundamentalismus; Säkularität; Mystik; Trinität; Gottes Wirken in der Geschichte; Epiphanie; Ich-bin-Worte Jesu

3. Menschenrechtliche Diskussion

Ethisch theoretische Grundlagen sind essenziell, um das Motiv und den Willen moralisch und sittlich je nach Sachthema inhaltlich zu begründen, Menschenrechte rechtfertigen zu können und Folgen sowie Nutzen abzuwägen. Dieser theoretische Dreiklang, Motiv/Wille – Handlung – Folgen/ Nutzen ist kompliziert und unübersichtlich, bildet allerdings zugleich die Grundmatrix der ethischen Reflexion und der moralischen Handlung. Insofern sollte die Kenntnis gewisser ethischer Begriffe und Theorien zu den Kernkompetenzen der Lehrenden und der Lernenden gehören.

Exkurs zur menschenrechtlichen Pädagogik

Zu den Kernkompetenzen zählen wesentlich personenbezogene Kompetenzen, u.a. Selbstbewusstsein, Selbstwahrnehmung, Authentizität, Lernbereitschaft, die noch vor den prozessbezogenen Kompetenzen beginnen.
Inwieweit ist ein Unterricht zu ethischen Grundlagen Voraussetzung für weitere inhaltsbezogene Sachthemen?
Die Bildung von personenbezogenen Kompetenzen, die zu prozessbezogenen Kompetenzen befähigen und im Zusammenhang von inhaltsbezogenen Kompetenzen angewandt werden, sind nach unserer Ansicht gegenwärtig und künftig schon immer elementar notwendig für den Fortbestand einer zivilcouragierten demokratischen Gesellschaft, in der der einzelne Mensch verantwortungsbewusst für sich und bezüglich des gesellschaftlichen und sozialen Zusammenhangs urteilt und entscheidet. Dass er vernünftig zwischen Fortschritt und Vergangenheit pendelt und gegenwärtig stets die „richtigen" Fragen an das beständige Leben stellt: Was darf ich hoffen? Wie ist dies zu gestalten? Um diese Fragen zu beantworten, gehört neben genügend Selbsterfahrung unbedingt ein Verständnis ethischer Basisbegriffe dazu, welches intersubjektiv zum Diskurs befähigt. Lediglich aus Erfahrung moralisch zu urteilen, knüpft zu wenig an eine vernünftige reflexive Beurteilung und Entscheidung an. Vielmehr wird der natürliche personenbezogene Nutzen und dessen soziale Folgen zur Figur eines ungenügenden Verständnisses beziehungsreicher und komplexer Menschenwürde.

Zur Unterrichtseinheit

Die folgenden Unterrichtsentwürfe sollen prägnant in die ethischen Grundbegriffe und in Modelle der Ethik einführen. Die Unterrichtsentwürfe zeigen die zentralen Grundlinien theoretischer und angewandter Ethik auf. Hierzu werden den Lernenden für den Einstieg Rollen und Aufgaben zugeteilt, die sie vor ethische Entscheidungen und Urteile stellen. Ein breites Spektrum hiervon wird im Rollenspiel ausgebreitet, sodass viele Zugänge zu ethischen Situationen und Dilemmata geschaffen sind. Im Prozess der Lösungsfindungen gibt es für die Schüler:innen zuerst keine richtigen und falschen Lösungen. Lösungen und Urteile sind als Prozesse und nicht als endgültige, absolute Resultate zu charakterisieren und stellen jeweils nur eine ethische Momentaufnahme dar.
Die Empfindungen der Schülerinnen und Schüler werden nach dem Rollenspiel Thema sein, um durch den persönlichen Selbsterfahrungsanteil (personenbezogene Kompetenz) in die prozess- und inhaltsbezogenen Kompetenzen smart überzuleiten. Dem Einstieg und der ersten Vertiefung folgt die Erarbeitungsphase durch Gruppenarbeit, welche mit der Ergebnissicherung abschließt.
Die erarbeiteten Inhalte stellen die sog. Grundmatrix für alle folgenden Unterrichtsentwürfe dar. Der Unterricht ist je als Doppelstunde konzipiert und kann auch problemlos in zwei Einzelstunden gehalten werden.

Unterrichtsentwurf: Einführung in das Feld der theoretischen und praktischen Ethikmodelle

Stundenziel: 1. Die Schüler:innen erfahren und bekommen eine Vorstellung von Entscheidungs- und Urteilsfindungen aus Selbsterfahrungsbezügen. 2. Die Schüler:innen reflektieren und diskutieren ihre Erfahrungen und versuchen, die angewandten Werte und Normen herauszustellen. 3. Die Schüler:innen erarbeiten und diskutieren mit der Lehrperson das Schaubild. 4. Die Schüler:innen kennen die „Landkarte" theoretischer Ethikmodelle und können anhand derer Entscheidungen und Urteile diskutieren. 5. In den weiteren Unterrichtseinheiten werden Transfers und Rückschlüsse dazu geleistet. 6. Die Schüler:innen können die Entscheidung ihres persönlichen Handelns erörtern und argumentieren.

Zeit	Lernphasen	Lernziele	Kompetenzen	Lehrer:in/Schüler:in-Interaktion // Inhalte // Impulse	Sozialform	Methoden	Medien
30′	Einstieg	Die S:S **spielen** ein Rollenspiel. Sie **erfahren** die Einflüsse von Werten und Normen, die sich aufgrund des Spielaufbaus widersprechen. Sie **erkennen** ihre Gestaltungsmöglichkeiten trotz Vorgaben und Regeln.	kommunikative K. ethische K. reflexive K. personenbezogene K.	**Selbsterfahrungsspiel** **Ethik / Werte / Normen / Demokratie / Wissenschaft** Wir werden eine experimentelle Übung ausprobieren. Dazu spielen wir ein Rollenspiel. Jeder von Ihnen bekommt nun eine Rollenkarte. Zu dieser erhaltet Sie auch eine Aufgabenkarte. Neben der Aufgabe können Sie sich frei einbringen. Alles was aus dem Spiel entsteht ist zur Lösungsfindung erlaubt. Beendet ist das Rollenspiel, wenn Sie die Aufgabe gelöst haben. Das Rollenspiel kann jederzeit abgebrochen werden, wenn Sie das Empfinden danach haben. **Reflexion des Rollenspiels:** ***Reflexion*** *in Bezug zur Person / Empfinden, Gefühl, Wahrnehmung z.B.* ➢ Erzählen Sie von Ihren Eindrücken. ➢ Gefühle nennen. ➢ Wie haben Sie die anderen erlebt? ➢ Wie sind Sie mit den anderen in Kontakt getreten? ➢ … *Reflexion zu den Rahmenbedingungen und* ***Sachbezügen*** *z.B.* ➢ Nach welchen Vorstellungen haben Sie entschieden? ➢ Wollten Sie sich retten oder hatten Sie die Gruppe im Blick? ➢ Begründen Sie Ihr Motiv. ➢ Welche Gestaltungsmöglichkeiten hätten Sie sonst noch gehabt? ➢ …	Dynamische Interaktion und Stuhlkreis	Rollenspiel	**M 1** Rollenkarten, Aufgabenkarten Klassenraum

35′	Erarbeitung	Die S:S **lesen** und **erarbeiten** sich durch **Austauschen** Sachwissen. Sie **bearbeiten** in einem Lernduo einen Sachtext, der über die Vielfalt ethischer Begründungsmodelle Aufschluss gibt.	Sachkompetenz Medienkompetenz	Um die Erfahrungen aus dem Rollenspiel aufzugreifen, leiten wir nun in die theoretischen Bezüge ein. Hierzu lesen Sie in einem Lernduo einen Sachtext. Machen Sie sich Notizen und Anmerkungen. Vielleicht fallen Ihnen bereits während des Lesens Dinge auf, die während des Rollenspiels vorgekommen sind. Sie bekommen genügend Zeit zum Lesen. Während der Arbeit bleiben Sie bitte im Raum, damit wir direkt Fragen klären können. Bevor Sie beginnen, finden Sie in Tandems zusammen, um erste Fragen direkt im Lernduett zu bearbeiten.	Lernduo oder Gruppenarbeit		Text: Zusatzmaterialien (siehe S. 12)
20′	Vertiefung	S:S **zeigen** und **stellen** ihre Arbeitsergebnisse vor. S:S **reden** über ihre Fragen und Erkenntnisse und stellen Verknüpfungen zum Rollenspiel her. Sie erarbeiten mit der Lehrkraft das Schaubild.	Sachkompetenz kommunikative K. reflexive K.	Stellen Sie Ihre Arbeitsergebnisse vor. Gemeinsam werden wir nun ein Schaubild konstruieren.	Stuhlkreis oder Frontal		**M 2** Schaubild
5′	Ergebnissicherung	S:S erhalten das fertiggestellte Schaubild zu dem Text.	Sachkompetenz	Das Schaubild und die Textgrundlagen dienen als Matrix für die folgenden Unterrichtseinheiten.			

Informationen zum Schaubild M 2

Das Schaubild dient als Übersicht der wissenschaftlichen Zugänge zur Angewandten Ethik und einigen Ethikmodellen. Vorab ist zu erwähnen, dass allen Ethikmodellen philosophische Konstrukte und empirische Forschung zu Grunde liegen, die sich wissenschaftlich ausbuchstabieren. Mit diesem Schaubild soll visuelle Hilfestellung gegeben werden, sich in den Zugängen und den verschiedenen Theorien der Ethik, im Zusammenhang, leichter zurechtzufinden.

Wir nähern uns im Schaubild begrifflich über die Form der deskriptiven Ethik an, die sich auf wissenschaftliche Erfahrung bezieht, der normativen Ethik, die sich auf Grundsätze und ebenfalls auf Erfahrung stützt und der Metaethik, die sich aus der Logik herausbildet. Alle Zugänge stellen Grundbegriffe zur Verfügung, die vertieft in das Feld der Angewandten Ethik und schließlich Moral weiterführen.

Unter angewandter Ethik sind die im Schaubild aufgeschlüsselten Anwendungen einzelner ethischer Prinzipien zu verstehen, die sich auf unterschiedliche ethische Normtheorien und Werttheorien beziehen, sowie nach der Zahl der angezeigten Person bzw. Personen (Sozialethik / Individualethik). Die unterschiedlichen Normtheorien und Werttheorien sind dann wiederum auf konkrete Problemfälle und Konfliktsituationen in verschiedenen Lebensbereichen zu reflektieren und zu analysieren, wie z.B. Präimplantationsdiagnostik, Sterbeethik. Im Verlauf des Buches werden die Anwendungsbereiche und die ethischen Aussagen diverser Themen reflektiert und behandelt. Insofern ist es empfehlenswert, sich im Vorfeld mit den Grundlagen und Grundbegriffen der Ethik zu beschäftigen.

Die Frage, die sich aus dem Feld der angewandten Ethik stellt, ist die nach dem Guten und Richtigen bzw. der moralischen Bewertung von Handlungen und Handlungsfolgen. Um diese Fragen und Probleme zu beantworten, wird in der Regel davon ausgegangen, dass die Freiheit, die Autonomie des Subjekts, die Grundvoraussetzungen sind, ohne Zwang inmitten unterschiedlicher Eventualitäten ethisch zu reflektieren, sich entscheiden und urteilen zu können.

Entsprechend wird im Schaubild das relativ autonome Subjekt in den Mittelpunkt seiner individuellen Handlung gerückt. Für welche Form der Handlung sich das Subjekt entscheidet, hängt vom Denken und Fühlen des Menschen ab, woraus sich dann sein mutmaßlicher Wille, seine Motive und seine Nützlichkeitsabwägungen bzw. Folgen ergeben.

Die zu treffenden Entscheidungen und Urteile finden nach unserem Schaubild vertikal in Relation zwischen individuellen und sozialen Bezügen; horizontal in Relation der Sollensätze / Grundsätze (deontologisch) und Folgen / Nutzen (teleologisch) statt.

Allen Feldern sind spezifische Ethikmodelle zuzuordnen und bilden je eigenständige Reflexionsgrundlagen, ethische Urteile zu bilden. Genannt sind u.a. die Vertragsethik (Thomas Hobbes, John Locke und Jean-Jacques Rousseau), Verantwortungsethik (Hans Jonas), die Tugendethik (Aristoteles), die Diskursethik (Karl-Otto Apel, Jürgen Habermas), Utilitarismus (Jeremy Bentham, John Jamieson Carswell Smart, Peter Singer). Ein weiteres Modell, welches hinzugefügt werden sollte, ist die Ethik von Immanuel Kant und daraus folgend die Verantwortungsethik nach Max Weber. Empfehlenswert ist, das Schaubild gemeinsam mit den Lernenden als Tafelbild oder Bodenzeitung zu entwickeln.

M 1 Rollenkarten

Bürger/Bürgerin
Sie sind Bürger/Bürgerin einer Demokratie. Sie vertrauen der Kanzlerin/dem Kanzler und ihren Urteilen.

Sie bringen sich im Parlament in Diskussionen ein.

Kanzler/Kanzlerin
Sie sind ein weitsichtiger Denker/eine weitsichtige Denkerin und Kanzler/Kanzlerin einer Demokratie. Ihre Bürger/Bürgerinnen vertrauen Ihnen.
Sie sind bekannt für Ihre Gerechtigkeit und bestimmende Art.

Kanzler/Kanzlerin, Kanzleramtssprecher/Kanzleramtssprecherin, Wissenschaftler/Wissenschaftlerin

Die Ausgangslage:
Das Land steht vor einer drohenden Hungersnot. Die Aufgabe des Krisenmanagements (Kanzler/Kanzlerin, Kanzleramtssprecher/Kanzleramtssprecherin und Wissenschaftler/Wissenschaftlerin) im Kanzleramt ist es, Kriterien zu definieren, die es den wertvollsten Bürger/Bürgerinnen ermöglichen, die Hungersnot zu überleben. Insgesamt müssen am Ende leider zwei Menschen aus der Gruppe ausscheiden (das Krisenmanagement entscheidet als letzte Instanz), da die Ressourcen nur für den Rest der verbleibenden Gemeinschaft ausreichen.
Es liegen folgende medizinische, naturwissenschaftliche, ökonomische Daten und Erkenntnisse vor, die vom wissenschaftlichen Beraterteam eingebracht werden.

- Laut dieser Studien verbrauchen kleine Menschen weniger Nahrung,
- Frauen verarbeiten Nahrung effektiver,
- Männer reagieren in Notsituationen gewalttätig,
- Menschen mit Augendefekten sind weniger resilient,
- dunkelhäutige Menschen sind überlebensfähiger,
- Bildungsstand und Gesundheit sind elementar für Reproduktion.

Weitere Rahmenbedingungen:
Die Medien verbreiten bereits Gerüchte über anstehende Selektionsmaßnahmen, eine schnellstmögliche Information durch den/die Kanzleramtssprecher/in ist geboten.

Bürger/Bürgerin

Die Ausgangslage:
Informationen, die an die Öffentlichkeit gelangen: Jahrzehntelange Klimaveränderungen verändern die Ernährungslage dramatisch. Die Lebensmittel werden immer knapper. Erste Gerüchte besagen, dass die Regierung darüber nachdenkt, bestimmte Bevölkerungsgruppen prioritär zu versorgen!

Aufgabe:
Wie können Sie die Wichtigkeit Ihrer Person oder Gruppe im System argumentieren und herausstellen?
Alles was aus dem Spiel entsteht ist zur Lösungsfindung erlaubt. Beendet ist das Rollenspiel, wenn Sie die Aufgabe gelöst haben.

M 2 Schaubild / Tafelbild / Bodenzeitung / Handout

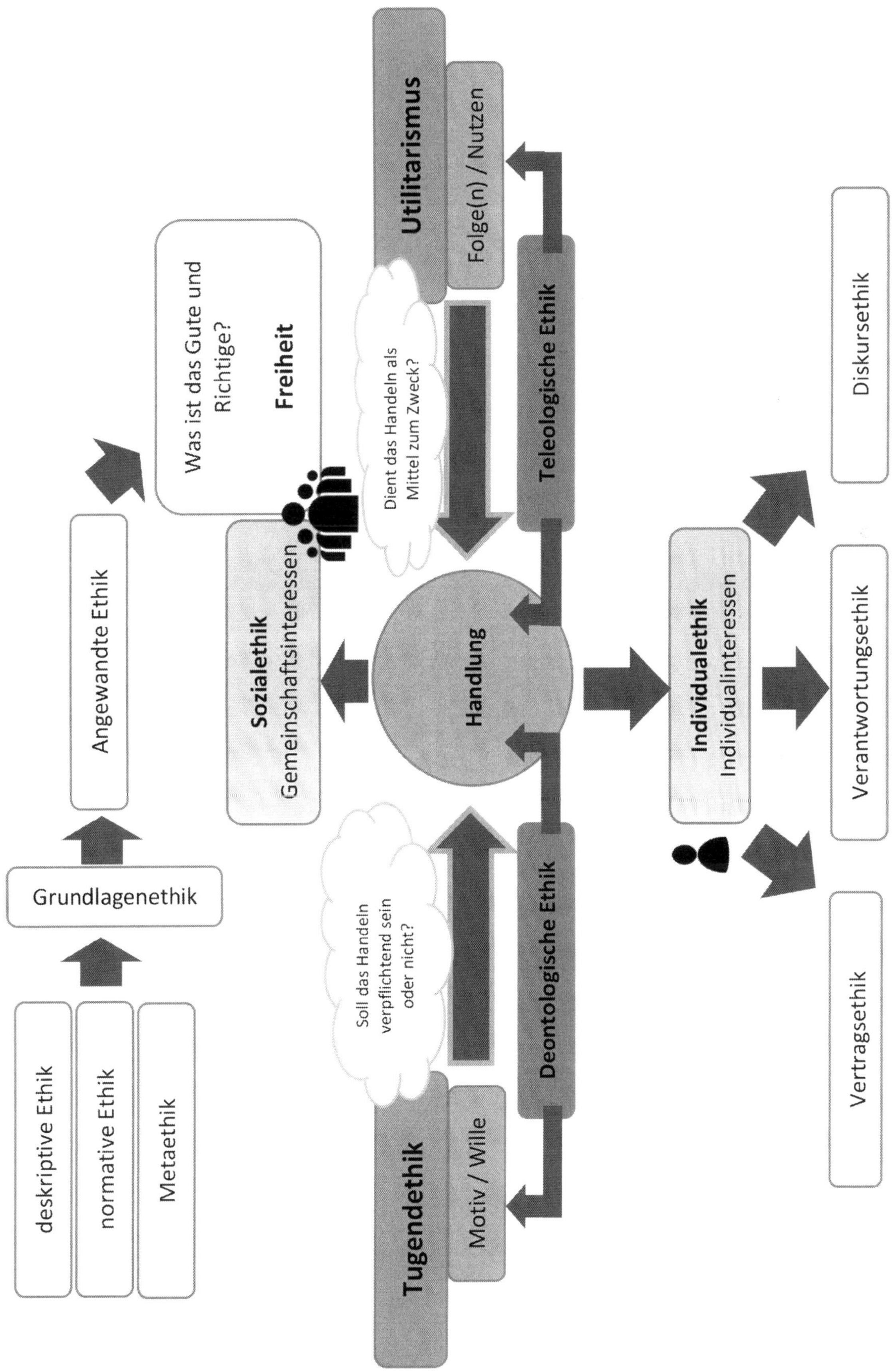

Grafik: York Breidt

Zusatzmaterialien

Allgemeine Erklärung der Menschenrechte
https://www.un.org/depts/german/menschenrechte/aemr.pdf

Europäische Menschenrechtskonvention
https://www.menschenrechtskonvention.eu/#4-emrk---vertragstexte

Jürgen Habermas
https://de.wikipedia.org/wiki/J%C3%BCrgen_Habermas
https://www.habermasforum.dk/index.php?type=onlinetexts

Max Weber
https://www.youtube.com/watch?v=i5n3Xk5Gtl4

Amartya Sen
https://leitbegriffe.bzga.de/alphabetisches-verzeichnis/verwirklichungs-chancen-capabilities/
Amartya Sen, „Die Idee der Gerechtigkeit“
https://www.deutschlandfunk.de/amartya-sen-die-idee-der-gerechtig-keit-100.html

Immanuel Kant, Beantwortung der Frage: Was ist Aufklärung?
https://www.projekt-gutenberg.org/kant/aufklae/aufkl001.html

Martha Nussbaum und die 10 Grundfähigkeiten des Menschen
https://gedankenwelt.de/martha-nussbaum-und-die-10-grundfaehig-keiten-des-menschen/

Cicero – De Officiis (Liber primus)
https://www.romanum.de/latein/uebersetzungen/cicero/de_officiis/liber_1.xml

Begegnung – Beziehung – Menschsein – Menschenwürde. Ein paar Bemerkungen zu Bubers Verständnis der philosophischen Anthropologie

I. Einleitung

Martin Buber (1878–1965) zählt zur Denkströmung der philosophischen Dialogik oder auch Dialogphilosophie, die nach dem Zweiten Weltkrieg ihre Wirkung entfaltete, aber schon zwischen den beiden Weltkriegen maßgebliche philosophische Werke hervorgebracht hat. Zu nennen wären neben Martin Bubers *Ich und Du* (1923, vgl. Buber, Ich und Du) zum Beispiel Franz Rosenzweigs *Der Stern der Erlösung* (1921, vgl. Rosenzweig 2011), Ferdinand Ebners *Das Wort und die geistigen Realitäten* (1921, vgl. Ebner 2009) oder auch Gabriel Marcels *Journal métaphysique* (1927, vgl. Marcel 1958). Diesen Denkern ist gemeinsam, dass sie der Begegnung, der Beziehung mit dem Anderen, dem Ereignis oder Widerfahrnis des Dialogischen und der Sprache einen bedeutenden Sinn einräumen. Die philosophische Denkströmung nimmt natürlich Platons Darstellung des dialogischen Sokrates auf, zielt aber auf eine existenzielle Neubestimmung des Menschen (vgl. Schwendemann 2018, S. 10–20). In den sokratischen Dialogen wird das Denken oder das Nachdenken als „das innere Gespräch der Seele mit sich selbst" (Platon, Sophistes 263e–264a/2019) charakterisiert, was dann als Rede (Logos) den spezifisch platonischen Prozess der Dialektik (die Ermittlung von wahr und falsch durch Bejahung und Verneinung, phasis und apophasis) in Gang setzt. Die sog. Dialogiker:innen nehmen aber den Dialog nicht nur als äußere Form oder als einen Modus wahr, sondern zielen auf Dialog als *Gespräch*. Buber spricht vom *echten Gespräch*, das von purer Kommunikation zu unterscheiden sei: „Ich muss es immer wieder sagen: Ich habe keine Lehre. Ich zeige nur etwas. Ich zeige Wirklichkeit, ich zeige etwas an der Wirklichkeit, was nicht oder zu wenig gesehen worden ist. Ich nehme ihn, der mir zuhört, an der Hand und führe ihn zum Fenster. Ich stoße das Fenster auf und zeige hinaus. Ich habe keine Lehre, aber ich führe ein Gespräch." (Buber, Antwort, S. 471). Im echten Gespräch transzendiert der Mensch und verweist gleichzeitig auf die Beziehung zum ewigen DU, auf Gott, dem man aber nicht als metaphysischem Wesen, sondern nur in Alltagssituationen begegnet. Buber kann schreiben:

„Die menschliche Person ist ja ohne die Begegnungsmöglichkeit mit anderen Menschen recht wohl denkbar, aber ohne Gott vermag ich sie nicht zu denken. Auf der Ebene der persönlichen Lebenserfahrung ist die Begegnung mit dem Menschen naturgemäß das Erste; man mache jedoch nur Ernst mit der Einsicht, daß die genetisch unableitbare Einzigkeit jedes Menschen den Anteil eines schöpferischen Aktes voraussetzt, und die Ursprünglichkeit des Kontakts zwischen Gott und Mensch ist offenbar." (Ebd., S. 472)

Die Ich-Du-Beziehung als wesentliches anthropologisches Merkmal ist nach Bubers Verständnis eine „Urhaltung [...], die ihn zum Menschen macht. Sie ist auch die Voraussetzung für das In-Beziehungtreten des Menschen [...] Der Mensch sage ich, ist das Wesen, durch dessen Sein das Seiende von ihm abgerückt wird. Nicht durch Reflexionen, sondern durch das menschliche Sein" (ebd., S. 473). Dialog hat so einen eigenen Sinnbestand und ist ein wechselseitiges und gegenläufiges Geschehen mit einer dreifachen Subjektbeziehung: der Mensch zu sich selbst – zu anderen Menschen und zu Gott als dem ewigen DU (vgl. Heinrichs 1981, S. 697–703). Buber sieht in dieser Grundkonstitution des Menschen auch die Geschichtlichkeit des Menschen in der Geschichte Gottes begründet, weil auf der Seite des Menschen die Erfahrung der erfüllenden Begegnung, der gelingenden Beziehung hinzukommt:

„Von dem Gespräch Gottes mit dem Menschen aber ist zu sagen, daß sogar die alleruniversalsten Gebote in Gesprächen Gottes mit den einzelnen Personen ungeahnte Interpretationen gewinnen: die Situation liefert die Interpretation. Es bedarf aber der Interpretationen, weil die Geschichte wirklich und Gott der Gott der Geschichte ist." (Buber, Antwort, S. 475)

II. Das ewige DU

Das Ich wird am Du zum Ich (Ich und Du), was bedeutet, dass es außerhalb dieser konkreten Beziehung weder Du noch Ich geben kann, auch kein göttliches DU in Bezug auf den Menschen:

„Nur in der Beziehung ist er mein Du, außerhalb der Beziehung zwischen uns existiert dieses Du nicht. Es ist somit falsch zu sagen, die Begegnung sei umkehrbar. Weder ist mein Du identisch mit dem Ich des Andern noch dessen Du mit meinem Ich. Der Person des Andern verdanke ich, daß ich dieses Du habe; aber mein Ich – worunter hier das Ich des Ich-Du-Verhältnisses zu verstehen ist – verdanke ich dem Dusagen, nicht der Person, zu der ich Du sage." (Buber, Antwort, S. 475)

Deswegen muss Offenbarung als theologische Kategorie für Buber mit Beziehung und Begegnung verbunden sein, an der sowohl das Menschliche im Menschen als auch das Göttliche teilhat (vgl. ebd., S. 476), aber die Begegnung mit dem göttlichen DU bindet den Menschen, weil er Anteil an dieser Beziehung hat. Der Referenzrahmen der philosophischen Dialogik, also der Wissenschaft des Dialogs, ist bei Buber[1] und Rosenzweig eine Form jüdischen Gottesglaubens, der als personaler Gottesglauben zu definieren wäre. Gegen radikal konstruktivistische Modelle oder Modelle idealistischer Seinsphilosophie oder auch Spielarten des Rationalismus bei Descartes (vgl. Heinrichs 1981, S. 697) oder auch Spinoza (vgl. Spinoza 1996) wird das echte Gespräch hervorgehoben. Das echte Gespräch wird jedoch ständig bedroht.

„Buber geht es darum, mit der Ich-Du-Beziehung ein Weltverhältnis sichtbar zu machen und wiederzugewinnen, welches nicht auf einseitige Nutzungs- und Machtinteressen ausgerichtet ist. Dies gilt für das zwischenmenschliche Verhältnis, für das Verhältnis des Menschen zur Natur und für die Beziehung zur Kunst. Für Buber haben alle Dialoge eine religiöse Dimension, insofern alle ›Linien der Beziehung‹ im ›ewigen Du‹ zusammenlaufen." (Martin Buber-Gesellschaft 2017)

Die philosophische Abgrenzung gegen Immanuel Kant oder Friedrich Nietzsche liegt auf der Hand – in beiden philosophischen Ansätzen sehen die Dialogiker doch so etwas wie Antithesen zu ihren eigenen Entwürfen oder im Fall Nietzsches auch so etwas wie einen menschenfeindlichen Nihilismus. Die andere Front ist der formale Dualismus von Subjekt und Objekt. Das dialogische Gespräch wird von den Vertretern der Dialogphilosophie als „offene Verhältniseinheit pluraler Freiheiten" und gerade nicht als Subjekt-Objekt-Beziehung gesehen. Das eigentliche Du des Menschen sei aber, so Buber, nicht im Menschen zu finden (vgl. Buber 1962, S. 294). Das ansprechende Wort sei eine eigene Realität, wie besonders Franz Rosenzweig in seiner Kritik an Kant und Hegel betont: Vor allem in den religiösen Texten des Judentums wie in der Bibel sei die Anrede des Menschen durch Gott hervorzuheben.

„Im Ernstnehmen der gesprochenen Sprache mit ihrem Bedürfen des Anderen und der Zeit gewinnen die drei transzendentalen Ideen (Welt, Mensch, Gott) als Schöpfung, Offenbarung und Erlösung Zuordnung und Wirklichkeit. Die Mitte dieses Denkens bildet das Verständnis von Sein als in der sprachlichen Begegnung sich zeitigender Offenbarung der Liebe" (Heinrichs 1981, S. 698).

Buber geht von der These aus, dass Menschen grundsätzlich einen zweifachen Zugang zur Welt und zur Wirklichkeit hätten: einmal in Form einer dialogischen Beziehung zu anderen Menschen, die er Ich-Du-Beziehung nennt, und zum andern als rationaler, und auf Erfahrung und Gebrauch zielender, reflektierender Zugang vor allem zur Gegenstandswelt, den Buber Ich-Es-Beziehung nennt. Die Ich-Du-Beziehung ziele auf Wesentliches im Menschen und könne eben auch nur mit dem ganzen Wesen gesprochen werden; die Ich-Es-Beziehung setze immer nur einen Aspekt des Menschseins ein, zum Beispiel das rationale Zugehen auf Gegenständliches (vgl. Buber, Ich und Du, S. 7). Beide Beziehungsformen zur Welt und zur Wirklichkeit nennt Buber Grundworte; das Ich des Menschen sei in beiden Grundworten existent, aber nicht als absolutes, d.h. völlig unabhängiges Ich (vgl. ebd., S. 7f), weil beide Grundworte immer einen Bezug benötigten. Eine vollumfassende personale Beziehung gebe es aber nur in der personalen Ich-Du-Beziehung. Man könne keinen Menschen haben oder besitzen; man könne zum Anderen nur in Beziehung treten. Die Ich-Du-Beziehung sei etwas Lebendiges, Dynamisches, während die Ich-Es-Beziehung distanziere und auf Distanz bedacht sei. In der Ich-Es-Beziehung drücke sich Erfahrung aus, aber die Erfahrung lasse keine Partizipation zu, weil die Erfahrung im Erfahrenden liege. Erfahrung sei so etwas wie der Gegenspieler von Begegnung (vgl. ebd., S. 8). Nur das echte Gespräch ist nach Buber in der Lage, dem anderen Menschen wesentlich zu begegnen: „Jede wirkliche Beziehung zu einem Wesen oder einer Wesenheit in der Welt ist ausschließlich" (ebd., S. 79). Die Befähigung zu dieser Form des Gesprächs komme nach Buber aber ausschließlich von Gott: „In der Beziehung zu Gott sind unbedingte Ausschließlichkeit und unbedingte Einschließlichkeit eins" (ebd.). Gott lässt sich aber wiederum nur in der Begegnung und im Sich-Einlassen auf die Anrede finden: „Man findet Gott nicht, wenn man in der Welt bleibt, man findet

1 Buber schreibt zum Thema Vertrauen Folgendes: „Überhaupt ist das Zwischenmenschliche der Ort, wo sich ein dialogisches Leben abspielt, was aber nicht meint, daß man viel mit Menschen zu tun haben müsse; wohl aber ist es eins, indem manmit dem Menschen, mit dem man zu tun hat, wirklich zu tun hat." (http//buber.de/vertrauen_dialog.../Schwendemann 2018, S. 10, Fußnote 5).

Gott nicht, wenn man aus der Welt geht. Wer mit dem ganzen Wesen zu seinem Du ausgeht und alles Weltwesen ihm zuträgt, findet ihn, den man nicht suchen kann" (ebd., S. 80). Buber kann in diesem Zusammenhang von einer sakramentalen Existenz sprechen; er meint damit, dass Gott zum Menschen in der Fremdheit des Anderen kommen will, und vice versa, dass die Beziehung zu Gott sich nur in der Begegnung mit dem Mit-menschlichen in der Welt realisiert (ebd., S. 80):

„Gott will zu seiner Welt kommen, aber er will zu ihr durch den Menschen kommen. Dies ist das Mysterium unseres Daseins, die übermenschliche Chance des Menschengeschlechts [...]. Das ist es, worauf es letzten Endes ankommt: Gott einlassen. Man kann ihn aber nur dort einlassen, wo man [...] wirklich steht, [...] wo man ein wahres Leben lebt. Pflegen wir heiligen Umgang mit der uns anvertrauten kleinen Welt [...]" (Buber 1962, S. 100; vgl. Buber 1963, S. 738).

Wirklichkeit ist für Buber in erster Linie Widerfahrnis, und in dieser Widerfahrnis ist Begegnung mit dem menschlichen Du und dem ewigen Du möglich, was die Akzeptanz des Konkreten um seiner Heiligung willen voraussetzt (Buber 1963, S. 738).

III. Begegnung als Basiskategorie

Aber Gott ist nicht Gegenstand unseres Denkens, kein Objekt, über das der Mensch verfügen kann, wie es ihm beliebt: „Gott wird durch jedes Wort eingeschränkt, das ihn nicht zum Empfänger, sondern zum Gegenstand hat; nicht von Gott, sondern von der Begegnung reden wir. Der Begegnung gegenüber aber verhält es sich so, daß die „paradoxalen" Ausdrücke ihre unvergleichliche, unsubsumierbare Einmaligkeit respektieren, die durchlogisierten nicht." (Buber, Antwort, S. 480) Nur in dieser Begegnung mit Gott, so Buber, werde der Mensch nicht nur begegnungswillig, sondern auch begegnungsfähig (vgl. ebd., S. 480). Das Ich-Du-Verhältnis hält nur das echte Gespräch, die echte Begegnung bereit, nicht objektive Erkenntnis dieses Seins des Anderen (vgl. ebd., S. 481): „Das Sein des Anderen können wir in der Begegnung erreichen und dann kommunizieren wir nicht mit einer Erscheinung, sondern mit ihm selber." (Ebd., S. 482) Aber man muß wirklich berührt werden, d.h. sich einlassen können, Vertrauen aufzubauen, was im gleichen Maß auch für das ewige DU gilt: Hier geht es immer zuerst um ein Vertrauen auf „chässäd", auf die Zuverlässigkeit, auf die Bundestreue Gottes (ebd., S. 506f). Gott ist es, der sich auf den Menschen dialogisch einlässt bzw. immer wieder einlassen will, was das Geheimnis der Liebe bleibt (vgl. ebd., S. 509). Gott tritt immer wieder ein in ein dialogisches Verhältnis zum Menschen: „Hier waltet keine Dialektik, sondern das nicht zu dialektisierende Geheimnis der Urbeziehung zwischen Gott und Mensch, je und je sich in Momenten faktischen Geschehens in Biographie und Geschichte kundgebend." (Ebd., S. 509) Bubers Verständnis des Menschen zugewandten und mit ihm kommunizierenden Gottes ist aus seiner Beschäftigung mit dem Chassidismus entstanden: „ich habe es durch mein Herz wie durch ein Sieb gehen lassen, weil hier ein Weg ist, ein nur eben zu ahnender, aber ein Weg." (Ebd., S. 517) Dieser Umgang mit der Gottesbeziehung befähigt das von Buber geforderte Offenbleiben des Menschen für dialogische Kommunikation, ja ist für ihn überhaupt die Voraussetzung eines religiösen Lebens: „Die Diskontinuität wird auch hier nicht überwunden; wir nehmen sie auf uns und bewältigen sie durch den verwirklichten Primat des Dialogischen." (Ebd., S. 523)

IV. Buber und die Menschenrechte

Martin Buber hat sich, soweit ich weiß, nicht dezidiert zum Verhältnis von Menschenwürde zu den Menschenrechten der Allgemeinen Erklärung der Menschenrechte von 1948 verhalten;[2] woran das liegt, ist müßig zu ergründen. Nach den traumatischen Erfahrungen des Nationalsozialismus hat Buber durchaus die Fähigkeit zum bösen Handeln ernstgenommen (vgl. Buber, Bilder von Gut und Böse; vgl. auch Bourel 2017) – seine Überlegungen berühren aber immer die grundlegenden Sphären des Menschseins und der Möglichkeit, sich zu verfehlen und so im Sinn des Wortes geradezu beziehungslos zu werden, d.h. gottlos. Zum Nationalsozialismus äußert er

2 Die Unterdrückung der jüdischen Bevölkerung durch die Nationalsozialisten thematisiert Buber direkt. Vgl. z.B. Buber, Brief an Gandhi; Das Ende der deutsch-jüdischen Symbiose; Sie und wir. In seinem „Brief an Gandhi" bezieht sich Buber direkt auf die Reichspogromnacht vom 9./10. November 1938 und „auf die Brandlegungen in Synagogen und auf die Konzentrationslager, auf die Torturen, denen die Juden zum Opfer fielen und auf den völligen Entzug ihrer Menschenrechte. Er äußert sich irritiert über den Vorschlag, die Satyagraha im Kontext der nationalsozialistischen Judenverfolgung anzuwenden, und stellt sich die Frage, ob ein gewisser Grad an Gewalt nicht unausweichlich oder notwendig sei." (Ferrari 2019, S. 57; vgl. Buber, Zum Problem von Politik und Moral). In Schweigen und schreiben (1944) thematisiert Buber die Shoah (vgl. Buber, Schweigen und Schreiben) und wie ein jüdisches Leben nach der Shoah noch möglich ist (vgl. Buber, An der Wende)? Konkret setzte sich Buber sehr wohl für Menschenrechte verschiedener Gruppen ein (vgl. Ferrari 2019, S. 70; siehe auch Marin 2012 und Siegfried Karl & Hans-Georg Burger [Hg.] 2014).

sich z.B. in Briefen oder in ANTWORT auf die Frage, wer für ihn Hitler sei. Die Antwort, die er gibt, lässt den Menschen Hitler zu, aber wehrt der nationalsozialistischen Ideologie, die als menschen- und gottfeindlich charakterisiert wird:

„Hitler ist nicht mein Antagonist im Sinn eines Partners, „den ich bestätigen kann, indem ich ihm widerspreche", ..., denn er ist unfähig, einen wirklich anzureden und unfähig, einen wirklich anzuhören. Das habe ich einmal persönlich erfahren, als ich ihn, wenn auch nur in der technischen Übermittlung des Rundfunks, reden hörte. Ich wußte, daß diese Stimme imstande war, mich mitsamt unzähligen meiner Brüder zu vernichten; aber ich erfuhr, daß sie ungeachtet solcher Macht nicht imstande war, das gesprochene und vernommene Wort in die Welt zu setzen. Und schon eine knappe Stunde danach habe ich im „Satan" den „armen Teufel" zu ahnen bekommen, den armen Teufel an der Macht, und zugleich habe ich meine dialogische Ohnmacht verstanden. Ich hatte zu antworten, aber nicht dem, der geredet hatte. Insofern eine Person ein Teil einer Situation ist, habe ich zu antworten, aber nicht gerade der Person." (Buber, Antwort, S. 505)

Die Gefahr, nicht selbstreflexiv zu sein (Gottesfinsternis) oder einem denkfaulen Fundamentalismus zu verfallen, ist beidermaßen mächtig und Martin Buber könnte seinem Interpreten, Bernhard Casper, durchaus zustimmen, wenn dieser schreibt: „... wir können nur überleben, wenn wir *miteinander* leben lernen." (Casper 2017, S. 357) Miteinander leben, heißt, auch miteinander sprechen und den anderen in seiner Anderheit (vgl. Buber, Antwort, S. 495) aushalten, ertragen (Casper 2017, S. 7). Das Miteinanderleben setzt nach Buber voraus, immer wieder umzukehren sowohl zum Mitmenschen als auch zu Gott (vgl. Buber, Antwort, 495), weil die Ich-Es-Relation uns das „Himmelslicht" (ebd.) verstellt und so zur Hybris wird. Buber widersteht aber spirituell-politisch dem Nationalsozialismus und auch dem existenziellen Misstrauen (vgl. Ferrari 2019, S. 23). Buber schreibt:

„Im Grunde ist ja das existenzielle Mißtrauen nicht mehr, wie das alte, ein Mißtrauen zu meinem Mitmenschen, sondern es ist die Vernichtung des Vertrauens zum Dasein überhaupt. Daß wir von einem Lager zum anderen kein echtes Gespräch mehr führen können, ist das stärkste Symptom der Krankheit des Menschen von heute: das existenzielle Mißtrauen ist diese Krankheit selber" (Buber, Hoffnung für diese Stunde, S. 278).

Francesco Ferrari formuliert in seiner Einleitung zu Bubers *Schriften zur politischen Philosophie und zur Sozialphilosophie* (2019) treffend, wenn er schreibt: „Die Prinzipien von Landauers sozialer Philosophie, wie Gegenseitigkeit, Solidarität, Kooperation, Selbstbestimmung, freie Assoziation, Föderalismus und Dezentralisierung, übten einen großen Einfluss auf Bubers soziales und politisches Denken aus [...]. Freiheit dürfe nicht aus der Not heraus entstehen." (Ferrari 2019, S. 35). Bubers entscheidender Impuls für seinen Widerstand gegen den Nationalsozialismus ist sein Messianismus (vgl. MBW 15; Schwendemann 2019, S. 136–138), der letztlich auf die radikale Umgestaltung und „innere Umwandlung des Menschen" (MBW 11, 1, S. 47) und gegen das NS-Führerprinzip zielt (vgl. Volk und Führer 1942, in: MBW 11, 2, S. 285–296). Am 7.3.1933 wird Buber in Heppenheim von der Gestapo aufgesucht und in Folge wird ihm die Lehrerlaubnis entzogen (MBW 11, 1, S. 52); Buber arbeitet jedoch weiter im Jüdischen Lehrhaus in Frankfurt und in der Mittelstelle für jüdische Erwachsenenbildung bei der Reichsvertretung der deutschen Juden (MBW 11, 1, S. 53; MBW 11, 2, S. 321–323).

Buber nimmt in diesem Zusammenhang der Menschenwürde und den Menschenrechten Kants Selbstzweckhaftigkeitsformel durchaus ernst und lässt den Ansatz des kategorischen Imperativs (vgl. Kant, Grundlegung zur Metaphysik der Sitten, S. 51) als Begründung von Würde durchaus zu, was ihm jedoch keineswegs genügen kann. Kants Ansatz der Ethik – Buber bezieht sich auf die zweite Kant'sche Frage: Was soll ich tun? (Buber, Das Problem des Menschen, S. 225) – ist für Buber eine durchaus ernstgemeinte Frage, die auch in der neueren, gegenwärtigen Menschenrechtsdiskussion immer wieder als Begründungsmodell herangezogen wird. Dass der Mensch sich im Sinne Kants auch sittlich zu verhalten habe, steht für Buber außer Frage, wobei der philosophisch Lehrende grundsätzlich nur den Weg, die Orientierung, die Richtung zeigen könne, aber jede muss die der Situation angemessene Sittlichkeit ausbilden (Buber, Antwort, S. 498): „Ich meine freilich, daß keine sittliche Norm einen absoluten Anspruch an einen Menschen hat, wenn sie nicht nicht als Gabe des Absoluten geglaubt wird." (Ebd.) Das bedeutet, dass jede Situation einer eigenen Antwort bedarf, wobei Sittlichkeit nicht beliebig ist, aber jede Situation verlangt eine Auslegung der Sittlichkeit mit dem eigenen Leben und der eigenen Lebenspraxis. Kant erkenne, so Buber das eigentliche Problem des Menschen: „Was ist das für eine Welt, die der Mensch erkennt? Wie kann der Mensch, so wie er in seiner konkreten Wirklichkeit ist, überhaupt erkennen? Wie steht der Mensch in der so von ihm erkannten Welt, was ist sie ihm und was ist er ihr?" (Buber, Das Problem des

Menschen, S. 240; vgl. auch Kant, Prolegomena zu einer jeden künftigen Metaphysik). Kants Problem, so Buber, sei das Problem des Verhältnisses der Begriffe zur Wirklichkeit: Die Welt der Begriffe ist von der Beschaffenheit der Sinne abhängig, aber ob die Begriffe die Wirklichkeit wiedergeben können, ist fraglich, weil sie nicht in der Welt der Erfahrung per se vorhanden ist (vgl. Buber, Das Problem des Menschen). Das Böse, so Buber, werde in dieser Perspektive haltlos, weil es rationalerweise gar nicht auftauchen dürfte; deshalb könne das Böse auch nicht mit der ganzen Seele getan werden, das Gute hingegen schon, weil es Antwort auf die Anrede des EWIGEN sei (Buber, Antwort, S. 500). Deswegen dienen die vier Fragen Kants[3] (Was kann ich wissen? Was soll ich tun? Was darf ich hoffen? Was ist der Mensch?, vgl. dazu Dessauer 1959, S. 21–26; Buber, Das Problem des Menschen, S. 225) Buber zur grundsätzlichen Orientierung in der philosophischen Anthropologie (vgl. Kant 1873), reichen jedoch nicht aus, um Bubers eigenen Ansatz der dialogischen Beziehungsgestaltung zu erfassen, der immer auf eine grundsätzliche Ausbildung von Menschlichkeit zielt und nicht nur die Frage: Was soll ich tun? beantwortet:

„Die Ganzheit der Seele ist gerade in der Gebrochenheit der menschlichen Situation zu bewähren, und das heißt: dadurch, daß man nicht über den Situationen schwebt, sondern auf sie eingeht, daß man sich ins Handgemenge mit ihnen einläßt, daß man ihnen jeweils so viel an Wahrheit und Gerechtigkeit abgewinnt, als man hier, auf ihrem Boden, der Wirklichkeit gemäß vermag." (Buber, Antwort, S. 501)

Anders als Kant sieht Buber im Menschen das Fragmentarische, das Begrenzte, das, was an Grenzen, auch Grenzen der Gerechtigkeit und Sittlichkeit, stößt, das dem Menschen Wagnis bleibt, auch wenn er „das Rechte will, muß man wagen" (ebd., S. 502). Das, was der Mensch im Zwischen zum EWIGEN DU vernimmt, kann ihn zum Mitwirken an Gottes Erlösungswerk befähigen, womit Buber eine andere Antwort auf die dritte Kant'sche Frage gibt – die Erlösung letztlich zu begründen oder zu bewirken, vermag der Mensch hingegen nicht (ebd., S. 505).

V. Güte von Beziehungen

Anders als Kant ist für Buber nicht primär die Güte von Handlungen in ethischer Absicht ausschlaggebend, sondern die Güte der Beziehungen, vor allem der Ich-Du-Beziehung. Kants Selbstzweckformel agiert auch bei Buber im Hintergrund als Abwehr instrumentalisierender Beziehungen oder die Vernutzung aktualer Begegnung, weil „zwischen den Du-Momenten ein unfaßbarer, ein gleichsam vibrierender Zusammenhang" besteht (Buber, Antwort, S. 484) und in Bezug auf Gott: „Vollends im Verhältnis des wahrhaft Gläubigen zu Gott ist das latente Du unverkennbar; auch wenn er sich nicht mit eingesammelter Seele ihm zuzuwenden vermag, ist ihm Gottes Gegenwart, die des ewigen Du urwirklich." (Ebd.) Kant habe in Bezug auf Gott in der Sicht Bubers allenfalls eine „Setzung moralischen Handelns" im Blick, was aber höchstens als „subjektive Hypothese" (Buber, MBW 12, Kommentar, S. 756) zugelassen werde, so die Interpretation Bubers eines Abschnitts aus Kants *Kritik der praktischen Vernunft* von 1788 (vgl. Kant, Schriften zur Ethik und Religionsphilosophie).

Buber stellt gegen diese hypothetischen Momente als Kriterium der Güte von Beziehung „das echte Gespräch" dagegen (Buber, Antwort, S. 485), das im Raum des Zwischen stattfindet, das den Charakter der Gegenseitigkeit/Mutualität in sich trägt und Anerkennung des Anderen voraussetzt, was die Sphäre des Geistes berührt (ebd., S. 487):

„Das Tier ist nicht, wie der Mensch, zwiefältig: die Zwiefalt der Grundworte Ich-Du und Ich-Es ist ihm fremd, wiewohl es sich sowohl einem anderen Wesen zuwenden als auch Gegenstände betrachten kann. Wir mögen im-

---

3 Die entscheidende Stelle in Kants *Logik* lautet: „Was aber Philosophie nach dem Weltbegriffe (in sensu cosmico) betrifft: so kann man sie auch eine Wissenschaft von der höchsten Maxime des Gebrauchs unsrer Vernunft nennen, so fern man unter Maxime das innere Prinzip der Wahl unter verschiedenen Zwecken versteht.
Denn Philosophie in der letzteren Bedeutung ist ja die Wissenschaft der Beziehung alles Erkenntnisses und Vernunftgebrauchs auf den Endzweck der menschlichen Vernunft, dem, als dem obersten, alle andern Zwecke subordiniert sind und sich in ihm zur Einheit vereinigen müssen.
Das Feld der Philosophie in dieser weltbürgerlichen Bedeutung läßt sich auf folgende Fragen bringen:
1) Was kann ich wissen?
2) Was soll ich tun?
3) Was darf ich hoffen?
4) Was ist der Mensch?
Die erste Frage beantwortet die Metaphysik, die zweite die Moral, die dritte die Religion, und die vierte die Anthropologie. Im Grunde könnte man aber alles dieses zur Anthropologie rechnen, weil sich die drei ersten Fragen auf die letzte beziehen.
Der Philosoph muß also bestimmen können
1) die Quellen des menschlichen Wissens,
2) den Umfang des möglichen und nützlichen Gebrauchs alles Wissens, und endlich
3) Die Grenzen der Vernunft.
Das letztere ist das Nötigste, aber auch das Schwerste, um das sich aber der Philodox nicht bekümmert." (Immanuel Kant: Logik, online abrufbar unter https://www.textlog.de/kant-logik-philosophie-0.html, zuletzt abgerufen am 27. Januar 2020.

merhin sagen, die Zwiefalt sei hier latent. Darum dürfen wir diese Sphäre, auf unser zur Kreatur ausgehendes Du-sagen hin betrachtet, die Schwelle der Mutualität nennen." (Ebd.)

Wer in dieses Zwischen eintritt hat Anteil an der Sphäre des Geistes, was letztlich das Geheimnis des Menschen bzw. seiner Würde birgt: „Es ist die (Scheidung, SWE) zwischen dem, was an Geist schon in die Welt eingegangen und unter der Vermittlung unserer Sinne in ihr wahrnehmbar ist, einerseits und dem, was noch nicht in die Welt eingegangen, aber bereit ist in sie einzugehen und uns gegenwärtig wird, anderseits." (Ebd.) Zu Wort gewordenem Geist findet sich in Kunst, Musik, Literatur und allen Formen der Gestaltung in Bildhauerei und Architektur (Buber, Antwort, S. 488) und hat immer seinen Ursprung in der Begegnung mit dem Anderen (ebd., S. 489). Aber die Grenze liegt für den Menschen da, wo er über den Geist herrschen will, wo er Widerfahrnis von Begegnung und Ich-Du-Beziehung instrumentalisiert, die auf diese Weise unwahr wird: „Wer den Anhauch des Geistes kennt, vergeht sich, wenn er sich des Geistes bemächtigen oder dessen Beschaffenheit ermitteln will. Aber Untreue übt er auch dann, wenn er die Gabe sich selber zuschreibt." (Ebd., S. 489) Die Sphäre des Zwischenmenschlichen ist als Sphäre der Ich-Du-Beziehung, als echtes Gespräch, als Zwiesprache, frei von Herrschaftsgebaren und Herrschaftsansprüchen und frei von Instrumentalisierungen gekennzeichnet (vgl. ebd., S. 490):

> „Als die Sphäre des Zwischenmenschlichen bezeichne ich nicht das Verhältnis der menschlichen Person zu ihrem Mitmenschen überhaupt, sondern die Aktualisierungen dieses Verhältnisses. Das Zwischenmenschliche ist etwas, was sich jeweils zwischen zwei Menschen begibt; damit es sich aber je und je begeben könne, damit echte Begegnungen geschehen und immer wieder geschehen, muß dem Menschen das Du zum Mitmenschen innewohnen." (Ebd., S. 491)

Das DU zum Mitmenschen hängt aber vom DU des EWIGEN zum Menschen ab, was also kein „Psychologicum" sein kann, weil Gott eben – im Unterschied zum Ansatz der Dialektischen Theologie – nicht der Andere, sondern der „Hiesige, der Jetzige, der Meine" ist (ebd., S. 492): „Wenn einer von Gott spricht, macht er ihn zu einem Seienden unter anderem Seienden, zu einem vorhandenen, zu einem so und nicht anders beschaffenen Seienden. Zu Gott sprechen bedeutet aber nichts anderes als: sich ihm selber zuwenden." (Ebd., S. 493)

VI. Der Mensch als dialogisches Beziehungswesen

Was lässt sich also jetzt zum Thema Menschenwürde/Menschenrechte sagen? Buber diskutiert nicht direkt diese Problemlagen, sondern versucht den Menschen als dialogisches Beziehungswesen nachzuzeichnen, das zwar in Freiheit und Selbstbestimmung handelt, aber sich an der dialogischen Beziehung zu Gott orientiert. Die entsprechenden Bildungsprozesse findet Buber in der persönlichen Auseinandersetzung zum Beispiel mit dem Dekalog (vgl. Buber, Was soll mit den Zehn Geboten geschehen?), was sich aber zuerst im Hören auf Gottes Anrede vollzieht. Diese Übung im Hören ist für Buber jedoch sofort und unmittelbar auch Selbstbesinnung und Form einer spezifischen Selbstbestimmung.
Kenntnis der eigenen und der fremden Menschenwürde und Bildung sind aktive Aneignungsprozesse des Lernenden und somit Teil der Persönlichkeitsentwicklung, also auch Persönlichkeitsbildung, des einzelnen Lernenden. Der Philosoph Peter Bieri hat sich ebenfalls, ähnlich wie Buber, mit dem Erwerb von Menschlichkeit auseinandergesetzt: Menschenwürde habe nach Peter Bieri immer mit selbstbestimmtem Leben in einer Gemeinschaft zu tun, das durch rechtliche und moralische Regeln, über die wir mitbestimmen können, bestimmt sei (vgl. Bieri 2015, S. 8; zum Ganzen Schwendemann & Breidt & Saunus (Hrsg.) 2019). In dieser Grundauffassung menschenwürdigen Lebens gehe es immer auch um die aktive Gestaltung des eigenen Lebens: „Selbstbestimmt ist unser Leben, wenn es uns gelingt, es innen und außen in Einklang mit unserem Selbstbild zu leben – wenn es uns gelingt, im Handeln, im Denken, Fühlen und Wollen der zu sein, der wir sein möchten." (Bieri 2015, S. 13) Bieri geht es in seinem reflexiven menschenrechtlichen Ansatz um das Erarbeiten einer persönlichen Identität und Selbstbestimmung, welche über sprachliche Auseinandersetzung gehen muss (ebd., S. 25) und sich nicht von der Angst vor dem Fremden leiten lassen darf: „Wenn moralisches Bewusstsein mit Selbstbestimmung verträglich sein soll, dann darf es nicht in Angst begründet sein und auch nicht in dürrer Pflichterfüllung. Es muss sich seinerseits als Ausdruck von Selbstbestimmung verstehen lassen." (Ebd., S. 28) Moralische Intimität benötige, so Bieri, Partner:innen und Freund:innen:

> „Denn moralische Empfindungen werfen implizit stets die Frage danach auf, wer wir sein möchten – diejenige Frage also, die uns leitet, wenn es um Selbstbestimmung geht. Moralische Intimität ist eine Beziehung zwischen Menschen, in der sich ihre Fähigkeit zur inneren kritischen Distanz sich selbst gegenüber zeigt." (Ebd., S. 29)

Im Blick der Anderen komme auch unser eigenes Bedürfnis nach Anerkennung (ebd., S. 30) zum Ausdruck: „Sich selbstbestimmt zu entwickeln, kann nur heißen, dem Blick der Anderen zu begegnen und ihm standzuhalten." (Ebd., S. 31) Selbstbestimmung und selbstbestimmtes Leben gingen nur, wenn die Fremdheit der Anderen zugelassen und ausgehalten werde (vgl. ebd.). Sich selber – auch in den eigenen spezifischen Abgründigkeiten wahrnehmen und erkennen zu können – ist eine Form der Selbstbestimmung (vgl. ebd., S. 42), die eng mit Selbsterkenntnis verbunden bleibt. Bieri behauptet nun, dass diese Form der Selbsterkenntnis dazu verhelfe, aus dem Erkennen auch Maßstäbe fürs Handeln und für Veränderungsprozesse gewinnen zu können (vgl. ebd., S. 43). Selbsterkenntnis sei so „Quelle von Freiheit und [...] von Glück" (ebd., S. 58). Voraussetzung hierfür sei der Modus der Anerkennung meiner selbst und auch der anderen Menschen (vgl. ebd., S. 59). Jeder Mensch erwerbe eine kulturelle Identität durch die ihn umgebenden „bedeutungsvollen sinnstiftenden Aktivitäten" (ebd., S. 61). Bildung bestehe nach Bieris Überzeugung auch darin, Fremdes als Fremdes zu erkennen und auch anzuerkennen, ohne es auf Fremdheit festlegen zu wollen und bei der eigenen Vernunft zu bleiben (vgl. ebd., S. 70), was dem dialogischen Ansatz Bubers wesentlich entspricht.

Diese Wahrnehmung anderer Perspektiven stellt für Peter Bieri Bildung dar: „Bildung als die aktive, reflektierende Beschäftigung mit Kultur wird sich immer auch mit Vorstellungen davon beschäftigen müssen, was als eine würdige und würdelose Einstellung zu Anderen und zu sich selbst gilt." (Bieri 2015, S. 73) Der Verlust an Würde habe, so Bieri, auch mit einem Verlust an Selbstbestimmung zu tun (vgl. ebd.). Kulturelle Identität bedeute auch eine moralische Identität einzunehmen – wenn man etwas für indiskutabel hält, dann sei das für das betreffende Individuum auch absolut so (vgl. ebd., S. 76). Bieri geht davon aus, dass die moralische Identität oft auch mit einer religiösen verknüpft sei (vgl. ebd., S. 77); aber auch hier gelte der Prozess der Aneignung als

> „Stufen auf dem Weg zu einer Identität, die sich aus dem Bedürfnis heraus formt, Stimmigkeit zu erreichen, indem man sich bewusst und mit der Bereitschaft zu entsprechendem Handeln für bestimmte Elemente und gegen andere entscheidet, stets im Wissen darum, dass solche Entscheidungen historisch, gesellschaftlich und psychologisch bedingt und also kontingent sind." (Ebd., S. 79)

Buber kann jedoch die menschliche Identität immer nur in Bezug auf eine Glaubenshaltung des Geheimnis des EWIGEN erkennen und zugestehen, was für ihn Grund der Ablehnung der Haltung C.G. Jungs in der Gottesfinsternis ist (vgl. Buber, Gottesfinsternis, S. 444).

VII. Begegnung als Würde

Buber und Bieri fokussieren beide Begegnung als Ansatz der Würde des Menschen und setzen als Bedingung derselben die Anerkennung des Anderen, ohne ihn auf die Anderheit festzulegen. Die vierte Kant'sche Frage: Was ist der Mensch? (vgl. Buber, Das Problem des Menschen, S. 225) wird von Buber und Bieri im Sinn eines partizipativen Zugangs und einer eschatologischen Offenheit und Unabgeschlossenheit diskutiert:

> „Was ist das für ein Wesen, das wissen kann, das tun soll, das hoffen darf? Und daß die drei ersten Fragen auf diese zurückgeführt werden können, bedeutet: „...Es ist also damit gesagt, daß wir zugleich und in einem mit der Endlichkeit des Menschen seine Teilnahme an der Unendlichkeit erkennen müssen, nicht als zwei Eigenschaften nebeneinander, sondern als die Doppelheit der Prozesse, in der als solcher erst das Dasein des Menschen erkennbar wird." (Ebd., S. 227)

Die Antwort auf die vierte Kant'sche Frage liegt für beide Denker im Akt der Selbstbesinnung der „menschlichen Ganzheit" (ebd., S. 230): „Mit anderen Worten: er muß diesen Akt des Hineingehens in jene einzigartige Dimension als Lebensakt vollziehen, ohne vorbereitete philosophische Sicherung, er muß sich also alledem aussetzen, was einem widerfahren kann, wenn man wirklich lebt." (Ebd.) Buber ist nach eigener Angabe für diese Aufgabe der Selbstbesinnung durch den ersten Weltkrieg sensibilisiert worden (vgl. Buber, Antwort, S. 467), was für ihn als Krisenerfahrung auch eine Glaubenserfahrung darstellt, weil „der Mensch[.] Gott gegenüber lebt" (ebd., S. 468), aber eigentlich nicht ohne dieses Gegenüber leben kann, was bei Bieri als existenzielle Dimension jedoch fehlt.

VIII. Begegnung als wahre Wirklichkeit

Buber verteidigt sich in ANTWORTEN immer wieder, dass er in seiner vordialogischen Phase durch den Chassidismus geprägt worden sei und dass für ihn die dialogische Gottesbeziehung Dreh- und Angelpunkt seines Denkens essenziell sei. Bubers vordialogische Phase (also die Zeit vor *Ich und Du* von 1923) lässt sich als konzentrierte Rezeption des ostjüdischen Chassidismus in seinen Geschichten und ekstatischen Religiosität charakterisieren (vgl. Casper 2017, S. 18). Ausgangspunkt dieser Rezeption sind bei

Buber „Leben" und „Erleben" und „Verstehen", die in einen ganzheitlichen Zusammenhang gebracht werden (vgl. ebd., S. 21). Aus dem Erleben gründet sich für den jungen Buber „wahre Wirklichkeit" und die Differenz zwischen der wirklichen bzw. wahren und entfremdeten Wirklichkeit: „Wirklichkeit wird wirklich im Erlebnis" (ebd., S. 24), d.h. in der Gegenwart, im Augenblick (vgl. ebd., S. 26) und Ekstase – wie im chassidischen Lebensgefühl – heilt Wirklichkeit und macht sie wirklich (ebd., S. 30). Das Selbst des Menschen kommt zu sich selbst, was dem Menschen eine Entscheidung abverlangt, bis zum Äußersten seines In-der-Welt-Seins zu gehen (vgl. ebd., S. 37). Buber verabschiedet sich in ANTWORT geradezu von der sog. Lebensphilosophie, sie sei ihm zu abstrakt. Menschsein ereignet sich dadurch, dass man in Beziehung zueinander tritt oder sich distanziert. Begegnung als Phänomen wird aber erst durch die ANREDE zugänglich (vgl. ebd., S. 285) – das Sein in der Begegnung verdankt sich auch nicht dem Partner, dem Gegenüber, wie es Lévinas sieht (vgl. ebd., S. 371ff) und 1961 gegen Buber betont, sondern der sich ereignenden Begegnung selbst (vgl. ebd., S. 288). Franz Rosenzweig stellt im *Der Stern der Erlösung* und im *Büchlein vom gesunden und kranken Menschenverstand* die Frage nach der Denkbarkeit der Offenbarung und damit nach dem Zugang zur göttlichen Wirklichkeit bzw. zu Gott selbst und knüpft dabei an Kant und Hegel an; Offenbarung ließe sich gerade nicht in den Strukturen der Frage ›Was ist eigentlich?‹ denken (vgl. ebd., S. 81). Das Sein hänge entscheidend vom Tod ab, dies zu begreifen, schenke dem Menschen Freiheit. Die Urstruktur der grundsätzlichen Erkenntnisfrage gewinnt Rosenzweig in der Analyse der Zeitlichkeit von Sprache: „[d]as in der schon gesprochenen Sprache vorliegende Sein ist als es selber immer schon über seine beiden für das anschauende Denken ursprünglichen Phänomenwerdungen hinaus und ent-hält [sic!] sie als paradoxe Einheit." (Ebd., S. 89) Sprache bzw. der Vorgang des Sprechens ist für Rosenzweig aber immer schon „sich ereignendes, zeitigendes Denken" (ebd., S. 107), d.h. Sprache muss immer gesprochen werden und in diesem Vorgang ereignet sich Beziehung. Der Mensch wird nur zum Menschen in seinem Menschsein durch die beziehungsstiftende Kraft der Sprache (vgl. ebd., S. 125). Der, der spricht, hat Anteil an der Gegenwart, spricht über Vergangenes und antizipiert Zukünftiges (vgl. ebd., S. 147). Das dadurch generierte Seinsverständnis ist sowohl geschichtlich als auch dialogisch (vgl. ebd., S. 153). In Bezug auf Gott heißt das, dass Gott der Verbergende ist, „der sich nur je im Augenblick als der das dialogische Sein Gewährende offenbart. In dieser Offenbarung ist das Sein des schon Vorliegenden, weil es immer schon zu verdanken war, als Schöpfung geborgen und die endzeitliche Vollendung alles Seins des Seienden verheißen." (Ebd., S. 183) Im Ereignis des Gesprächs ereignet sich ein Ursprung und mein Selbst ist darin bewährt (vgl. ebd. 2017, S. 184). Ebenso wie Rosenzweig findet Ferdinand Ebner das Zentrum des Menschseins in der „Erfahrung des Sprechendürfens" (Ebd., S. 196) – der Mensch wird nur Mensch durch Sprache (vgl. ebd., S. 207), d.h. Wirklichkeit wird als sprachliches Beziehungsgeschehen wahrnehmbar. Das Gegenteil von Beziehungsfülle ist Beziehungslosigkeit als „Icheinsamkeit" (ebd., S. 213), die Ebner wiederum theologisch als „Sünde" qualifiziert (ähnlich auch Sören Kierkegaard, vgl. Casper 2017, S. 221). Deutlich wird bei den dialogischen Denkern, dass der Mensch des anderen bedürftig ist und dass dieses Bedürfnis nur in der Sprache zum Ausdruck kommt (vgl. ebd., S. 225). Religion bedeutet für den Dialogphilosophen Ebner dann Folgendes: „Das Verhältnis, in dem ich als Sprechender allererst sein gelassen bin und das ich also als bewußt Seiender bewußt annehmen kann." (Ebd., S. 226) Das Dialogische betrifft das Selbst des Menschen direkt, denn: „Ich selbst bin erst als ich selbst dadurch, daß ich in Beziehung zu deinem Selbst bin." (Ebd., S. 226) Aber nur Gott gewährt das Anfangen in der Sprache, in der Kommunikation, im Dialog, weil ich als Mensch im Ursprung angesprochen bin (vgl. ebd., S. 228). In der Realität des Gottesverhältnisses verstehe der Mensch sich selbst, so Ebner (vgl. ebd., S. 231), worin ihm Buber zustimmen würde. Der Akt des Glaubens, Vertrauens, ist für Buber und Ebner immer zugleich auch als Umkehr zu Gott, Umkehr zum sinngewährenden Ursprung (vgl. ebd., S. 235) zu verstehen. Gott kann dabei jedoch nicht Objekt wissenschaftlichen Denkens sein (vgl. ebd., S. 247): „Der Denker vor Gott wird zum Denker und Bedenker des Wortes – und der Gnade des Seins, die in ihrer Fülle im Wort ist." (Ebd., S. 248) Der „dialogische Buber" nimmt seinen denkerischen Ansatz nicht mehr vom Sein des Menschen her, sondern von Begegnung und Beziehung, in der die „Anderheit" des Anderen gewahrt und gewürdigt bleibt (vgl. ebd., S. 261) – das Sein wird zum Raum des ZWISCHEN – der Raum des Zwischen wird sowohl für das göttliche als auch menschliche DU essenziell. Begegnung – Ereignis – Beziehung sind die neuen Schlüsselbegriffe in Bubers dialogischem Denken. Wirklichkeit an sich gibt es nicht mehr, sondern jede Wirklichkeit ist nur als Beziehung wirklich: „Die Welt kann nie in sich, sondern immer nur in Beziehung zu mir, dem Erkennenden, Erfahrenden oder Begegnenden gedacht werden." (Ebd., S. 267)

Die Wirklichkeit des sich ereignenden Zwischen ist die religiöse Wirklichkeit schlechthin (vgl. ebd., S. 289), aus dem der Mensch in der Perspektive Bubers seine Würde und seine Menschlichkeit gewinnt; das sich Nicht-Gefallenlassen dieses ZWISCHEN oder seine kolonisierende Besetzung und Instrumentalisierung werden von Buber als Verlust der Menschlichkeit charakterisiert, was jeweils in Gottlosigkeit im Sinn des Wortes mündet. In der Schrift *Gläubiger Humanismus* präzisiert Buber:

> „Hier erscheinen die Menschlichkeit und der Glaube nicht als zwei getrennte Bereiche, von denen jeder unter einem eigenem Zeichen und unter einem besonderen Gesetz steht: sie durchdringen einander, sie wirken zusammen, ja sie sind so innig aufeinander bezogen, daß wir sagen dürfen: unser Glaube hat unsere Menschlichkeit zur Grundlage, und unsere Menschlichkeit hat unseren Glauben zur Grundlage." (Buber, Gläubiger Humanismus, S. 525)

Der Vollzug des Glaubens als Vollzug des Vertrauens in Gott und meint ausschließlich „Gott, und Gott ist der menschlichen Person in ebendem Moment gegenwärtig, in dem sie an ihn glaubt, oder, realer ausgedrückt, in dem sie ihm vertraut." (Ebd., S. 526) Im Unterschied zu Hegel oder Heidegger kommt das Sein gerade nicht im Bewusstsein seiner selbst zu sich, sondern nur und ausschließlich in dieser Beziehung, in der „Begegnung des Einen mit dem Andern." (Ebd., S. 527)

Text von Wilhelm Schwendemann aus: Ursula Frost et al. [Hg.] (2020): Dialog als Prinzip. Festschrift für Hans-Joachim Werner, S. 217–238.

Literatur

Peter Bieri: Eine Art zu leben. Über die Vielfalt menschlicher Würde. Frankfurt a.M.: Fischer 2015.

Dominique Bourel: Martin Buber. Was es heißt, ein Mensch zu sein. Unter Mitarbeit von Horst Brühmann. Gütersloh: Gütersloher Verlagshaus 2017.

Martin Buber: Schriften zum Chassidismus (= Werke Bd. 3). München: Kösel 1963.

–: Bilder von Gut und Böse. 3. Aufl. Heidelberg: Lambert Schneider 1964.

–: Ich und Du; in: Ders.: Das dialogische Prinzip. Um ein Namensverz. erg. 3., verb. Aufl. Heidelberg: Lambert Schneider 1973, S. 5–136.

–: Schriften zum Messianismus (= MBW 15). Herausgegeben von Samuel Hayim Brody. Gütersloh: Gütersloher Verlagshaus 2014.

–: Antwort; in: Ders.: Schriften zu Philosophie und Religion (= MBW 12). Herausgegeben von Ashraf Noor. Gütersloh: Gütersloher Verlagshaus 2017, S. 467–523.

–: Schriften zur Bibelübersetzung (= MBW 10). Herausgegeben von Ran HaCohen. Gütersloh: Gütersloher Verlagshaus 2012.

–: Schriften zur biblischen Religion (= MBW 13). Herausgegeben von Christian Wiese. Gütersloh: Gütersloher Verlagshaus 2017.

–: Brief an Gandhi; in: Ders.: Schriften zur zionistischen Politik und zur jüdisch-arabischen Frage (= MBW 21). Herausgegeben und eingeleitet von Samuel Hayim Brody. Gütersloh: Gütersloher Verlagshaus 2019, S. 150–162.

–: Zum Problem „Politik und Moral"; in: Ders.: Schriften zur zionistischen Politik und zur jüdisch-arabischen Frage (= MBW 21). Herausgegeben und eingeleitet von Samuel Hayim Brody. Gütersloher Verlagshaus 2019, S. 203–206.

–: Das Ende der deutsch-jüdischen Symbiose; in: Ders.: Schriften zur politischen Philosophie und zur Sozialphilosophie (= MBW 11.2). Herausgegeben und kommentiert von Stefano Franchini, eingeleitet von Francesco Ferrari. Gütersloh: Gütersloher Verlagshaus 2019, S. 24–26.

–: Hoffnung für diese Stunde; in: Ders.: Schriften zur politischen Philosophie und zur Sozialphilosophie (= MBW 11.2). Herausgegeben und kommentiert von Stefano Franchini, eingeleitet von Francesco Ferrari. Gütersloh: Gütersloher Verlagshaus 2019, S. 275–282.

–: Sie und wir; in: Ders.: Schriften zur politischen Philosophie und zur Sozialphilosophie (= MBW 11.2). Herausgegeben und kommentiert von Stefano Franchini, eingeleitet von Francesco Ferrari. Gütersloh: Gütersloher Verlagshaus 2019, S. 340 –345.

–: Schwelgen und schreiben; in: Ders.: Schriften zur politischen Philosophie und zur Sozialphilosophie (= MBW 11.2). Herausgegeben und kommentiert von Stefano Franchini, eingeleitet von Francesco Ferrari. Gütersloh: Gütersloher Verlagshaus 2019, S. 346–349.

–: An der Wende; in: Ders.: Schriften zum Judentum (= MBW 20). Herausgegeben und eingeleitet von Michael A. Fishbane. Gütersloh: Gütersloher Verlagshaus 2018, S. 319–353).

–: Ich und Du; in: Ders.: Schriften über das dialogische Prinzip (= MBW 4). Herausgegeben von Andreas Losch & Paul Mendes-Flohr. Gütersloh: Gütersloher Verlagshaus 2019, S. 37–108.

–: Was soll mit den Zehn Geboten geschehen?; in: Ders.: Schriften zu Philosophie und Religion (= MBW 12). Herausgegeben von Ashraf Noor. Gütersloh: Gütersloher Verlagshaus 2017, S. 205–207.

–: Gottesfinsternis; in: Ders.: Schriften zu Philosophie und Religion (= MBW 12). Herausgegeben von Ashraf Noor. Gütersloh: Gütersloher Verlagshaus 2017, S. 359–444.

–: Gläubiger Humanismus; in: Ders.: Schriften zu Philosophie und Religion (= MBW 12). Herausgegeben von Ashraf Noor. Gütersloh: Gütersloher Verlagshaus 2017, S. 525–528.

Bernhard Casper: Das Dialogische Denken. Franz Rosenzweig, Ferdinand Ebner und Martin Buber. Dritte, durchgesehene und erweiterte Auflage als Neuausgabe. Freiburg, München: Verlag Karl Alber 2017.

Friedrich Dessauer Was ist der Mensch? Die 4 Fragen d. Immanuel Kant. Frankfurt a.M.: Knecht 1959.

Ferdinand Ebner: Das Wort und die geistigen Realitäten. Pneumatologische Fragmente. Herausgegeben von Markus Flatscher. Berlin/Münster/Wien: Lit 2009.

Francesco Ferrari: Einleitung; in: Martin Buber: Schriften zur politischen Philosophie und zur Sozialphilosophie (= MBW 11.1). Herausgegeben und kommentiert von Stefano Franchini, eingeleitet von Francesco Ferrari. Gütersloh: Gütersloher Verlagshaus 2019, S. 15–99.

Johannes Heinrichs: Art.: Dialogik I; in: Gerhard Krause & Gerhard Müller u.a. (Hg.): Theologische Realenzyklopädie (TRE), Bd. 8. Berlin: De Gruyter 1981, S. 697–703.

Immanuel Kant: Schriften zur Ethik und Religionsphilosophie (= Werke Bd. IV). 8., unveränd. Auflage. Herausgegeben von Wilhelm Weischedel. Darmstadt: WBG 2017.

–: Immanuel Kant's Anthropologie in pragmatischer Sicht. Herausgegeben von & J.H. von Kirchmann. 2. Aufl. Berlin: Heimann 1872.

–: Prolegomena zu einer jeden künftigen Metaphysik, die als Wissenschaft wird auftreten können. Herausgegeben von Karl Vorländer. 7., durchges. Aufl. Hamburg: Meiner 1993.

–: Vorlesungen zur Logik, online abrufbar unter https://www.textlog.de/kant-logik-philosophie-0.html, zuletzt abgerufen am 12.12.2022.

Siegfried Karl & Hans-Georg Burger (Hg.): Zur Aktualität von Martin Buber, Dag Hammerskjöld und Horst-Eberhard Richter. Gießen: Psychosozial-Verlag 2014.

Gabriel Marcel: Journal métaphysique. 18. éd. Paris: Gallimard1958.

Lou Marin: Können wir den ehrlichen Dialog in den Zeiten des Misstrauens retten? Die Begegnung zwischen Dag Hammerskjöld und Martin Buber. Neu Isenburg: Melzer 2011.

Martin Buber-Gesellschaft: Art. Martin Buber. Online verfügbar unter http://buber-gesellschaft.eu/ (zuletzt abgerufen am 12.12.2022).

Platon: Werke Bd. 6: Theaitetos, Sophistes (Der Sophist), Politikos (Der Staatsmann). 8. unveränderte Auflage. Herausgegeben von Gunther Eigler u.a. Darmstadt: WBG 2019.

Franz Rosenzweig: Der Stern der Erlösung. 9. Aufl. Berlin: Suhrkamp 2011.

Wilhelm Schwendemann: „Ich habe keine Lehre, aber ich führe ein Gespräch". Einführung in Ich und Du von Martin Buber; in: Reinhold Boschki & Julia Münch-Wirtz & Wilhelm Schwendemann (Hg.): Martin Buber – Neue Interpretationen (= ZfBeg (2018), Nr. 1/2), S. 10–20.

–: Rezension zu Martin Buber Werkausgabe Band 15; in: ZfBeg (2019), Nr. 1, S. 136–138.

– & York Breidt & Melanie Saunus: Menschenwürde und Migration. Stuttgart: Calwer 2019.

Benedictus de Spinoza/Baruch Spinoza: Ethik. Nach geometrischer Methode dargestellt. Herausgegeben von Alexander Heine. Essen: Phaidon 1996.

2 Menschenrechtliche Grundlegung der Ethik für das Leben

© Jürgen Marose | Download in Farbe s. S. 4

1. Einleitung

Die Überlegungen zu diesem Buch sind von uns während der sog. Corona Krise, besser gesagt Corona Pandemie, verfasst worden. Ausgelöst durch einen Virus kam es in Deutschland, aber auch in den meisten Teilen der Welt zu einem Shut-Down, d.h. zu Ausgangssperren, Kontaktverboten, Social Distancing und vieles mehr.[1] Diese Maßnahmen waren notwendig, um das Risiko von Infektionen mit schwerwiegenden Krankheitsverläufen und Todesfälle einzuschränken. Eine Impfstoffentwicklung wurde zwar zeitnah eingeleitet, aber zunächst stand nur eine begrenzte Menge an Impfdosen zur Verfügung. Schwierigkeiten bei der Verteilung, Priorisierung der vulnerablen Personengruppen und diffuse Bedenken gegenüber der Wirkung des neuartigen Impfstoffs verzögerten den zügigen Aufbau eines breitgefächerten Infektionsschutzes der Bevölkerung, der bis heute nicht gewährleistet ist. Ca. 20% der deutschen Bevölkerung sind noch nicht grundimmunisiert (Stand August 2022). In Deutschland wurden viele Grundrechte wie Bewegungs-, Versammlungs-, Religionsfreiheit eingeschränkt, sodass eine Krankheit aufs Engste mit den Grund- bzw. Menschenrechten verbunden ist. Grund genug für uns, darüber nachzudenken, wie dieser Band in der Reihe *Ethik für das Leben*, als Leitfaden die Orientierung an den Menschenrechten und an der Würde des Menschen vornimmt.

Leider wird oft erst dann von menschlicher Würde gesprochen, wenn entweder deren Verletzungen eingetreten sind oder deren Bedrohung bevorsteht. Dass die Würde des Menschen unantastbar ist, wissen wir aus dem deutschen Grundgesetz. Art. 1 GG.[2] Der erste Artikel des Grundgesetzes geht von der Würde aus, das als Menschenwürde und als höchstes Rechtsgut verstanden wird (Schaber 2012, S. 9). Hierbei geht es um eine inhärente Würde der menschlichen Person. Begriffsgeschichtlich hat der deutsche Würdebegriff mit dem Begriff dignitas (lat.) bzw. axiomata (griech.) zu tun. Aber erst nach den Verbrechen gegen die Menschlichkeit (vgl. Nürnberger Ärzteprozesse) wurde der Begriff „inhärente Würde“ als Basis der Grund- und Menschenrechte verstanden (vgl. Schaber 2012, S. 11). Inhärente Würde des Menschen wird als Personenwürde charakterisiert, im Unterschied zur kreaturlichen Würde oder Würde der Biosphäre etc. In unserem Kontext geht es um Personenwürde in medizinethischer Sicht. Unsere Frage ist also: Was kann der Begriff der Würde moraltheoretisch für die *Ethik für das Leben* bedeuten (vgl. Schaber 2012, S. 17)? Inhärente Würde kommt nach unserem religionspädagogischen Verständnis allen Mitgliedern der menschlichen Familie ohne Ansehen der Person und ihrer Eigenschaften zu, d.h., wir setzen inhärente Würde von einer kontingenten Würde ab, die aufgrund von Eigenschaften gesellschaftlich zugeteilt wird (vgl. Schaber 2012, S. 20). Die kontingente Würde hängt je und je auch von bestimmten Anlasssituationen ab, hierzu existieren verschiedene Kontexte wie soziale, expressive, ästhetische und andere (vgl. Schaber 2012, S. 20; Balzer et al. 1998). Die soziale Würde ist an soziale

1 Vgl. https://www.bundesgesundheitsministerium.de/coronavirus/podcastreihe-coronavirus/prof-drosten.html

2 (1) Die Würde des Menschen ist unantastbar. Sie zu achten und zu schützen ist Verpflichtung aller staatlichen Gewalt.
(2) Das Deutsche Volk bekennt sich darum zu unverletzlichen und unveräußerlichen Menschenrechten als Grundlage jeder menschlichen Gemeinschaft, des Friedens und der Gerechtigkeit in der Welt.
(3) Die nachfolgenden Grundrechte binden Gesetzgebung, vollziehende Gewalt und Rechtsprechung als unmittelbar geltendes Recht. https://www.gesetze-im-internet.de/gg/art_1.html

Rollen und Funktionen gebunden; die expressive Würde hängt vom Verhalten des Menschen ab und die ästhetische von Äußerungen und Darstellung. Dagegen ist die inhärente Würde frei von Bedingungen kontingenter Eigenschaften (vgl. Schaber 2012, S. 21). In der europäischen Tradition war Cicero einer der ersten, der sich mit Würde/dignitas beschäftigt hat (De officiis). Bei Cicero war das Merkmal die Vernunftbegabung des Menschen, weil die Herrschaft der Vernunft es dem Menschen erlaube, sich von seinen Wünschen und Begierden zu distanzieren und sich nicht von ihnen überwältigen zu lassen (vgl. Schaber 2012, S. 22). Deutlich wird in Ciceros Ausführungen die stoische Richtung, die sich ganz klar gegen eine hedonistische Auffassung abhebt (de officiis 105/106).

2. Gottebenbildlichkeit und christliche Ethik

Die christliche Ethik verbindet inhärente Würde des Menschen mit dem Symbol der Gottebenbildlichkeit, ein Begriff, der heftig umstritten und nicht eindeutig ist (Ute Neumann-Gorsolke 2017; WiBiLex). Die Rede von der Gottebenbildlichkeit (vgl. Neumann-Gorsolke 2017) gehört zu den zentralen biblischen Begriffen theologischer Anthropologie (vgl. Westermann 1999; Ebach 1977; Härle 2007; Härle 2011; Jacob 2000; Janowski 2000; Jüngel 2002; Neumann-Gorsolke 2004; Schmidt 2004) und bezeichnet eine besondere Beziehung zwischen dem biblischen Gott und dem Menschen (vgl. Härle 2011, S. 149f). Textlich sind jedoch die Belege recht schmal (Gen 1,26f; Gen 5,1ff; Gen 9,6; Ps 8,6; JesSir 17,13–7; Weish 2,23f; 1. Kor 11,7; Kol 3,10; Jak 3,7; 2. Kor 4,4; Kol 1,15; Hebr 1,3 (die letzten drei Stellen in Bezug auf Christus). Der Begriff Gottebenbildlichkeit selbst ist nicht biblisch, sondern eine neuzeitliche Wortbildung. Alttestamentlich ist die Rede vom Menschen als „Bild" Gottes (*ṣælæm*; demuth; Näheres bei Neumann-Gorsolke 2017).[3] Der Bildbegriff selbst ist divers; „[s]ignifikant für die Verwendung von „*ṣælæm*" ist allerdings, dass es nicht zu den klassischen Termini für Kultbilder wie „*pæsæl*" (vgl. Jes 44,10) oder „*təmûnāh*" oder „*tavnît*" gehört und daher auch im Kontext der Kultbildverbotstexte fehlt (vgl. z.B. Ex 20,3; Dtn 4,16ff; → Götterbild; → Bilderverbot). Allerdings versteht man „*ṣælæm*" nicht angemessen, wenn man es als ein bloßes „Abbild" im modernen Sinne sieht, sondern „in ihm ist das Abgebildete selbst präsent" (Wildberger 1984, S. 558). Der hebräische Begriff „*ṣælæm*" repräsentiert das Abgebildete und setzt es zugleich performativ in Szene. Repräsentierende Darstellung wäre die bessere Übersetzung (vgl. Schroer 1987, S. 326): „Der Mensch ist also nicht nach dem Bild Gottes geschaffen, sondern als Bild Gottes. Dieses Verständnis weist auf die enge Beziehung zwischen dem Schöpfer und seinem Geschöpf Mensch hin" (ebd.). Der Mensch ist Repräsentationsbild der Gottheit. Schwierig ist nun im systematischen Kontext, wie die Begriffe tatsächlich verstanden werden müssen: Einmal lassen sie sich als ontische Konstitution des Menschen (Neumann-Gorsolke 2017) oder als Relation verstehen. Wir haben uns für die zweite Verstehenslinie entschieden, Gottebenbildlichkeit als Ausdruck eines Welt- bzw. Gottesverhältnisses zu verstehen (vgl. K. Barth (Kirchliche Dogmatik III/1). Der Mensch als Angesprochener ist Empfangender des göttlichen Wortes und bleibt auf die Initiative der Interaktion durch die Gottheit angewiesen: „Die wohl dominierende Richtung in der alttestamentlichen Wissenschaft versteht die Gottebenbildlichkeit als funktionale Aussage (vgl. u.a. Wildberger 1965; Schmidt 1974; Janowski 2008; W. Groß 2001; Neumann-Gorsolke 2004), die den Menschen als Repräsentanten Gottes und seinen ihm verantwortlichen Stellvertreter in der geschaffenen Welt beschreibt, also sowohl den Gottes- als auch den Weltbezug betont" (Neumann-Gorsolke 2017).
Auch die neutestamentliche Literatur beschäftigt sich nicht mit anthropologischen Grundbegriffen, sondern mit unterschiedlichen menschlichen Erfahrungen, die im Licht des Christus-Ereignisses gedeutet werden (vgl. Eckart Reinmuth, Stichwort Anthropologie/NT, in WiBiLex). Die neutestamentlichen Autor:innen greifen dabei auf alttestamentlich-jüdische Vorlagen und jüdisch-hellenistische Vorstellungen zurück: „Neutestamentliche Schriften können in dieser Perspektive als Literatur der antiken Mittelmeerwelt studiert werden. Sie tragen dazu bei, historische Aufschlüsse über die Denkvoraussetzungen des frühen Christentums als einer marginalen religiösen Gruppe des antiken Judentums zu gewinnen" (Reinmuth 2010). Das Johannesevangelium sieht den Menschen als Beziehungswesen, der nur in Beziehungen überhaupt leben könne; für Paulus ist anthropologisch der Rettungskontext entscheidend: „Menschen realisieren ihre Rettung im Glauben an Jesus als den Christus Gottes, an den Gekreuzigten, der als Lebender Herr ist (Röm 10,9), in der Hoffnung auf Leben (Röm 5,17.21; Röm 6,4–11; Röm 8,1–11) und endgültige Gemeinschaft mit ihm (1. Thess 4,13–18), und in der Liebe, die der in der Jesus-Christus-Geschichte sichtbar gewordenen Liebe Gottes entspricht, und in der die Tora zur Erfüllung kommt (Röm 13,8–10; Gal 5,14; vgl. 1. Kor 13,13)" (Reinmuth 2010).

3 Gen 1,26 *bəṣalmenû kidmûtenû*
Gen 1,27 *bəṣælæm 'älohîm; bəṣalmô*
Gen 5,1 *bidmût 'älohîm*
Gen 5,3 *bidmûtô keṣalmô*
Gen 9,6 *bəṣælæm 'älohîm.*

3. Gottebenbildlichkeit und Tradition

In der reformatorischen Theologie wird die Würde des Menschen ebenfalls mit dem relationalen Begriff der Schöpfungsgemäßheit und Rechtfertigung/Heiligung verbunden. In der vorreformatorischen Theologie wurde die Willensfreiheit des Menschen als das entscheidende Merkmal des Menschlichen im Menschen begriffen (Thomas von Aquin, 1933; Pico della Mirandola usw.). Bei Pico della Mirandola ist die Freiheit des Menschen entscheidend (vgl. Schaber 2012, S. 25) – es geht ihm aber um den vernünftigen Gebrauch der Freiheit (vgl. Pico 2004, S. 13). Kant formuliert dann Würde „als Anspruch [...] geachtet werden soll und entsprechend auch verletzt werden kann [...] Die Würde des Menschen als Anspruch zu verstehen, unterscheidet sich deutlich von der Idee, sie als Lebensideal zu begreifen" (Schaber 2012, S. 27). Immanuel Kant bringt die Selbstzweckhaftigkeit des Menschen mit seiner prägnanten Formulierung auf den Punkt: „Handle so, daß du die Menschheit sowohl in deiner Person, als in der Person eines jeden andern jederzeit zugleich als Zweck, niemals bloß als Mittel brauchest." (Kant: AA IV, Grundlegung zur Metaphysik der Sitten, S. 429). Schaber kann auf dem Hintergrund dieser Kant'schen Selbstzweckformel dann entsprechend formulieren: „Würde kommt Personen, das heißt Vernunftwesen, zu, ohne dass sie dafür etwas getan haben" (Schaber 2012, S. 27). Inhärente Würde meint also auch ein Verhalten, das anderen zu schulden ist (vgl. Schaber 2012, S. 28). In unserem Zusammenhang begründet Würde die nachfolgenden Grundrechte; ähnlich verfährt die Gründungsurkunde der UNO (Charta der UNO) in der AEMR[4] (vgl. Tiedemann 2006, S. 13ff). Würde wird auch dort vorausgesetzt: „Da die Anerkennung der angeborenen Würde und der gleichen und unveräußerlichen Rechte aller Mitglieder der Gemeinschaft der Menschen die Grundlage von Freiheit, Gerechtigkeit und Frieden in der Welt bildet, da die Nichtanerkennung und Verachtung der Menschenrechte zu Akten der Barbarei geführt haben, die das Gewissen der Menschheit mit Empörung erfüllen, und da verkündet worden ist, daß einer Welt, in der die Menschen Rede- und Glaubensfreiheit und Freiheit von Furcht und Not genießen, das höchste Streben des Menschen gilt, da es notwendig ist, die Menschenrechte durch die Herrschaft des Rechtes zu schützen, damit der Mensch nicht gezwungen wird, als letztes Mittel zum Aufstand gegen Tyrannei und Unterdrückung zu greifen, da es notwendig ist, die Entwicklung freundschaftlicher Beziehungen zwischen den Nationen zu fördern, da die Völker der Vereinten Nationen in der Charta ihren Glauben an die grundlegenden Menschenrechte, an die Würde und den Wert der menschlichen Person und an die Gleichberechtigung von Mann und Frau erneut bekräftigt und beschlossen haben, den sozialen Fortschritt und bessere Lebensbedingungen in größerer Freiheit zu fördern, da die Mitgliedstaaten sich verpflichtet haben, in Zusammenarbeit mit den Vereinten Nationen auf die allgemeine Achtung und Einhaltung der Menschenrechte und Grundfreiheiten hinzuwirken, da ein gemeinsames Verständnis dieser Rechte und Freiheiten von größter Wichtigkeit für die volle Erfüllung dieser Verpflichtung ist, verkündet die Generalversammlung diese Allgemeine Erklärung der Menschenrechte als das von allen Völkern und Nationen zu erreichende gemeinsame Ideal, damit jeder einzelne und alle Organe der Gesellschaft sich diese Erklärung stets gegenwärtig halten und sich bemühen, durch Unterricht und Erziehung die Achtung vor diesen Rechten und Freiheiten zu fördern und durch fortschreitende nationale und internationale Maßnahmen ihre allgemeine und tatsächliche Anerkennung und Einhaltung durch die Bevölkerung der Mitgliedstaaten selbst wie auch durch die Bevölkerung der ihrer Hoheitsgewalt unterstehenden Gebiete zu gewährleisten „... Alle Menschen sind frei und gleich an Würde und Rechten geboren. Sie sind mit Vernunft und Gewissen begabt und sollen einander im Geiste der Brüderlichkeit begegnen."[5]

Die Kant'sche Objektformel gibt aber nur die Richtung an, in der die Verletzung der Würde gefunden werden kann (vgl. Schaber 2012, S. 33): „Die Achtung der Würde des Menschen geht dem Schutz der Würde vor, sofern dieser die Würde von Menschen" (Schaber 2012, S. 35) umfasst. Wenn die Würde eines Menschen unantastbar ist, dann heißt das nicht, dass die Würde nicht verletzt werden *kann*. Im Gegenteil, sie kann verletzt werden und leider geschieht das noch viel zu oft. Im Grundgesetz ist damit vielmehr gemeint, dass die Würde des Menschen niemals verletzt werden *darf*. Peter Schaber (2012, S. 35) erläutert diesen Sachverhalt, dass Menschen in ihrer Würde angetastet werden, wenn sie beschämt und herabgesetzt werden. Infolgedessen wird ihr Selbst beschädigt und sie fühlen sich erniedrigt. Die gedemütigte Person kann sich dann kaum mehr selbst achten. Genau darauf zielt eine Demütigung ab: die Selbstachtung des anderen zu beschädigen. Eine Demütigung umfasst, jemanden zu erniedrigen, ihn zu bestimmten Handlungen zu zwingen oder ihn in herabsetzende Situationen zu bringen.

Wenn es um die Würde eines Menschen geht, dann gehört die Ethik unbedingt als Disziplin dazu, die nicht nur eine Reflexion erwartet, sondern die Reflexion geradezu erfordert. Bei Immanuel Kant findet die Idee der Würde ihren Niederschlag in der sog. „Selbstzweckformel" des kategorischen Imperativs: „Handle so, dass du die Menschheit, sowohl in

4 https://unric.org/de/allgemeine-erklaerung-menschenrechte/
5 https://www.menschenrechtserklaerung.de/die-allgemeine-erklaerung-der-menschenrechte-3157/

deiner Person, als in der Person eines jeden anderen, jederzeit zugleich als Zweck, niemals bloß als Mittel brauchst" (Kant, GMS, BA, S. 66, 67). Würde kommt dem Menschen als Person, als „Zweck an sich" zu. Dies unterscheidet den Menschen von Sachen, denen nur ein relativer Wert zukommt.
Sich selbst zu achten, ist für uns Menschen, für unsere Gesundheit, unser Wohlbefinden und unsere Lebensqualität jedoch unerlässlich. Selbstachtung zeigt sich in einer freundlichen Einstellung und Grundhaltung zu sich selbst. Wir schreiben uns selbst einen Wert zu und halten uns für wertvoll, und zwar ganz unabhängig vom Wert, den wir für andere Menschen haben. Trotzdem sind wir auch auf sie und auf ihre Meinungen, die sie von uns haben, angewiesen. Es fällt daher schwer, sich selbst zu achten, wenn andere es nicht tun. Dabei dürfen wir nicht vergessen, dass nicht jede Demütigung, die durch andere erfolgt, aus Vorsatz und mit Absicht geschieht. Nicht jede moralisch verwerfliche Handlung muss auch gleich eine Verletzung der Würde sein. Denn wenn wir jede verwerfliche Handlung als Würdeverletzung deuten, so verlöre der Begriff der Würde an sich seinen Wert.
Würde ist der Anspruch darauf, ein eigenes Leben führen zu können und die Würde begrenzt gleichzeitig das, was Menschen erlaubt ist, anderen zu tun oder sich selbst anzutun (vgl. Schaber 2012, S. 36). Bei Kant werden im Würdebegriff verschiedene Funktionen zusammengefasst: Ermächtigungsfunktion der (Menschen-)Würde, Begrenzung durch die Selbstzweckformel, Kant'sche Objektformel und Kategorischer Imperativ, d.h., der Würdebegriff ist die Basis einer Moral der Achtung: „Dass Menschen Würde haben, heißt nun nicht mehr nur, dass sie einen besonderen Status haben, sondern und vor allem: dass sie von anderen in bestimmter Weise geachtet werden müssen" (Schaber 2012, S. 39). Der Grund der Personwürde bei Kant ist die Autonomie des Menschen unter dem Kategorischen Imperativ (vgl. Schaber 2012, S. 41): „Eine andere Person in ihrer Würde zu achten, bedeutet, sie in einer Weise zu behandeln, der sie vernünftigerweise zustimmen kann." (Schaber 2012, S. 42), was bedeutet, dass man sich niemals zum Knecht eines anderen machen lassen darf. Die Kant'sche Richtung, im Menschen die Fähigkeit anzunehmen, sich moralisch verhalten zu können, muss unseres Erachtens im Kontext der Medizinethik so erweitert werden, dass man sich von der Vorstellung eines absoluten Verständnisses der Autonomie befreien muss. Kant versteht Autonomie in der Herleitung des Kategorischen Imperativs durchaus als relationalen Begriff, d.h., es geht um eine auf andere Menschen bezogene Autonomie. Diese kann sich auch als Verständnis der eigenen Hilfebedürftigkeit artikulieren. Im Verständnis dialogischer Philosophie findet sich die Vorstellung, dass man sein eigenes Selbst, sein Ich immer nur im anderen Menschen, im Du findet (vgl. Exkurs zu Buber). Im medizinethischen Kontext bedeutet das, dass zum Menschsein die Bedürftigkeit, die Anerkennung der eigenen Endlichkeit gehören.
Die Rationalität des Menschen als Vernunftwesen, sich nach Gründen selbst zu bestimmen, bedeutet aber auch, dass damit der Anspruch, als rationales Wesen geachtet zu werden; darüber hinaus aber, als soziales und auf Beziehung angewiesenes Wesen geachtet zu werden.
Nach Avishai Margalits Auffassung ist die Achtung unverbrüchlich mit Selbstachtung und gleichzeitig mit der Anerkennung des Rechtsstatus Anderer verbunden (vgl. Schaber 2012, S. 49). Diese Beziehung ist nach Martha Nussbaum durchaus funktional innerhalb eines umfassenden Lebensbefähigungskonzeptes (Capability Approach) zu verstehen (vgl. Nussbaum 2006, S. 161). „Zu diesen zentralen menschlichen Fähigkeiten gehören unter anderem die Fähigkeiten, das Denken zu verschiedenen kulturellen Zwecken zu benutzen; die Fähigkeit, sich Dingen und Menschen verbunden zu fühlen, sie zu lieben und um sie zu trauern, aber auch die Fähigkeit, sich um andere zu kümmern, mit ihnen zu interagieren und sich in sie einzufühlen (vgl. Nussbaum 2006, 76ff)" (Schaber 2012, S. 59).

Für Peter Bieri ist die Würde des Menschen eine bestimmte Art und Weise, menschliches Leben zu leben. Er unterscheidet drei Dimensionen der Lebensform Würde (Bieri 2013): Die Art

1. ..., wie man von anderen Menschen behandelt wird.
2. ... wie man selbst andere Menschen behandelt.
3. ... wie man zu sich selbst steht und wie man sich selbst sieht, bewertet und behandelt.

Bieri meint, dass der Verlust der Würde einen Schatten über das Leben wirft und es so einschränkt, dass das Leben nur noch ausgehalten werden kann. Er verdeutlicht damit, wie schmerzvoll eine Würdeverletzung und ein Würdeverlust sind und wie lebensnotwendig die Achtung der Würde bei jedem Menschen ist.

4. Islam und Menschenwürde (Sadik Hassan und Wilhelm Schwendemann)

Die behandelten Themen in diesem Text stellen die Prinzipien der islamischen Religion nach den Hauptquellen der Religion, dem Koran[6] und der Sunna, vor und erläutern diese in Bezug auf den Bereich Menschenrechte und Medizinethik in islamischer Perspektive. Grundsätzlich muss man sich darüber im Klaren sein, dass von einem historischen Text (Koran) und der mündlichen Auslegungs-

6 Koran, siehe Hannes Ball et al. (2008): Haus des Islam, Stuttgart: Calwer Verlag.

tradition in der Sunna[7] und in den Hadithen nicht direkt auf ethische Fragen der Gegenwart geschlossen werden kann, sondern dass Aussagen zuerst in ihrem eigenen historischen Kontext verstanden werden müssen und nicht einfach in die Gegenwart übertragen werden können. Themen dieses Bandes und auch der nächsten angekündigten Bände wie Menschenrechte, Organspende, Transplantationsmedizin, Sterbehilfe, Umgang mit Behinderung und Krankheit, Recht auf Leben und selbstbestimmtes Sterben usw. waren in der Entstehenszeit des Korans bedeutungslos. Wie auch im Christentum oder auch im Judentum ist der Bezug einer Heiligen Schrift auf ethische Themen der Gegenwart massiv divers und uneindeutig und folgt unterschiedlichen Auslegungstraditionen heiliger Schriften. Fragen und Antworten sind in der Regel mehr von der Stellungnahme theologischer Auslegungstraditionen als von der medizinischen und medizinethischen Seite abhängig, stehen aber in der Regel in einem Konkurrenzverhältnis zu medizinischen Sachfragen. Ein weiterer Grund der Differenz in der Lebenspraxis liegt in den unterschiedlichen rechtlichen Interpretationen der Koran- und Sunnatexte. Diese philologisch-hermeneutische Sicht hängt mit der Entwicklung der arabischen Sprache und ihrer unterschiedlichen Ausprägung früher und heute zusammen. Sowohl die Theologen und Theologinnen (in der Tradition waren das aber hauptsächlich Männer) des Islam als auch die Mediziner und Medizinerinnen der islamischen Gesellschaften oder die Soziologen und Soziologinnen haben die Themen wie Menschenrechte, Sexualität oder Umgang mit kranken Menschen usw. je unterschiedlich verstanden und auch entsprechend interpretiert. Als dritten Grund könnte man hier die politischen Systeme der islamischen Gesellschaften erwähnen. In vielen Fällen haben die jeweiligen Machthabenden in diesen Gesellschaften ihre Macht nur befestigt, in dem sie die jeweils herrschende systemstabilisierende patriarchale Meinung der Theologen und Theologinnen (in der Regel aber Theologen) über das jeweilige Thema dieser Art unterstützt und verbreitet haben. Diese Interpretation von Koran und Sunna hat mit den von uns präferierten Themen einer Ethik für das Leben auf der Basis menschenrechtlicher Zugänge nichts zu tun. Im Folgenden versuchen wir anhand von Koranstellen Lesehilfen und Interpretationen zu den in diesem Buch versammelten Themen der Ethik aufzuzeigen.

4.1 In Würde leben

In Würde leben wird in der Koranauslegung anders als im biblischen Symbol der Gottebenbildlichkeit des Menschen verstanden: Aus theologisch-islamischer Sicht wird der Mensch als eine Gestalt Gottes aus Erde mit der seelischen Kraft Gottes geschaffen. Diese Art der Zusammensetzung wird im Koran in Sure 38:71–72 erklärt: „(71). Als dein Herr zu den Engeln sprach: ‚Ich bin im Begriffe, den Menschen aus Ton zu erschaffen' … (72). „Und wenn Ich ihn gebildet und von Meinem Geist in ihn gehaucht habe, dann neiget euch und bezeugt ihm Ehrfurcht."[8] Diese Zusammensetzung bedeutet zweierlei: Erstens wird der Mensch als Materie mit allen nötigen Bedürfnissen für die Fortsetzung der Existenz dargestellt. Und zweitens beinhaltet diese Existenz (Mensch) eine innere göttliche Kraft, die ihn fähig macht, als Vertreter Gottes auf der Erde zu sein, denn der Koran sagt in Sure 2:30: „Und als dein Herr zu den Engeln sprach: Ich will einen Statthalter auf Erden einsetzen, der auf ihr Unheil stiftet und Blut vergießt, während wir dein Lob singen und deine Heiligkeit rühmen?" In diesem Vers wird eigentlich, wenn wir auf heutige gesellschaftliche Verhältnisse schauen, die Meinung der Engel über den Menschen bestätigt. Für heutige Lesende lässt sich dieser Vers als Mahnung lesen, gerade nicht Unheil zu stiften und Blut zu vergießen. Dieser Statthalter auf der Erde hat, nach der islamischen Vorstellung, über das Leben auf Erden, Rechte und Pflichten. Dies bedeutet, dass der Mensch unabhängig von seiner Beziehung zur Religion und Religionsgemeinschaft, ein normales Leben mit allen Bedürfnissen führen soll. Zu den Pflichten gehört aber beispielsweise die Familie. Deshalb wird das Recht auf ein angemessenes Familienleben auch in der Auslegung des Korans großgeschrieben, und gilt als eine solide Basis der Frömmigkeit für alle Menschen, unabhängig von ihrer Verbindung mit der Religion. Innerhalb der Familie existieren ein Solidaritätsgebot und die soziale Verantwortung für die ganze Familie. Erwachsene Menschen sind verpflichtet, Kinder islamisch zu erziehen, was in der Konsequenz bedeutet, dass sie sich solidarisch und gemeinschaftsfördernd und in gewisser Weise humanistisch zu verhalten haben. Das gesellschaftliche Zusammenleben ist dem Maßstab der Gerechtigkeit und Solidarität untereinander verpflichtet. Religiös lässt sich die freiwillige Abgabe von Gütern bzw. Geld an Arme in diesem Sinn verstehen. Der Gottesdienst ist zudem charakterisiert als fester Glauben an den Monotheismus. Die Botschaft Mohammeds als Propheten Gottes zu glauben stellt die wichtigste Pflicht aller Muslime und Musliminnen dar. Allerdings verlangt der Islam von den Muslimen und Musliminnen, dass sie mehr auf das ewige Leben im Jenseits achten müssen. Denn der Koran sagt in Sure 35: 5: „O ihr Menschen, …, die Verheißung Allahs ist wahr, darum lasst das Leben hienieden euch nicht betrügen,

7 Sunna bedeutet die Taten und Erzählungen des Propheten des Islam Mohammed (570–632 n.Chr.).

8 Alle Korantexte nach „Kirche und Theologie im Web" bzw. nach A. Khoury.

und lasst den Betrüger euch nicht betrügen über Allah." Gleichzeitig verlangt der Koran von den Menschen, dass sie aber auch das Diesseits nicht missachten dürfen, damit sie für das Leben auf der Erde nützlich sein können. Denn der Koran sagt in Sure 28:77 Folgendes: „Sondern suche in dem, was Allah dir gegeben, die Wohnstatt des Jenseits, und vernachlässige deinen Teil an der Welt nicht; und tue Gutes, wie Allah dir Gutes getan hat; und begehe nicht Unheil auf Erden, denn Allah liebt die Unheilstifter nicht." Dieser Aufforderung Gottes, einen Ausgleich zwischen Diesseits und Jenseits zu schaffen, wird leider in der muslimischen Gegenwartspraxis allzu oft vernachlässigt. Die politische und religiöse Alltagspraxis in vielen muslimischen Ländern ist weit von den Vorstellungen westlicher Zivilgesellschaften entfernt. Wenn Muslime und Musliminnen über die Menschenrechte überhaupt im Islam sprechen, so meinen sie die koranischen Texte, die dieses Thema im Sinne des Gottesdienstes behandeln, und nicht die Texte und Diskurse in der aktuellen Menschenrechtsdiskussion seit 1948. Für viele Ausleger des Islams sind diese Dokumente, wie zum Beispiel die UN-Menschenrechtsdeklaration, reine menschliche Errungenschaften, die nicht mit dem Gotteswort über dieses Thema gleichgesetzt werden dürfen. Obwohl auch muslimische Länder 1948 der Allgemeinen Erklärung der Menschenrechte zustimmten, gab es von Seiten islamischer Theologie immer wieder Kritik. Diese Kritik lässt sich positiv als Ausdruck eigenständigen Denkens in Bezug auf das Verhältnis der Menschenrechte zur islamischen Rechtsauslegung verstehen. In den islamischen Menschenrechtserklärungen wurde dem islamischen Recht Vorrang vor der Allgemeinen Erklärung der Menschenrechte eingeräumt und es entstand ein eigenständiger Diskurs in der islamischen Theologie zum Thema der Menschenrechte, in dem dem muslimischen Kollektivrecht ein höherer Rang als dem Individualrecht zugestanden wurde. Zu nennen ist in diesem Zusammenhang die Liste islamischer Menschenrechtserklärungen: Die allgemeine Erklärung der Menschenrechte im Islam vom 19.9.1981 [Bildungsserver Dadalos – Menschenrechte: Dokument zu Grundkurs 2 (dadalos.org)] oder die sogenannten Kairoer Erklärung der Menschenrechte vom 5.8.1990. Die Kairoer Erklärung ist völkerrechtlich nicht anerkannt und die Erklärung wird von der UNO auch nicht als lokal-regionales Menschenrechtsinstrument verstanden. Auch in der Kairoer Erklärung werden Rechte und Pflichten der Scharia unterstellt (Art. 25) und in dieser Dimension ist die Kairoer Erklärung als Gegenentwurf zur AEMR zu verstehen (Anne Duncker 2009) und stellt so die allgemeine Gültigkeit der AEMR in Frage. Anne Duncker schreibt: „Dies kann so interpretiert werden, dass das Wohl der Gemeinschaft – sei es die Familie oder die *umma*, die Gemeinschaft aller Muslime, – im Zweifelsfall über das individuelle Wohl zu stellen ist. Stärkung und Schutz der *umma* sind im Islam von hoher Bedeutung." Im westlichen Verständnis der Menschenrechte ist zum Beispiel anstößig, dass Homosexualität in der Scharia strafbar ist und sogar mit dem Tod geahndet werden kann (Iran, Jemen, Mauretanien, Nigeria, Saudi-Arabien, Somalia und Sudan). Zudem, so Duncker, stehe das Wohlergehen des Kollektivs im Vordergrund: „Das Recht auf freie Entfaltung der Persönlichkeit – beispielsweise durch die Entscheidung, *nicht* zu arbeiten oder *keine* Familie zu gründen – gilt nach konservativ-islamischem Menschenrechtsverständnis daher nur mit Einschränkungen. Gemeinschaftsrechte und Pflichten gegenüber der Gemeinschaft können somit die Rechte des Einzelnen schwächen. Gleichzeitig können sie dem Einzelnen Schutz geben und sein Wohlergehen stärken. So ist es für viele Muslime und Musliminnen beispielsweise schwer verständlich, dass es in vielen westlichen Gesellschaften üblich ist, alte Menschen zur Pflege in ein Altenheim zu geben, statt sie in der Familie zu versorgen." Der Bezug auf die Scharia ist in dem Fall problematisch, wenn zentrale Menschenrechte der Allgemeinen Erklärung der Menschenrechte in Frage gestellt werden. Der Grundsatz der Unteilbarkeit der Menschenrechte wird zum Beispiel aufgehoben oder auch, dass alle Menschen den gleichen Rechtsanspruch haben. Die interne muslimische Kritik an beiden Erklärungen bezieht sich zum Beispiel auf Sure 2:256. Dort heißt es: „Es gibt keinen Zwang im Glauben. Der richtige Weg ist nun klar erkennbar geworden gegenüber dem unrichtigen. Wer nun an die Götzen nicht glaubt, an Allah aber glaubt, der hat gewiss den sichersten Halt ergriffen, bei dem es kein Zerreißen gibt. Und Allah ist Allhörend, Allwissend."[9] (Koran, Sure 2, Vers 256 – Islamlexikon)

9 **Erläuterung zur Sure 2:256:**
2:256 – Dieser Vers besagt, dass der Glaube an den Islam und seine Lebensweise niemandem aufgezwungen wird. Der Islam garantiert, nachdem er den Menschen die Grundsätze der religiösen Vorstellungen darlegt, dieses Recht und untersagt seinen Anhängern, ihre Mitmenschen zum Glauben zu zwingen. Er versucht, die Menschen nicht mit materiellen Argumenten zu überzeugen, und schon gar nicht mit Drohungen und Gewalt. (ÜB) (vgl. 16:35–37 und die Anmerkung dazu). 2:256 – In der Religion gibt es keinen Zwang; das heißt: Allāh (t) lässt den Glauben nicht durch Zwang und Nötigung geschehen, sondern durch Befähigung und freie Wahl. Dementsprechend hat Er gesagt: „Und wenn dein Herr gewollt hätte, wären die, die auf der Erde sind, alle zusammen gläubig geworden. Willst du nun die Menschen dazu zwingen, dass sie gläubig werden?" (10:99). Das heißt: Wenn Er gewollt hätte, hätte Er sie zum Glauben gezwungen. Aber das hat Er eben nicht getan, sondern den Glauben auf die Grundlage freier Wahl gestellt. „Der rechte Weg des Glaubens ist klar geworden vor der Verirrung": Der Glaube ist vom Unglauben durch deutliche Hinweise unterschieden. „Wer nun an Aṭ-Ṭāġūt nicht glaubt": Wer sich frei dafür entscheidet, nicht an den Satan oder die Götzen, sondern an Allāh zu glauben. „Da hält sich damit an dem festesten Band": Diese Ausdrucksweise hängt zusammen mit

Diese eher liberale Auslegung der 2. Sure steht im Gegensatz zur konservativen Auslegung der Scharia, die sich eher auf mündliche Auslegungstradition denn auf die Auslegung des Korans bezieht. Duncker schreibt hierzu: „ [...] vorgesehen, Homosexualität wird geächtet. In Staaten mit überwiegender Scharia-Gesetzgebung wie Jemen, Iran, Saudi-Arabien oder Teile des Sudan und Nigerias steht auf homosexuelle Handlungen die Todesstrafe. Andere islamische Staaten wie Pakistan, Ägypten oder Marokko sehen Haftstrafen vor. In Ländern wie der Türkei oder Jordanien – die zwar islamisch geprägt sind, das staatliche Recht jedoch nicht auf der Scharia basiert – steht Homosexualität nicht unter Strafe. Sie wird dennoch von vielen Familien und weiten Teilen der Gesellschaft verfemt. Bekennenden Schwulen und Lesben droht nicht selten der Verlust des Arbeitsplatzes, der Bruch mit der Familie oder gar Verfolgung und körperliche Bedrohung. Gegen allen Widerstand ist in den vergangenen Jahren der Protest der Betroffenen jedoch lauter geworden und Schwule und Lesben in islamischen Ländern organisieren sich zunehmend, um für ihre Rechte zu kämpfen. Generell verbietet der Islam Geschlechtsverkehr außerhalb der Ehe. In konservativ-islamischen Gesellschaften wie in Afghanistan, in Saudi-Arabien, dem Jemen oder dem Iran, aber auch in traditionell geprägten Teilen der ansonsten sehr modernen Türkei wird daher auf die Trennung der Geschlechter großen Wert gelegt.“

2004 gab es dann noch die arabische Charta der Menschenrechte, die 2008 (23.5.2004) in Kraft gesetzt wurde; anders als die Erklärung von 1994 wurde sie von der Arabischen Liga ratifiziert (15.1.2008). Hervorzuheben sind die folgenden Grunddimensionen:

1. „Individuelle Rechte: das Recht auf Leben (5, 6, 7); das Recht nicht gefoltert zu werden sowie inhuman oder erniedrigend behandelt zu werden (8, 9, 18, 20); das Recht frei von Sklaverei zu sein (10); das Recht auf Sicherheit (14, 18)
2. Justizrechte: das Recht, dass jeder Mensch vor dem Gesetz gleich ist (12); Rechte auf Rechtsstaatlichkeit und ein faires Gerichtsverfahren (13, 15, 16, 17, 19)
3. Zivile und politische Rechte: Recht auf Bewegungsfreiheit (24, 26, 27); das Recht auf Achtung des Privat- und Familienlebens (21); Rechte der Minderheiten (25); Recht auf politisches Asyl (28); das Recht, die Nationalität zu wählen (29); Gedanken-, Gewissens- und Religionsfreiheit (30); Recht auf Privatbesitz (31); das Recht auf Information, das Recht auf freie Meinung, Rede und Forschung (32); Recht auf freie Heirat (33)
4. Ökonomische, soziale und kulturelle Rechte: das Recht auf Arbeit (34); das Recht, Gewerkschaften zu bilden (35); das Recht auf sozialen Schutz (36); das Recht auf Entwicklung (37); das Recht auf Bildung (41); das Recht, am kulturellen Leben teilzuhaben (42)“

(Quelle: Arabische Charta der Menschenrechte – Wikipedia)
(Vgl. auch Eva Miladeh Andonie (2017): Die Arabische Charta der Menschenrechte 2004. Entwicklung, Kontext, Analyse.Einzeldarstellung. Buch. Softcover.2017.XIII, 326 S. zugl.: St. Gallen, Univ., Diss., 2015. DIKE, Zürich. ISBN 978-3-03751-903-5)

---

dem starken, fest gedrehten Strick. Es ist das Band, bei dem man sich vor dem Reißen, das heißt der Zertrennung sicher fühlt. Es wird hier das durch Einsicht und Schlussfolgerung gewonnene Wissen des Glaubens mit etwas konkret Wahrgenommenem verglichen, so dass derjenige, der dies hört, es sich so vorstellt, als würde er es unmittelbar betrachten. So werden seine Überzeugung und seine Gewissheit darüber gefestigt. Man sagt, es handle sich hier um eine Kundgabe im Sinn eines Verbotes, nämlich: Übt in der Religion keinen Zwang aus! Doch sagen einige Leute, dies sei getilgt durch Allāhs Wort „Führe den Kampf gegen die Ungläubigen und die Heuchler und sei hart gegen sie!“ (9:73; 66:9). Man sagt auch, das Verbot des Zwanges gelte speziell hinsichtlich der Leute der Schrift, da sie sich durch das Entrichten von Tribut gegen Zwang gefeit hätten. In einem Ḥadīṯ ist es überliefert, dass einer der Al-Anṣār von den Banū Sālim Ibn ‘Auf zwei Söhne hatte, die das Christentum angenommen hatten, bevor der Gesandte Allāhs geschickt wurde. Beide kamen nach Al-Madīna, und ihr Vater war dauernd um sie und sprach: „Bei Allāh! Ich werde euch nicht eher weglassen, als bis ihr euch zum Islam bekehrt habt.“ Die beiden weigerten sich indessen, und nun kamen sie alle drei mit ihrer Streitfrage vor den Gesandten Allāhs. Der Mann von den Al-Anṣār sagte: „O Gesandter Allāhs! Soll ein Teil von mir ins Höllenfeuer kommen und ich es mit ansehen?“ Darauf kam der vorliegende Vers herab, und der Vater ließ die beiden gewähren. (Zam, Gät) 2:256 – Dieser Vers ist eine Fortsetzung der vorhergehenden Abhandlung über den Ǧihād. Es wurde hervorgehoben, dass es nicht das Ziel des Krieges ist, die Menschen mit Gewalt zu Muslimen zu machen. Ziel des Krieges ist einzig, Unordnung abzuschaffen. Was die Annahme des Glaubens des Islam anbelangt, so ist das dem Einzelnen eine Glaubenssache, und Glaubensmeinungen betreffen des Menschen Geist. Gewalt kann Körpern angetan werden aber nicht dem Geist. Darüber hinaus wird Gewalt von der Lehrschule angewendet, deren Argumente auf wackligen Fundamenten ruhen. Was den Islam anbelangt, so sind all seine Lehren klar. Der Qur'ān hat eine klare Linie der Unterscheidung zwischen dem Richtigen und dem Irrigen gezogen, zwischen Wahrheit und Falschheit, zwischen Licht und Finsternis. Daher kann jeder Mensch mit gesundem Menschenverstand die Einladung des Islam annehmen. Ein anderer Aspekt der Sache ist, dass Allāh (t) und Sein Prophet, wie auch Seine Gesetzgebung (Šarī‘a) die Anwendung von Gewalt zulassen, wenn sie für die Erhaltung des Lebens und der menschlichen Werte die einzige Lösung ist. Der Qur'ān sagt, dass wer immer die falschen Götter (Ṭāġūt) verwirft und an Allāh glaubt, der wird davon Nutzen ziehen, weil er eine starke Unterstützung erhält, die nicht zerbricht, und mit deren Hilfe der Mensch seine Schwierigkeiten in diesem Leben überwinden und Erfolg im Jenseits gewinnen kann. Wenn daher die Geschöpfe Allāhs Vorteile durch die Annahme des Islam haben, so will Allāh ihnen den Islam nicht aufzwingen. Kernpunkt der Sache ist, dass es in der wahren Religion keinen Zwang gibt. Es hängt ausschließlich von des Menschen Willen ab, ob er den Islam annimmt. (Nia)

Zusammenfassend lässt sich sagen: Im Koran sind alle Menschen gleich! Dazu Sure 49:13: „O ihr Menschen, Wir haben euch von einem männlichen und einem weiblichen Wesen erschaffen, und Wir haben euch zu Verbänden und Stämmen gemacht, damit ihr einander kennenlernt. Der Angesehenste von euch bei Gott, das ist der Gottesfürchtigste von euch. Gott weiß Bescheid und hat Kenntnis von allem."

Ähnlich ambivalent wie individuelle Personenrechte ist der muslimische Umgang mit Meinungsfreiheit, die sich ebenfalls religiöser Lehre unterzuordnen hat. Demokratie wird weithin anders als ein Phänomen in westlich geprägten Gesellschaften verstanden, obwohl 1948 auch muslimische Länder, die damals Mitglied der UNO waren, der Allgemeinen Erklärung der Menschenrechte zugestimmt haben.

Zunächst werden die Begriffe Demokratie und Islam definiert. Die Demokratie wird im politischen Sinne, als Instrument zur Regelung der politischen Macht, und im sozialen Sinne als Möglichkeit einer unter bestimmten Vorgaben existierenden Ordnung in einer Gesellschaft verstanden. Der Islam versteht sich als eine Religion, die auf der einen Seite die Beziehungen zwischen dem Menschen und seinem Schöpfer, nämlich Gott, regelt, und auf der anderen Seite den Beziehungen der Menschen in einer Gesellschaft untereinander einen Rahmen setzt. Dies bedeutet, dass die Verwirklichung der Demokratie in einer Gesellschaft theoretisch nur einen Teil der islamischen Lehre berühren kann. Dieser Berührungspunkt ist die Beziehung zwischen den Menschen untereinander. Und genau dort liegt auch das Arbeitsfeld von Islam und Demokratie. Nun ergibt sich die Frage, was die Prinzipien der Demokratie – Menschenrechte, Entscheidungsfreiheit, Meinungsfreiheit, friedliches Zusammenleben, Gerechtigkeit und Ordnung im Alltagsleben, Respekt vor dem Mitmenschen, um nur die wichtigsten zu nennen – eigentlich mit der Religion, speziell der islamischen, zu tun haben. Die Religion als göttliche Botschaft kann als wichtiger Antrieb gesellschaftlicher Veränderungen verstanden werden, die diese Gesellschaften voranbringen und verbessern sollen. Bei der Ausübung der religiösen Prinzipien muss für jedes Mitglied einer Gesellschaft die Möglichkeit gegeben sein, dass die Verwirklichung dieser Prinzipien und die praktizierte Religiosität auf der Basis von eigener Überzeugung und freier Entscheidung gewährleistet wird. In den muslimischen Gesellschaften sollte das auch so sein, denn nur mit der Überzeugung des einzelnen Mitglieds kann die Veränderungsfunktion der Religion erfüllt werden. (vgl. zu den Grundprinzipien Hannes Ball et al. [2008]: Haus des Islam – Einblicke und Einsichten, Stuttgart: Calwer Verlag, S. 88–92.)

Diese These ist jedoch innerislamisch heftig umstritten. Fundamentalistische Koranauslegung betont das Schura (Šūrā) Prinzip (arab. Beratungsprinzip) und wertet westliche Formen demokratischer Zivilgesellschaft ab. Aber wieso verbindet man die Demokratie mit der islamischen Lehre? Die Praxis der islamischen Religion umfasst zwei Bereiche: Der erste beschäftigt sich mit der Religion auf privater Ebene. Als gutes Beispiel dieser Beschäftigung können hier die Hauptpflichten wie Beten, Fasten, Abgaben und Pilgern genannt werden. Hier darf sich keiner in die Angelegenheit der Anderen einmischen, denn es geht um die private Regelung der Beziehung zwischen Gott und Mensch aufgrund einer persönlichen Überzeugung. Durch die Erfüllung bzw. Vernachlässigung der religiösen Pflichten ist es allein die Person selbst, die im Jenseits mit Belohnung oder Bestrafung durch Gott rechnen muss, und niemand anderes: „Am Tag, da jede Seele kommt, um für sich selbst zu streiten, und da jeder Seele voll erstattet wird, was sie getan hat. Und ihnen wird kein Unrecht getan" Sure 16:111 (Koranübersetzung nach A.Th. Khoury). Dies bedeutet, dass kein anderer Mensch zur Verantwortung gezogen wird als derjenige, der diese Pflichten erfüllt bzw. vernachlässigt hat. Khoury meint in Bezug auf den Koran und die Rolle des Korans im Leben der Muslime: „Damit ist gesagt, dass der Koran die absolut verbindliche Richtschnur ist. Er vermittelt den Gläubigen eine tiefe Einsicht in den Sinn der Lebensumstände und in ihre Beziehung zum Willen Gottes. Diese Einsicht in den letztgültigen Wert der Personen und der Dinge soll die richtige Entscheidung ermöglichen, die das praktische Handeln in die richtigen Bahnen lenkt." (S. 51, 2004: Adel Theodor Khoury: Der Koran. Arabaisch-Deutsch, übersetzt und kommentiert, Gütersloh: Gütersloher 2004). Der zweite Bereich beschäftigt sich mit der Religion innerhalb einer Gesellschaft. Hier geht es um die Verpflichtung, die sozialen Prinzipien der Religion zu verwirklichen, ohne die Freiheit der Anderen zu verletzen. Die wichtigsten dieser Prinzipien liegen im Bereich der persönlichen Freiheit. Es gibt viele Stellen im Koran, die die Ausübung der Religion als eine rein private Angelegenheit betrachten, z.B. „Es gibt keinen Zwang in der Religion" Sure 2:256 oder: „Und sprich: Es ist die Wahrheit von eurem Herrn. Wer nun will, möge glauben, und wer will, möge ungläubig sein" Sure 18:29. Alle diese Verse und noch viele andere mehr zeigen uns, dass es keinem Menschen erlaubt ist, einen anderen zum Glauben an die islamische Lehre zu zwingen. Auf der anderen Seite finden wir im Koran auch Verse, die den Islam als einzige Religion ausweisen, die von Gott akzeptiert wird, zum Beispiel: „Wer aber als Religion etwas Anderes als den Islam begehrt, so wird es von ihm nicht angenommen werden, und im Jenseits wird er zu den Verlierern gehören" Sure 3:85. Dieser Vers und andere ähnliche Verse werden unterschiedlich interpretiert. Die konservative Koranauslegung verbindet sie mit dem Islam als letzte Botschaft, die alle anderen Botschaften Gottes in Judentum und Christentum ersetzt habe. Die liberale Koranauslegung versteht diese Sure so, dass das Wort „Islam" in diesem Vers nicht das Substantiv Islam bedeutet, sondern das Adjektiv „muslimisch" im Sinne des Glaubens an Gott überhaupt. Dieser Umgang mit dem Glauben führt dazu, dass die Religion auch andere damit zusammenhängende Freiheiten, wie etwa die Meinungsfreiheit, garantieren muss. Letztere sollte also ein wichtiges Prinzip im Leben eines muslimischen Menschen sein. Die religiös-fundamentalistische Vorstellung wehrt dagegen Meinungs- und Entscheidungsfreiheit des Einzelnen ab. Mit dem islamischen Prinzip des Respekts vor der persönlichen Freiheit des Anderen ist diese Auslegung nicht vereinbar, wie z.B. mit der Sure 109:6: „Euch eure Religion und mir meine Religion", so auch die Suren 2:285 und 10:99. Der Koran sieht alle Menschen als gleich an.

Ähnlich wie zum Beispiel der biblische Dekalog verhält es sich mit den zwischenmenschlichen Geboten im Islam. Dazu vor allem die Sure 6:151+152: (151). „Sprich: Kommt her, dass ich verlese, was euer Herr euch verboten hat: Ihr sollt Ihm nichts beigesellen, und die Eltern gut behandeln; und tötet nicht eure Kinder aus (Angst vor) Verarbeitung – euch und ihnen bescheren Wir doch den Lebensunterhalt; und nähert euch den schändlichen Taten, was von ihnen offen und was verborgen ist; und tötet nicht den Menschen, den Gott für unantastbar erklärt hat, es sei denn bei vorliegender Berechtigung. Dies hat Er euch aufgetragen, auf dass ihr verständig werdet. (152). Und nähert euch nicht dem Vermögen des Waisenkindes, es sei denn auf die beste Art, bis es seine Vollkraft erreicht hat. Und gebt volles Maß und Gewicht nach Gerechtigkeit. Und wenn ihr aussagt, dann seid gerecht, auch wenn es um einen Verwandten geht. Und erfüllt den Bund Gottes. … Dies hat Er euch aufgetragen, auf dass ihr gottesfürchtig werdet."

Unterschiede in Hautfarbe, Sprache und Herkunft stellen keine Berechtigung dar, dass eine Gruppe von Menschen eine andere Gruppe diskriminiert oder aus welchen Gründen auch immer benachteiligt (vgl. Sure 49:13). Auch hier werden die Behauptungen der islamistischen Koranauslegenden widerlegt, wenn sie meinen, nur diejenigen, die ihren Ideen folgen, seien gute Menschen. Es ist vielleicht von Bedeutung zu erwähnen, dass dieses Prinzip zu einer Zeit verkündet wurde, als in den Nachbarstaaten der Muslime, wie z.B. in Byzanz, andere Gesellschaftsordnungen herrschten. Diese Staaten waren bestimmt durch ein politisch-soziales System der Aufteilung der Gesellschaft in eine Herren- und eine Sklavenschicht, welches vor dem Erscheinen des Islam auch auf der arabischen Halbinsel die vorherrschende Form gesellschaftlicher Organisation darstellte. Obwohl der Islam die Sklaverei nicht ausdrücklich verbot, wollte er doch mit seiner Ablehnung der Schichtengesellschaft das Prinzip der Gleichheit der Menschen als Geschöpfe Gottes verwirklichen. Als Zeichen des Glaubens forderte Mohammed seine Anhänger auf, die Sklaven und Sklavinnen entweder zu befreien oder für eine gerechte Behandlung durch deren Herren zu sorgen. Der Inhalt der Sure 2:177 sagt darüber Folgendes: „Es ist keine Frömmigkeit, wenn ihr eure Angesichter in Richtung Osten oder Westen wendet; Frömmigkeit ist vielmehr, dass man an Allah glaubt, den Jüngsten Tag, die Engel, das Buch und die Propheten und vom Besitz – obwohl man ihn liebt – den Verwandten gibt, den Waisen, den Armen, dem Sohn des Weges, (Obdachloser) den Bettlern und (für den Freikauf von) Sklaven, dass man das Gebet verrichtet und die Zakah entrichtet. Es sind diejenigen, die ihr Versprechen einhalten, wenn sie es gegeben haben; und diejenigen, die in Elend, Not und in Kriegszeiten geduldig sind; sie sind es, die wahrhaftig und gottesfürchtig sind" (vgl. dazu auch Suren 4:1 und 17:70). Der Koran betont im Unterschied zur islamistischen Auslegung das Zeugnis der Gerechtigkeit: „O ihr, die ihr glaubt, tretet für Gott ein und legt Zeugnis für die Gerechtigkeit ab. Und der Hass gegen bestimmte Leute soll euch nicht dazu verleiten, nicht gerecht zu sein. Seid gerecht, das entspricht eher der Gottesfurcht" (Sure 5:8). Aber auch Gerechtigkeit in Geschäftsbeziehungen wird im Koran von Gott ausdrücklich verlangt, wie es in Sure 6:152 steht. Gerechtigkeit wird im Islam als ein Teil des menschlichen Wesens gesehen. Er verlangt sie auch gegenüber friedlichen „Ungläubigen" (Sure 60:8). In der islamischen Tradition gibt es die Redewendung: (al'insān 'acḫun laka fī ad-Dīn aw šabihun laka fīlcḫalq), die wie folgt übersetzt werden kann: „Der Mensch ist entweder dein Bruder im Glauben oder ein Abbild von dir." Der Koran betrachtet die Unterschiede zwischen den Menschen als ein Zeichen Gottes. Der Islam verlangt von seinen Anhängern, dass diese Entscheidung Gottes respektiert werden müsse: „Zu seinen Zeichen gehört die Erschaffung der Himmel und der Erde, und auch die Verschiedenheit eurer Sprachen und Arten. Darin sind Zeichen für die Wissenden" (Sure 30:22). Hier haben wir die religiöse Basis für jeden Muslim und jede Muslima, was die Beziehungen zu anderen Menschen angeht. Sure 11:118 verstärkt die Idee einer gesamtmenschlichen Gemeinschaft: „Und wenn dein Herr gewollt hätte, hätte Er die Menschen zu einer einzigen Gemeinschaft gemacht. Aber sie sind noch immer uneins." Eine Sonderstellung nimmt das Thema Frauenrechte im Islam ein: Die Rollenverteilung zwischen den Geschlechtern war bei der Entstehung der islamischen Religion von den damals herrschenden Gedanken und Normen der patriarchalisch-nomadischen Clan-Gesellschaft sehr stark beeinflusst. Männern wurden im Gegensatz zu Frauen die schweren körperlichen Aufgaben des Lebens zugetraut. Die Überwindung der Herausforderungen des Lebens war sehr oft mit der Stärke des Körpers verbunden. Die Frauen in dieser patriarchalischen Gesellschaft spielten immer eine sekundäre Rolle. Deshalb waren die Frauen den Männern in jenen Gesellschaften in ihrer sozialen Stellung untergeordnet. Aufgrund der neuen wirtschaftlichen und kulturellen Herausforderungen und wegen der Vermischung der verschiedenen Kulturen, die auch verschiedene religiöse Normen und Gebräuche mit sich gebracht haben, ist es an der Zeit, das patriarchalische Gesicht der muslimischen Gesellschaften zu verändern. In den Entstehungsgebieten der drei abrahamitischen Religionen, also im alten vorderen Nahen Osten, haben die klimatischen Verhältnisse die Menschen dazu veranlasst, passende Kleider und bestimmte Formen der Bekleidung zu nutzen. Das Kopftuch, z.B. war in dieser Region ein Kleidungsstück, welches von allen Menschen getragen wurde. Die Männer haben zwar andere und einfachere Farben getragen als die Frauen und die Form des Tuchtragens auf dem Kopf war auch unterschiedlich zwischen Männern und Frauen, aber sie haben alle dieses Kleidungsstück getragen. Diese Tradition wurde auch später im Nahen Osten fortgesetzt. Nach der Islamisierung der arabischen Halbinsel hat man dieses schon vorhandene Phänomen als Schutz der Frauen vor der Belästigung der Männer dargestellt und eine bestimmte Art des Tuchtragens als Maßnahme zur Durchsetzung dieses Schutzes verordnet. In vielen muslimischen Gebieten, sowohl im Nahen Osten als auch außerhalb, sehen wir heute Frauen, die verschiedene Formen des Kopftuchs verwenden. Aus diesem Kopftuch wurde später nach der Islamisierung von verschiedenen Völkern ein Körpertuch entwickelt mit unterschiedlichen Formen und Farben, da diese Völker ihre Traditionen neben dem Islam weiter ausübten, und dazu gehörte auch die Form der Bekleidung. Bei vielen Menschen wurde diese späte Entwicklung des Tuchtragens als ein Symbol der Frömmigkeit betrachtet, obwohl man keine Bestätigung dafür sowohl im Koran als auch in der Sunna finden kann.

4.2 Gleichberechtigung von Männern und Frauen

In vielen anderen persönlichen, ganz besonders in medizinischen Bereichen, werden oft genug willkürliche religiöse Entscheidungen aufgrund einer bestimmten Koraninterpretation getroffen, die zur Gefährdung des Lebens der betroffenen Personen führen können. Im Bereich der modernen Medizin, wo es z.B. um Organspende, Bluttransplantation, Klonen oder die Einnahme von Medikamenten mit Alkohol und um viele andere Bereiche der modernen Medizin geht, gehen die unterschiedlichen Meinungen weit auseinander. Zum einen geht es um die praktisch-soziale Komponente, zum anderen um die religiös-moralische Problemstellung. Heftig diskutiert sind die religiös-moralischen Probleme. Die entscheidenden Fragen dieser Diskussion sind: Die Schöpfung Gottes darf von Menschen nicht verändert werden. So heißt es in Sure 30:30: „So richte dein Antlitz in aufrichtiger Weise auf den Glauben; (dies entspricht) der natürlichen Veranlagung, mit der Allah die Menschen geschaffen hat. Es gibt keine Veränderung an Allahs Schöpfung. Das ist der beständige Glaube. Allein die meisten Menschen wissen es nicht.“ Dürfen diese Maßnahmen zu therapeutischen Zwecken verwendet werden? Was die pränatale Diagnose angeht, so verweisen die Muslime auf Sure 31:34, in der steht: „Gewiss, Allah (allein) besitzt das Wissen über die Stunde, lässt den Regen herabkommen und weiß, was im Mutterleib ist.“ Deshalb lehnen sie jede Einmischung in das Gotteswissen ab. Die Behinderung oder Krankheit eines Menschen soll, nach den islamischen Prinzipien, als Prüfung Gottes betrachtet werden, d.h., man darf diese Personen, nach Sure 24:61: „Es ist für den Blinden kein Grund zur Bedrängnis, es für den Krüppel kein Grund zur Bedrängnis, es ist für den Kranken kein Grund zur Bedrängnis, es ist auch für euch kein Grund zur Bedrängnis, wenn ihr in euren Häusern esst, in den Häusern eurer Väter oder in den Häusern eurer Mütter, in den Häusern eurer Brüder oder in den Häusern eurer Schwestern ... Wenn ihr nun Häuser betretet, so grüßt einander mit einem gesegneten Gruß, der von Gott kommt. So macht Gott euch die Zeichen deutlich, auf dass ihr verständig werdet“, nicht mit schweren Aufgaben belasten. Diese Aufforderung des Korans wurde von vielen Muslimen und Musliminnen ganz anderes verstanden und diese Menschen entsprechend auch behandelt. So wurden z.B. psychisch Kranke als verrückt eingestuft und meistens in Psychiatrien eingesperrt. Zum Schluss kann man sagen, dass die Menschenrechte und das Leben in Würde in den islamischen Gesellschaften noch nicht hinreichend realisiert worden sind, auch wenn sich seit 2008 vieles zum Positiven gewendet hat.

Vertiefende Materialien zum Thema Menschenrechte im Islam:

Menschenrechte und Islam (Dr. Anne Duncker)
https://islam-dialog.ekvw.de/fileadmin/mcs/islamdialog/menschenrechte_und_islam.pdf

Die Kairoer Erklärung der Menschenrechte im Islam
https://www.humanrights.ch/cms/upload/pdf/140327_Kairoer_Erklaerung_der_OIC.pdf

Menschenrechte im Vergleich: Islam vs. UN-Menschenrechtscharta – eine Gegenüberstellung
https://www.anstageslicht.de/themen/religion/drei-religionen/menschenrechte-und-islam-kairoer-erklaerung/

34. Deutscher Orientalistentag 12.–17.09.2022, Freie Universität Berlin
https://dot2022.de/wp-content/uploads/2022/08/Islam-in-Europe.pdf

5. Das Coronavirus

5.1 Corona – Risikoethik

Nach der ersten Bestätigung einer Infektion am 27. Januar 2020 bei einem Mann aus Bayern lebt Deutschland seither mit dem Coronavirus. Das Virus hat den Menschen viel genommen: den Handschlag, die Unbeschwertheit, manchen das Vertrauen in die Politik, anderen die wirtschaftliche Existenz. Der Erreger Sars-CoV-2 hat das Land verändert. Dauergenervte Menschen wünschen sich ein „normales Leben" zurück. Aber eine Rückkehr in die Zeit vor dem Auftreten des Virus in China ist illusorisch. Wissenschaftliche Erkenntnisse, soziologische Untersuchungen und ethische Überlegungen werden stärker als bisher im öffentlichen und privaten Leben eine Rolle spielen.

Sachtext: Corona (Covid-19)

Das zwischen 60 und 160 Nanometer winzige Virus wurde Mitte der 1960er Jahre entdeckt und erstmals beschrieben. Die Forschenden entdeckten unter dem Mikroskop ein kugelförmiges Gebilde mit zahlreichen Fortsätzen (Spikes), die aussehen wie kleine Blütenkelche. Mit deren Hilfe können sich die Viren an die Zellen des Wirtes andocken und sind somit für die Ansteckung verantwortlich. Die Fortsätze bilden optisch einen Kranz um den Kern des Virus, was große Ähnlichkeit mit einer Korona, der Sonne hat. Daher stammt der Name (lat. „corona": Kranz, Krone). Im Inneren des Erregers befindet sich eine einsträngige RNA (Ribonucleinacid) mit genetischen Informationen (DZIF).[10]
Coronaviren wurden nach Angaben des Robert Koch-Instituts (RKI) erstmals Mitte der 1960er Jahre identifiziert. Sie können Menschen und Tiere infizieren. Sieben Vertreter dieser Gruppe verursachen beim Menschen Atemwegserkrankungen – von leichten Atembeschwerden bis zu lebensbedrohlichen Fällen, bei denen ein schweres akutes Atemwegssyndrom (SARS) auftritt. Das vom Virus SARS-CoV-2 ausgelöste Krankheitsbild COVID-19 beginnt wie eine normale Erkältung, wenn überhaupt Symptome auftreten. Zahlreiche Patient:innen werden mit dem Coronavirus infiziert, bemerken dies aber nicht, weil sich keine pathologischen Vorgänge ausbilden. Treten diese auf, äußeren sie sich in der Regel so:

- Husten, eventuell Heiserkeit,
- Schnupfen, bisweilen stark laufende Nase,
- leichtes bis gemäßigtes Fieber,
- Schüttelfrost,
- inzwischen auch Symptome, die nicht sofort mit der Covid-19-Erkrankung in Verbindung gebracht werden.

Beim schweren Verlauf kommt es zum akuten Atemwegssyndrom, das bei vorgeschwächten Patient:innen meist zum Tod führt. In der Pathologie des Universitätspitals Zürich konnte zudem nachgewiesen werden, dass COVID-19 auch eine systemische Gefäßentzündung hervorrufen kann (RKI). Am 11.02.2020 veröffentlichte die WHO (World Health Organisation) den offiziellen Namen für die Erkrankung: COVID-19 (coronavirus disease 2019, „Coronavirus-Krankheit 2019").
Das am 12. Dezember 2019 erstmals in China nachgewiesene neue Coronavirus SARS-CoV-2 ist inzwischen weltweit verbreitet. Bereits im Januar 2020 trat der erste bestätigte Fall außerhalb Chinas, in Thailand, auf. Von da an trugen sich nahezu täglich neue Staaten in die Liste der vom Virus betroffenen Nationen ein. In der Folge rief der Direktor der WHO, Tedros Adhanom Ghebreyesus, am 11. März 2020 SARS-CoV-2 zur Pandemie aus. Coronaviren treten weltweit auf und werden meist über Tröpfcheninfektion, aber auch durch Kontakt- und Schmierinfektion übertragen. Aktuelle Fallzahlen sind auf den Internetseiten der Weltgesundheitsorganisation (WHO) und des Europäischen Zentrums für die Prävention und Kontrolle von Krankheiten (ECDC) abrufbar.
Zur Zeit (September 2022) gibt es keine kausale Therapie gegen Coronaviren. Entsprechend werden betroffene Patient:innen isoliert und symptomatisch mit Medikamenten behandelt, die die Entwicklung des Virus hemmen (zu den neuesten Entwicklungen siehe: https://www.rki.de/DE/Content/InfAZ/N/Neuartiges_Coronavirus/Virusvariante.html). Wie alle Viren, so mutieren auch die Arten des Coronavirus. Dies ist ein normaler Vorgang, der auch bei Influenza oder HIV zu beobachten ist. Grund dafür ist, dass sich das Virus ständig selbst kopieren muss, um sich zu vermehren. Bei diesem Kopiervorgang passieren kleine Fehler, die an die nächste Generation von Viren weitergegeben werden. Durch die permanente Änderung des eigenen Genoms hat das Virus gegen Angriffe des Immunsystems im

10 Deutschen Zentrum für Infektionsforschung (DZIF) mit Sitz in Braunschweig am Helmholtz-Zentrum für Infektionsforschung.

Wirt und gegen therapeutische Maßnahmen einen gewissen Schutz.[11]

5.2 Ethische Reflexion

Ethisch-philosophisch geht es in der Auseinandersetzung mit der Corona-Pandemie um eine sog. Risikoethik in Echtzeit, d.h. um ethische Reflexion inmitten einer gesellschaftlichen Konstellation, die von der Coronapandemie diktiert wird (Mukerji & Mannino 2020, S. 7). Risikoethik verhält sich also nach einem Hedging Prinzip: „Wenn die erwarteten Kosten der Maßnahmen im Verhältnis zum Schadensausmaß und zur Wahrscheinlichkeit des Szenarios hinreichend gering sind, dann sollten die Maßnahmen ergriffen werden." (Mukerji & Mannino 2020, S. 12) (siehe auch Hedging/Risikoabsicherung).[12] Das bedeutet, dass politisch schnell Maßnahmen ergriffen werden gegen die im vorletzten Jahr sich entwickelte Pandemie bzw. die pandemische Lage (Mukerji & Mannino 2020, S. 13). Entscheidungen in diesem Hedging-Prinzip gehören philosophisch zur Entscheidungstheorie und zur Risikoethik, d.h. „die Frage nach der rationalen und ethisch vertretbaren Entscheidung unter Unsicherheit" (Mukerji & Mannino 2020, S. 14). Durch Nichtstun würden z.B. wertvolle Optionen verloren gehen (Mukerji & Mannino 2020, S. 16) – zu sprechen ist von einer „Philosophie mit einer Deadline" (Nick Bostrom) (Mukerji & Mannino 2020, S. 17), d.h., es ist ein Stichtag vorgegeben, zu dem eine Lösung vorliegen muss (Mukerji & Mannino 2020, S. 17): „Wenn wir uns nicht entscheiden, dann legen wir uns damit auf ein Ergebnis fest – ein Ergebnis, das wir womöglich hätten vermeiden sollen" (Mukerji & Mannino 2020, S. 17). Philosophie in Echtzeit bedeutet demgegenüber, dass Entscheidungen ständig nachgebessert werden müssen (Mukerji & Mannino 2020, S. 19) und wissenschaftliche Studien zu Covid-19 reflektiert und auf Handlungsalternativen bedacht werden müssen (Mukerji & Mannino 2020, S. 19). Bestimmte Fragen lassen sich nicht zufriedenstellend beantworten: „Daraus folgt aber nicht, dass wir praktische Fragen noch nicht klar oder dass wir sie deshalb überhaupt nicht beantworten können" (Mukerji & Mannino 2020, S. 21). Die sich eingestellt habende Pandemie Mitte 2020 war wohl nicht vorhersehbar, aber gleichzeitig gab es Warnsignale, die hätten beachtet werden müssen (Mukerji & Mannino 2020, S. 23). Denn statistisch ist die Pandemie möglich gewesen und auch das Schädlichkeitspotenzial der Covid-19 Erkrankung war erkennbar (Mukerji & Mannino 2020, S. 24), denn Pandemien sind erwartbar, wie ein Blick in die Geschichte großer Seuchen zu erkennen gibt (Mukerji & Mannino 2020, S. 25). Die Übertragung von Krankheitserregern von Tieren/Wildtieren/Nutztieren auf den Menschen ist ebenfalls bekannt, d.h., es geht um Massentierhaltung und einen enormen Fleischkonsum, der für Menschen ein erheblicher Risikofaktor für die Ausbreitung von Seuchen darstellt. Zudem ist die Globalisierung in Bezug auf die Verkehrswege weit fortgeschritten (Mukerji & Mannino 2020, S. 26). Klimawandel, Entwaldung, Flucht und Vertreibung tun ein Übriges (Mukerji & Mannino 2020, S. 27). Im März 2020 beklagte der Chef der WHO, Tedros Adhanom Ghebreyesus, „ein alarmierendes Niveau des Nichtstuns" (Mukerji & Mannino 2020, S. 28). Sowohl das pandemische Potenzial als auch das Schadenspotenzial von Sars-CoV-2 waren erkennbar (Mukerji & Mannino 2020, S. 31) und eine effektive Prävention wäre möglich gewesen (Mukerji & Mannino 2020, S. 36). Deutlich hätte aus der Praxis anderer Länder, wie z.B. Südkorea, Taiwan u.a., gelernt werden können: „Deutschland setzte die Maßnahmen, die in anderen Ländern offenbar bei der Eindämmung von Sars-CoV-2 geholfen hatten, nicht oder nur sehr spät in die Praxis um" (Mukerji & Mannino 2020, S. 40). Es gab eine Fehlwahrnehmung des exponentiellen Wachstums und den sogenannten Truthahn-Fehlschluss: Argument des Unglaubens: P1: Ich kann mir nicht vorstellen, dass eine Situation wie in Wuhan auch in Deutschland eintritt (Mukerji & Mannino 2020, S. 43); K: Es ist nicht möglich bzw. extrem unwahrscheinlich, dass eine Situation wie in Wuhan auch in Deutschland eintritt (Mukerji & Mannino 2020, S. 43). Der Mangel an Vorstellungskraft führt zu einem Einseitigkeitsfehlschluss (Truthahn wird vom Bauern gemästet, deswegen geht der Truthahn davon aus, dass das auch so bleiben wird, bis er eines Tages geschlachtet wird) (Mukerji & Mannino 2020, S. 44). Auch Expert:innen können irren (Mukerji & Mannino 2020, S. 45) und sie entscheiden z.B. als Virolog:in nicht über psychische, soziale, ökonomische und andere Folgen (Mukerji & Mannino 2020, S. 46). Ein weiteres Problem stellt die Uneinigkeit von Expert:innen dar, was aber auch nur dann zum Problem wird, wenn Expert:innen aufgrund einer neuen Sachlage ihre Einschätzung nicht anpassen und ändern, sondern auf einer unangemessenen Haltung beharren (Mukerji & Mannino 2020, S. 55). Das Hedging-Prinzip fordert dazu auf, auch Minderheitenvoten zu reflektieren und einzubeziehen (vgl. dazu Mannino, Adriano [2021]: Wen rette ich – und wenn ja, wie viele? Über Triage und Verteilungsgerechtigkeit, Stuttgart).

---

11 https://www.gesundheit.de/krankheiten/infektionskrankheiten/atemwegsinfektionen/coronavirus/mutation

12 Der Begriff des **Hedging** entstammt dem englischen und bezeichnet die **Abgrenzung oder Absicherung**. Das Hedging findet in Hedgefonds Anwendung, um das Risiko in Kapitalanlagen abzusichern. Eine Verkaufsoption auf Aktien oder Indizes stellt eine Form des Hedging dar. Siehe: Hedging – einfache Definition & Erklärung → Lexikon (rechnungswesen-verstehen.de)

- Rückgang des Bruttosozialprodukts
- Zunahme häuslicher Gewalt
- Einschränkung der Grundrechte
- Bildungsverluste und Bildungsdefizite bei Kindern und Jugendlichen
- Zunahme von Bildungsungerechtigkeit
- Schließung von Schulen und KiTas mit Folgen für die Eltern wie Homeschooling usw.
- Orientierung an Handlungskonsequenzen (Mukerji & Mannino 2020, S. 76)
- Aufweichung moralischer Grundrechte
- Möglichkeiten antidemokratischer Ermächtigungen (Mukerji & Mannino 2020, S. 76)

Solange nicht ausreichend Impfstoff zur Verfügung stand, mussten notgedrungen Infektionen zugelassen werden (Mukerji & Mannino 2020, S. 77)

- Delay Strategie → Verzögerung
- Containment → Eindämmung
- Cocooning → Einigelung

Die Delay Strategie hätte weltweit Millionen Todesopfer zur Folge; Containment wäre auf jeden Fall besser und die Cocooning hat Herdenimmunität zum Ziel. Die Rangfolge aus ethischer Sicht lautet also: Containment – Cocooning – Delay (Mukerji & Mannino 2020, S. 79). Das Kant'sche Instrumentalisierungsverbot: Selbstzweckhaftigkeit des Menschen: Unterscheidung zwischen Tun und Geschehenlassen (Mukerji & Mannino 2020, S. 82)

- Infektion von Nichtrisikogruppen ist ein Fall des Geschehenlassens: Naturgewalt
- Nichtrisikogruppen werden als bloßes Mittel gebraucht, um die Risikogruppen zu schützen

Aber: Containment setzt erfolgreiches Unterbrechen von Infektionsketten voraus und die nötigen Maßnahmen werden Risiko- und Nicht-Risikogruppen zugemutet (Mukerji & Mannino 2020, S. 83).

Unter welchen Umständen wird die Auferlegung eines Risikos als Instrumentalisierung gedeutet? (Mukerji & Mannino 2020, S. 84) – Ähnlich wäre die Frage nach einer Impflicht zu behandeln. Nach der pandemischen Katastrophe ist vor der pandemischen Katastrophe (Mukerji & Mannino 2020, S. 92): Drastisch wäre der Fleischkonsum zu reduzieren/Welternährungsorganisation Empfehlungen von 2007/Klimakrise/KI-Katastrophenmaßnahmen. „Vielleicht könnte es sich ja lohnen, ‚Katastrophenpropheten' ernst zu nehmen" (Mukerji & Mannino 2020, S. 99)?

Der Kampf gegen die Coronapandemie stellt die Welt vor gewaltige Aufgaben und macht den Ausnahme- zum Normalzustand. Im Frühjahr 2022 bestimmen in Deutschland die kontrovers geführten Debatten über die Impfpflicht und das Tragen von Schutzmasken die öffentlichen und privaten Diskussionen. Bei der bundesweiten Protestbewegung gegen die Corona-Maßnahmen werden Werte wie Eigenverantwortung, Selbstbestimmung und Individualität als absolute Priorität gesehen. Trotz Heterogenität eint die Demonstrierenden dieses libertäre Freiheitsverständnis. Sie wollen sich von niemandem etwas sagen lassen und sind davon überzeugt, dass alle Personen sich selbst vor dem Virus schützen sollen. Sie sind nicht bereit, andere zu schützen, indem sie zum Beispiel eine Maske tragen. Mit Besorgnis sieht die Bundesinnenministerin Nancy Faeser die Entwicklung, dass der Rechtsextremismus bei diesen Demonstrationen an Einfluss gewinne, denn „für Hass, Hetze und Gewalt gibt es keine Rechtfertigung" (Deutschlandfunk, 13.01.2022).

Gegenwärtig sind 85,4% der erwachsenen Bevölkerung grundimmunisiert. Darüber hinaus erhielten bisher 72,9% Menschen dieser Altersgruppe eine erste und 16,5% Menschen eine zweite Auffrischimpfung. Ergänzend hierzu sind 46,1% der Kinder und Jugendlichen im Alter von 5 bis 17 Jahren mindestens einmal geimpft und 42,8% sind grundimmunisiert (Datenstand 28.11.2022; Quelle: RKI Monatsbericht vom 01.12.2022)

Die StIKO empfiehlt die 4. Impfung derzeit für über 70-Jährige, bzw. für über 60-Jährige, und Personen mit gesundheitlichen Risiken. Der Bundesgesundheitsminister Karl Lauterbach verweist auf Daten aus Israel, nach denen eine 4. Impfung die Omikron-Sterblichkeit in dieser Altersgruppe um 80 Prozent verringerte (Der Tagesspiegel, 29. März 2022).

Während andere Länder in Europa ab Mitte März 2020 strenge Lockdowns verordneten, konzentrierte sich die schwedische Pandemie-Strategie auf eine „natürliche" Herdenimmunität und die Vermeidung eines gesellschaftlichen Shutdowns. Tatsächlich verbot Schweden im März 2020 lediglich öffentliche Zusammenkünfte von mehr als 500 Menschen, später von mehr als 50 Menschen. Die Schulen blieben geöffnet, digitalen oder Fernunterricht gab es lediglich für ältere Schüler:innen und Student:innen. Insgesamt blieb es bei Empfehlungen und freiwilligen Maßnahmen, auf gesetzliche Beschränkungen und auch auf damit verbundene Ordnungsmaßnahme wie Bußgelder wurde verzichtet. Allerdings räumte Anders Tegnell, Schwedens Chef-Epidemiologe Anfang Juni 2021 ein, dass das schwedische Vorgehen nicht ohne Fehler gewesen sei. Es seien zu viele Menschen zu früh gestorben, sagte Tegnell im Interview mit dem Schwedischen Rundfunk.

Dem schwedischen Vorgehen diametral entgegengesetzt wird in China eine Null-Covid-Strategie mit Massentests und harten Lockdowns verordnet. China sieht sich im Frühjahr 2022 mit dem schlimmsten Corona-Ausbruch seit dem Höhepunkt der ersten Welle Anfang 2020 konfrontiert. So werden z.B. in Shanghai trotz einer wochenlangen Abriegelung täglich Dutzende Todesfälle verzeichnet. Auch in der Hauptstadt Peking wurden ganze Stadtteile abgesperrt, nachdem einige wenige Infektionsfälle festgestellt wurden (Der Tagesspiegel, 1.4.2022).

Nach fast drei Jahren äußerst strikter Vorkehrungen hatte Chinas Führung am 7. Dezember 2022 abrupt ein Ende ihrer umstrittenen Null-Corona-Politik verkündet. Nach offiziell unbestätigten internen Schätzungen haben sich allein in den ersten drei Dezemberwochen 248 Millionen Menschen infiziert, was 18 % der Bevölkerung entspräche. Wissenschaftler warnen, die Corona-Welle könnte neue Varianten hervorbringen, die dann ihren Weg in andere Länder finden würden. Als Reaktion auf die Infektionswelle verschärfen immer mehr Länder ihre Kontrollen für Einreisende aus der Volksrepublik. (Quelle: https://www.zdf.de/nachrichten/politik/corona-china-who-infektions-wellevirusvariante-100.html).

→ **Reflexionsfragen:**

- Wie soll ich mich als Christ:in oder Muslim:in verhalten, wenn aus meiner Sicht grundlegende Persönlichkeitsrechte eines Mitmenschen von einer anderen Person verletzt werden?
- Wie soll ich mich verhalten, wenn die Rechte, die Integrität oder Intimsphäre einer Person in einem Abhängigkeitsverhältnis von der betreuenden Person verletzt werden?
- Wie lassen sich das Selbstwertgefühl von Menschen und ihre Selbstachtung fördern?
- Welche Faktoren schwächen Selbstachtung und Selbstwertgefühl oder gefährden diese?

Unterrichtsentwurf: Würde des Lebens

„(…) Ich kann töten und lebendig machen, ich kann schlagen und kann heilen, und niemand kann aus meiner Hand reißen" (Deuteronomium 32,39).

Thema der Stunde: Selbst- und Fremdwahrnehmung / Bewusstwerdung des Selbstwertes und der damit einhergehenden Würde in Begegnung.

Stundenziel: Schüler:innen erkennen anhand eigener Erfahrungen, Beobachtungen und Reflexionen, dass Menschen ein wechselseitiges Anrecht auf würdevollen Umgang pflegen sollen. Schüler:innen erkennen, dass sie unmittelbar darin verflochten sind.

Zeit	Lernphasen	Lernziele	Kompetenzen	Lehrer:in/Schüler:in-Interaktion // Inhalte // Impulse	Sozialform	Methoden	Medien
10′	Einstieg	Die S:S sammeln negative und positive Zuschreibungen gegenüber Menschen. Sie erinnern sich an Erfahrungen.	Selbstreflexion personenbezogene K.	Tauschen Sie sich zu zweit über negative und positive Zuschreibungen aus, die sich Menschen gegenüber machen können. Achten Sie drauf, dass es Adjektive sind. Z.B. er ist barmherzig. Oder: sie ist neidisch. Schreiben Sie die Adjektive auf die vorliegenden Karten.	Paarübung	Murmelrunde zu zweit	**M 2** Leerkarte
20′	Erarbeitung	Die S:S experimentieren im Feld angeleiteter Beschämung und Aufwertung. Sie reflektieren Empfindungen und tauschen sich aus. S:S erleben ihre Würde als Person.	Selbstreflexion personenbezogene K.	Sprechen und vervollständigen Sie gegenüber Ihrem/Ihrer Mitschüler:in der Reihe nach den Satz auf der Karte. Wenden Sie sich der Person im Uhrzeigersinn zu. Ist eine volle Runde absolviert, geht die Übung in die entgegengesetzte Richtung bis eine weitere volle Runde abgeschlossen ist. Achten Sie darauf: Ob es Ihnen leicht oder schwer fällt, Ihrem Mitschüler:in etwas mitzuteilen. Machen sie nach einem ausgesprochenen Satz eine bewusste Pause und achten Sie alle in der Runde auf ihr Gefühl. Wichtig für diese Übung ist, dass Sie offen sich selbst gegenüber sind und bleiben. Anleitung und Ablauf der Übung auf S. 38.	Stehkreis	Gestaltpädagogische Selbsterfahrung	**M 1** Negative und positive Zuschreibungen **M 2** Vorgefertigte oder selbsterstellte Zuschreibungskarten
15′	Erarbeitung	Die S:S sprechen und tauschen sich über Erfahrungen aus. Die S:S reflektieren persönliche Empfindungen.	personenbezogene K. kreative K. soziale K. reflexive K.	Gehen Sie nun in Triaden/3er Gruppen zusammen und tauschen Sie sich über Ihre Erlebnisse aus. Mögliche Reflexionsfragen: Wie ist und war mein Empfinden als Sprechende/r und Hörende/r? Wie ging es mir in der Beobachterrolle? Fällt es mir leichter oder schwerer, liebevoll oder abweisend zu sein? Woran könnte das jeweilige Verhalten liegen? Wie gestaltet sich durch bewusste Zuwendung Beziehung? … Die Fragen werden idealerweise schriftlich den S:S ausgehändigt, damit diese sich fokussiert auf die Übung konzentrieren.	Triade	Triaden (3er Gruppen), Feedback geben und Empfindung reflektieren	Reflexionsfragen

30′	Vertiefung	Die S:S lesen einen Text. Sie generieren Fragen, diskutieren diese mit Mitschüler:innen und schreiben Vertiefungsfragen auf. S:S erkennen Erfahrungsbezüge zur Vorübung. Sie malen zusammen den Begriff Würde.	personenbezogene K. kreative K. soziale K. reflexive K. Sachkompetenz	Lesen Sie in der 3er Gruppe den Text. Aufkommende Fragen diskutieren Sie direkt. Schreiben Sie sich Vertiefungsfragen oder besondere Erkenntnisse auf, die Sie später mitteilen wollen. Malen Sie zusammen ein Bild zu den Begriffen – Würde und Begegnung	Gruppenarbeit	Lesen Reflektieren Malen	**M 3** Text Bieri Weißes DIN A3 Papier Stifte (kräftige Farben, z.B. Wachsstifte)
15′	Ergebnis-sicherung	Die S:S stellen ihre Arbeitsergebnisse vor. Offene Fragen werden diskutiert. Sie legen ihr Bild aus und zeigen dieses. Die anderen S:S betrachten das Bild und finden Überschriften.	Sachkompetenz reflexive K. Kreative K.	Erzählen Sie vom Text. Welche Fragen wurden für Sie aufgeworfen. Wo sind Fragen geklärt worden. Gibt es für Sie Zusammenhänge zur Einstiegsübung und welche Schlüsse können Sie ziehen. Finden Sie gemeinsam Überschriften zu den Bildern der anderen S:S. Wie verstehen Sie, stand jetzt, Würde.	Stuhlkreis Plenum	Reflexion Fragerunde	Fragen und Bilder der S:S

Anleitung und Ablauf der Übung

Die S:S stehen im Kreis. Die S:S ziehen zwei Karten der negativen Adjektive aus der Mitte. Darauf ist je ein Adjektiv vermerkt, welches eine negative Zuschreibung ausdrückt. Mit dieser Zuschreibung vervollständigen die S:S die später ausgeteilte Fragekarte. Nun wird die Fragekarte (negativ) S:S 1 ausgehändigt. Dieser spricht S:S 2 direkt an (idealerweise mit Augenkontakt / dies führt zu einer Intensivierung der Übung) und macht eine Zuschreibung zu diesem (Du bist … arrogant …). Nach der Zuschreibung ist es wesentlich, den Moment kurz verweilen zu lassen, damit er auf die S:S wirken kann. S:S 2 lässt die Zuschreibung gegenüber S:S 1 unkommentiert, wendet sich S:S 3 zu und trifft diesem Gegenüber eine Selbstaussage (Ja, manchmal bin ich … arrogant … und missachte damit meine und deine Würde). Ebenfalls ist danach ein kurzer Moment des Verweilens wesentlich, damit auch hier die S:S ihren Empfindungen nachspüren können. Dies ist die sog. Form des unkommentierten Nachkontakts mit sich selbst. Im zweiten Schritt äußert S:S 2 gegenüber S:S 3 eine Zuschreibung. Kurzes Verweilen und S:S 3 wendet sich S:S 4 zu. Ist die Runde abgeschlossen, ändert sich für einen zweiten Durchgang die Richtung. Dies ist für das Beziehungsgeschehen unter den S:S wichtig.
Nach den zwei Negativrunden gehen die S:S in Triaden / 3er Kleingruppen und reflektieren ihr Erleben und Empfindungen. Hierzu können die Anleitungsfragen verwendet werden. Nach der Reflexion findet der Kreis erneut zusammen. Nun wird die Übung mit den positiven Adjektiven umgesetzt. Die Durchführung der Übung findet wie die erste Übung statt.
Die Lehrperson muss auf sich entwickelnde Dynamiken achten und gegebenenfalls sorgsam intervenieren.

Grafik: York Breidt

M 1 Negative und positive Zuschreibungen

Missachtung der Menschenwürde in Begegnung

Zuschreibung:
Du bist ...

Selbstaussage:
Ja, manchmal bin ich ...
und missachte damit meine
und deine Würde.

Achtung und Anerkennung der Menschenwürde in Begegnung

Zuschreibung:
Du bist ...

Selbstaussage:
Ja, ich bin manchmal ...
und fühle so meine
und deine Würde.

M 2 Zuschreibungskarten

Zuschreibungskarten negativ

arrogant	untreu	eitel
gierig	neidisch	beleidigend
verletzend	brutal	sexistisch
diebisch	tyrannisch	betrügerisch
beschämend	gewalttätig	rassistisch
maßlos	übergriffig	überheblich
lügnerisch	ausbeuterisch	egoistisch
hässlich	dumm	...

Zuschreibungskarten positiv

sanftmütig	gerecht	barmherzig
liebend	zärtlich	schützend
treu	behütend	helfend
heldenhaft	schön	aufopfernd
großmütig	mutig	friedfertig
gönnerhaft	begehrenswert	respektvoll
versorgend	reflektiert	tolerant
weise	achtsam	...

M 3 Peter Bieri: Würde als Begegnung

Die Würde eines Menschen liegt nicht nur darin begründet, dass er selbst über sein Leben bestimmen kann und in diesem Sinne selbständig ist. Sie liegt auch in der Art seiner Beziehungen zu anderen Menschen begründet: darin, wie er ihnen begegnet, und darin, wie sie ihm begegnen. Das hat den Klang der Selbstverständlichkeit. Doch so ist es nur, wenn wir uns von den vertrauten Worten treiben lassen und annehmen, dass die Vertrautheit ganz von selbst auch Verstehen bedeutet. Wenn wir dagegen innehalten, einen Schritt hinter die geläufigen Worte zurücktreten und uns fragen, was genau sie bedeuten, bemerken wir, was es da alles nachzufragen und aufzuklären gilt. Denn was ist das eigentlich: eine *Begegnung* zwischen Menschen?

Wenn Subjekte sich begegnen

Wenn Menschen sich begegnen, begegnen sich Subjekte in dem Sinne, in dem wir uns das zu Beginn des ersten Kapitels zurechtgelegt haben. Was ergibt sich daraus für die Natur einer Begegnung? Wie treten sich Subjekte gegenüber? Was für Arten von Beziehungen können zwischen ihnen entstehen?

Jeder Mensch ist [...] ein Zentrum des Erlebens. Davon gehen wir mit spontaner Selbstverständlichkeit aus, wenn wir jemandem begegnen. Die intuitive Annahme prägt jede Begegnung mit einem Subjekt und unterscheidet sie von jeder Begegnung mit einem bloßen Ding. Ähnlich spontan und selbstverständlich ist die Annahme, dass das Erleben eines anderen in seinen Handlungen zum Ausdruck kommt. Wir betrachten ihn als Urheber von Handlungen, für die es in seinem Erlebten Motive gibt. Diese Annahme gibt für eine Begegnung ein erstes Muster vor: Wir betrachten sein Verhalten als sinnvolles Tun, das wir verstehen können, indem wir ihm bestimmte Motive zuschreiben. Und auch in dieser Hinsicht betrachten wir ihn als ein Wesen, das uns selbst ähnlich ist. Denn diesem Muster des Verstehens folgen auch wir selbst: Wir erklären, was wir tun, indem wir sagen, was wir erleben.

Wir brauchen die Motive hinter dem Tun der anderen nicht nur zu *erschließen*. Sie können uns Geschichten über ihre Motive *erzählen*, und wir können einen anderen als Gravitationszentrum seiner Motivgeschichten verstehen: Als Subjekt ist er derjenige, von dem diese Geschichten handeln und um den sie immer wieder kreisen. In ihnen erklärt er uns, wie er wurde, was er ist, und was er mit sich vorhat. Manchmal hören wir diesen Geschichten zu, als seien sie neutrale Berichte über eine erlebte Vergangenheit, über Erfahrungen der Gegenwart und über eine geplante Zukunft. Doch wir haben im Laufe der Zeit gelernt, dass diese Berichte oft weniger *Tatsachen* ausdrücken als ein *Selbstbild*: dass es sich um Geschichten handelt, aus denen die Stimme der inneren Zensur spricht, und um Geschichten, die dazu gedacht sind, für die anderen in einem bestimmten Licht zu erscheinen. Es gibt darin Elemente des Fabulierens, und jedes Selbstbild ist ein Konstrukt von zweifelhafter Wahrhaftigkeit, voll von Irrtümern, Selbstüberredung und Selbsttäuschung.

Wenn wir anderen begegnen, wissen wir also, dass uns in dem, was sie erzählen, keine unverfälschte Wirklichkeit des Erlebens entgegentritt, sondern eine Darstellung von Motiven, die durch die Interessen von innerer Zensur und Selbstbild vielfach gebrochen ist. Das macht jede Begegnung zu einer unsicheren, offenen und wandelbaren Erfahrung. Das wird sie auch durch das Wissen, dass es bei den anderen, wie bei uns selbst, viele Motive des Tuns gibt, die im dunkeln liegen und dem Erleben unzugänglich bleiben, manchmal für immer. Vieles an einer Begegnung geschieht von Unbewusst zu Unbewusst.

Wenn sich zwei Menschen mit ihren Motivgeschichten vertraut machen, ist es, wie wenn sie sich miteinander *verschränken*: Sie bekommen eine Bedeutung füreinander, und die Begegnung wirkt auf beide zurück. Dabei verschränken sie sich in ihrem Erleben auf vielfältige Weise. Einmal, was ihre Gedanken anlangt: Wir denken über die Gedanken der anderen nach und darüber, was sie über unsere eigenen Gedanken denken mögen. Das schafft, könnte man sagen, eine gedankliche *Intimität* zwischen uns. Auch in unseren Gefühlen und Wünschen können wir uns verschränken: Wir haben Angst vor der Angst des anderen, in der die Angst vor unserer eigenen Angst mitschwingt. Unsere Begierde wird durch die Begierde des anderen angefacht, die unserer eigenen Begierde gilt. Und wir können wünschen, der andere möge Wünsche haben, die unseren eigenen Wünschen gelten. Je mehr sich unser Erleben auf diese Weise mit dem fremden Erleben verschränkt, desto größer ist die seelische Intimität zwischen uns. Sie kann die Intimität von Freunden sein oder Feinden. Diese Intimität ist der Stoff, aus dem Begegnungen zwischen Subjekten gemacht sind.

Die gedankliche und sonstige Verschränkung, die Subjekte erfahren, ist auch das, war ihrer Fähigkeit zur *Kommunikation* zugrunde liegt. Ich kommuniziere nicht schon dadurch, dass ich ein Zeichen und eine Botschaft aussende. Sie können ungehört verhallen. Die anderen müssen sie aufnehmen und verstehen. Dafür genügt es nicht, dass sie dahinter einen Willen erkennen. Der Wille muss einer sein, den sie als auf sich und ihre Gedanken gerichtet erkennen: Sie müssen denken können, dass ich will, dass sie in den Zeichen und der Botschaft meine Absicht erkennen, ihnen etwas zu verstehen zu geben. Jetzt erst verstehen sie, dass ich etwas zu ihnen *gesagt* habe. Es ist nicht so, dass Begegnungen entstehen, weil Leute miteinander reden. Es ist umgekehrt: Leute können nur miteinander reden, weil sie sich begegnen können – weil sie die Art von Verschränkungen erleben können, die echte Kommunikation erst möglich macht.

Als Subjekte können wir uns noch auf andere Weise miteinander verschränken: indem wir uns vorstellen, wie es wäre, in der Lage des anderen zu sein. Es muss nicht dabei bleiben, dass wir uns fremde Erlebnisgeschichte aus neutraler Distanz heraus anhören. Wir können den Versuch machen, sie *nachzuvollziehen* und uns zu fragen, was wir in der fremden Lage erleben würden. Würden wir auch Angst, Neid oder Eifersucht empfinden? Den Impuls spüren wegzulaufen, anzugreifen oder uns zu verkriechen? Es wird Dinge geben, die nicht nachvollziehbar sind und eine Grenze der Fremdheit bedeuten. Auch sind wir nie sicher, ob es für den anderen in jeder Situation wirklich so ist, wie es für uns wäre. Doch wenn wir uns, geleitet von unserer sozialen Phantasie, in die anderen einfühlen, entsteht durch diese Art des Erkennens eine zusätzliche Intimität der Begegnung.

Engagement und Distanzierung

Wenn wir jemandem begegnen, so geschieht es oft, dass wir im Tun und Erleben spontan auf ihn *antworten*. Was er tut und erlebt, macht für uns einen Unterschied, das Treffen ist eine Episode, die uns mitnimmt und verändert. Die Begegnung bekommt dadurch eine erhöhte Temperatur. Wenn wir erleben, dass man uns so antwortet, werden wir auf diese Antwort reagieren. Das, was wir dabei an innerer Veränderung erleben, spielen wir zurück, und das wiederum wird den anderen verändern. In diesem Sinne sind wir nun *verwickelt* in das Leben des anderen. Es entsteht eine Hitze der Wechselseitigkeit. Es handelt sich um eine *engagierte* Begegnung.

Eine engagierte Begegnung bedeutet eine Erfahrung der *Nähe*: Es lässt einen nicht kalt, was der andere tut und erlebt. Es ist einem nicht gleichgültig. Es muss dabei nicht um angenehme, einvernehmliche Dinge gehen. Es gibt engagierte Begegnungen in der Wut und im Hass: Man hat sich in eine Begegnung mit dem unverschämten Nachbarn oder dem verhassten Chef verstrickt, das schafft Nähe, auch wenn es die Nähe der Feindschaft ist. Doch daneben gibt es all die leidenschaftlichen Verstrickungen der Begierde, der Sehnsucht und des Vermissens. Und die vielfältigen Formen und Schattierungen der Anteilnahme in Freude und Leid. Immer geht es darum, dass ich den anderen in seinem Erleben und Tun *ernst* nehme. Dazu gehört, dass ich aus der Nähe und Temperatur einer Beziehung heraus bestimmte Reaktionen *erwarte* und *einklage*. Engagierte Begegnungen bringen deshalb Enttäuschungen mit sich: Manchmal passen die Antworten des anderen nicht zu den Erwartungen, welche die Begegnung von meiner Seite aus definierten. Dann entstehen Empfindungen von Verletzung, Groll, Ärger und Hass. Sie entstammen dem Engagement und sind Belege für die empfundene Nähe. Vorwürfe gibt es nur, wo es Engagement gibt.

Wenn Erwartungen und mögliche Vorwürfe erlöschen, erlischt eine Beziehung als engagierte Begegnung. Was übrigbleibt, kann man eine *distanzierte* Begegnung nennen. Solche Begegnungen gibt es ungezählte: auf der Straße, im Bus, beim Einkaufen, auf Ämtern. Es sind Begegnungen mit Fremden. Unsere Leben berühren sich innerlich nicht. Diese Distanz bringt keine Erfahrung gefährdeter Würde mit sich: Es gab nie etwas anderes als die distanzierte Begegnung. In Gefahr kann die Würde nur dann geraten, wenn die Distanz in einer Begegnung durch einen schmerzlichen Rückzug aus einem früheren Engagement entsteht.

Es gibt verschiedene und verschieden grausame Stufen eines solchen Rückzugs. Eine erste: Ich reagiere äußerlich nicht mehr. Das kann aus Klugheit geschehen, es kann ein taktisches Manöver sein. Es kann geschehen, um mich zu schützen, etwa gegen Wut oder Vorwürfe: ich stelle mich tot. Die hitzige Verflechtung wird aufgelöst, der gewohnte Fluss des Verhaltens unterbrochen. Der Atem der Beziehung stockt, auch im Erleben. Eine Variante davon: Ironie und Sarkasmus. Zwar agiere ich jetzt weiter, aber nicht mehr als Gefangener des Engagements, sondern als einer, der die Dinge wie ein scheinbar Unbeteiligter mit vorgetäuschtem Amüsement kommentiert. All das ist noch verträglich damit, dass meine inneren Antworten so sind wir früher. Ich verstelle mich, bluffe und spiele den Unbetroffenen. Um Stärke zu zeigen oder als paradoxer Angriff. Den anderen kann das wütend machen, und auch ein Gefühl der Ohnmacht mag dabei sein: Dieser Teufel! Lässt mich einfach auflaufen! Doch die Würde ist nicht in Gefahr, und das liegt daran, dass der andere aus der Situation heraus weiß: Hinter der Fassade ist das Engagement noch da.

Die nächste Stufe bedeutet einen dramatischen Bruch: Ich antworte auch im Inneren nicht mehr. Die Gefühle bleiben still und stumm. Kein Ärger mehr, keine Wut, keine Enttäuschung, kein Groll. Das ist nur möglich durch einen inneren Rückzug, der grausam ist: Der andere ist kein *Partner* mehr. Ich spreche noch mit ihm und bleibe in diesem Sinne mit ihm verschränkt. Doch die Verschränkung ist dünner geworden, abstrakter, denn sie hat die Dimension des gefühlten Antwortens verloren. „Lass ihn doch reden!" Die frühere Verflechtung und Verstrickung, die das Engagement ausmachte, ist aus der Beziehung verschwunden. Es ist wie ein Wechsel der Perspektive: Ich sehe ihn jetzt ganz anders. Ich nehme ihn noch ernst in dem Sinne, dass ich mit ihm *rechne*: Er ist mir noch gegenwärtig in seiner Kompetenz, als cleverer Gegner zum Beispiel; aber *nur* noch so. Darüber hinaus habe ich die Begegnung aufgekündigt. Ich bin ausgestiegen.

Der andere kann das als Angriff auf seine Würde erleben. Zwar wird er noch als Stelbständiger behandelt. Diese Würde bleibt unberührt. Die Würde als Partner in einer Begegnung dagegen wird ihm genommen. Zwar vergisst man nicht, dass er weiterhin ein Zentrum des Erlebten ist, ein Subjekt. Doch man kümmert sich nicht mehr um ihn als einen, auf dessen Erleben man antworten könnte. Er wird zurückgestoßen, in seinem Tun wie in seinem Empfinden. Seine Hilfe und seine Großzügigkeit, sein Opfer und sein Verzicht finden keine Antwort mehr, und auch mit seinen Gefühlen lässt man ihn ins Leere laufen. Er wird es wie Schattenboxen erleben. Zuneigung, Anteilnahme, Trauer und Wut: Sie werden nicht mehr erwidert, man gibt ihm das Gefühl, dass sie unerwünscht sind und dass man das Bedürfnis nach Nähe, das darin zum Ausdruck kommt, nur noch lästig findet. Zwar gibt es noch Gespräche im Sinne des Austauschs von Informationen und der Regelung praktischer Dinge. Als Erlebender jedoch wird er nicht mehr angesprochen. Dazu gehört, dass die anderen jede Anstrengung der einfühlenden Phantasie abgebrochen haben. Die Würde als einer, der solche Phantasie als etwas Selbstverständliches erwarten kann, ist ihm genommen worden. Das fühlt sich an wie innerer Frost.

Wenn eine solche Distanzierung mich selbst trifft, fröstle ich unter den neuen Blicken des anderen. Es sind Blicke wie die eines Verhaltensforschers: kühl, analytisch, unbeteiligt. Doch es ist nicht nur das fehlende Engagement, das schrecklich ist. Noch eine andere Erfahrung lässt mich erschrecken: Es ist, als *gerinne* ich in meinem Erleben unter diesem verfremdenden Blick. Nicht, dass der Blick mich als Zentrum des Erlebens auslöschen könnte. Ich bleibe auch als Objekt des unbeteiligten Blicks ein Subjekt. Doch wenn ich den kühlen, einstmals engagierten Blick auf mir spüre, ist es, als drohte sich mein Subjektsein jeden Moment in ein gegenständliches, verdinglichtes Geschehen zu verwandeln. Ich weiß: das ist unmöglich. Doch der Blick enthält die Drohung, und das gegenteilige Wissen vermag ihr den Schrecken nicht zu nehmen.

Wenn sich jemand auf diese Weise von mir distanziert, kann es gar nicht anders sein, als dass er mir damit auch meine Ohnmacht zeigt. Ich kann den anderen nicht dazu *zwingen*, das Engagement wiederaufzunehmen. Der andere entgleitet mir, die Beziehung entgleitet mir, und dagegen kann ich nichts tun. Jeder Versuch, es zu erzwingen, treibt den anderen noch weiter fort, und ich erlebe mich als einer, der sich lächerlich macht. Jede Anstrengung, im Erleben wieder Verbindung aufzunehmen, wird ignoriert, als habe sie gar nicht stattgefunden. Es ist eine Ohnmacht wie bei einem, der in eine tote Leitung hineinruft: „Hört mich denn niemand?" Diese Ohnmacht spürend kann ich um das Engagement betteln. Jetzt sind es nicht *einzelne* Gefühle wie die, um die Bernhard Winter an jenem Abend im Krankenzimmer bettelt, als seine Frau ihn bloß abliefert. Jetzt ist es die Beziehung, also das Engagement *insgesamt*. Die Gefahr, dass man dabei die Würde verspielt, ist noch größer als bei Bernhard Winter.

Die distanzierte Zerstörung einer Begegnung ist also zwangsläufig eine Demonstration von Ohnmacht. Damit ist sie im Ansatz eine Demütigung. Sie kann triumphierend geschehen oder von Bedauern begleitet sein. Aus Wut oder als Vergeltung kann ich es genießen, den anderen in die Fremdheit zu stoßen, und ich kann ihm auch zeigen, dass ich es genieße. Ich blicke ihn triumphierend an: „Sieh her, es ist jetzt nicht mehr wie früher – es berührt und bewegt mich nicht mehr, was du tust und fühlst. Du bist mir gleichgültig – und ich bin so froh über diese Gleichgültigkeit! Und ich will, dass du sie siehst, diese Gleichgültigkeit!" Dann ist es Demütigung im vollen Sinne der demonstrierten und genossenen Ohnmacht. Oder ich sage: „Es geht nicht mehr, ich muss mich vor dir schützen und aufhören, dir im Innern zu antworten. Du lässt mir nur diese eine Wahl: Einfrieren und Gleichgültigkeit." Auch das lässt den anderen ohnmächtig zurück, und auch gedemütigt im Sinne des Zurückstoßens. Doch die Vernichtung seiner Würde durch den triumphierenden Genuss seiner Ohnmacht bleibt ihm erspart.

Es gibt noch eine weitere Stufe des Rückzugs aus einer engagierten Begegnung: der Blick, der im anderen einen *Kranken* sieht. Ich sehe ihn weiterhin als ein Zentrum des Erlebens, in diesem Sinne bleibt er für mich Subjekt. Doch anderes, was zu einem Subjekt – wie wir es beschrieben haben – gehört, fehlt: die Stimmigkeit im Denken und Fühlen, die Verständlichkeit des Tuns und bewertend mit der eigenen Identität zu beschäftigen. Das ist der Grund für meinen Rückzug. Jetzt betrachte ich den anderen nicht mehr ohne weiteres als Täter, als Urheber eines stimmigen Tuns. Eher ist er für mich wie der Schauplatz eines rätselhaften inneren Geschehens. Das Bizarre in seinem Verhalten hat mich zu diesem Perspektivenwechsel gezwungen. Die Einstellung des Begegnens ist unmöglich geworden. Es gibt nichts mehr zu erwarten und einzuklagen. Er ist im vollen Sinne kein Selbständiger mehr.

Es ist schwer zu sagen, was das für die Würde bedeutet. Für mich, der ich den anderen nun mit dem objektivierenden Blick eines Arztes betrachte, ist es noch am ehesten klar: Ich muss darauf achten, dass ich ihn nicht für immer abschreibe und dass ich in die engagierte Perspektive zurückfinde, wenn die Stimmigkeit in seiner Person zurückkehrt. Meine eigene Würde verlangt dann, dass ich ihm die seine als selbständige Person zurückgebe. Wie mag es für ihn selbst aussehen? Es kann geschehen, dass jemand als Folge einer schleichenden Tablettenvergiftung die Distanz zu sich selbst und seine ganze Stimmigkeit verliert, so dass man ihm Demenz oder eine psychotische Erkrankung andichtet. Jetzt begegnet er nur noch den neugierigen, verfremdenden Blicken von Ärzten. Weil kein echter Zusammenbruch geschehen ist, sondern nur eine verwirrende Eintrübung, hat der Patient das Gefühl für seine Würde nicht verloren – so tief ist dieses Gefühl in uns Menschen verwurzelt. Aus diesem Gefühl heraus muss er es als vernichtend erleben, dass man ihn behandelt, als habe er jede Form von Selbständigkeit und Stimmigkeit für immer verloren. „Ich bin für sie zu einem bloßen Geschehen geronnen, zu einem Rinnsal aus ungelenken Empfindungen", wird sein Gefühl ihm sagen. Wie wird es in ihm aussehen, wenn die Medikamente ihm auch dieses Empfinden noch verbaut haben?

Die Übergänge zwischen den Stufen eines distanzierenden Rückzugs sind fließend, und es kann zu einem Fluktuieren kommen. „Du brauchst eine Therapie", wird man vielleicht eines Tages zu einem anderen sagen, mit dem man in großer Nähe gelebt hat. „Du brauchst Hilfe – eine Art Hilfe, wie ich sie dir nicht geben kann. Sonst kommst du von deiner Sucht nicht los." Es ist ein gefährlicher Moment, und zu einem Gefühl der Demütigung ist es nicht weit. Was wir sagen, ist: „Ich möchte weiter mit dir zusammenleben, und ich möchte, dass es eine Begegnung bleibt, die sich weiterentwickelt. Ich möchte das gemeinsame Leben nicht beenden, und ich lasse dich auch nicht im Stich und flüchte mich nicht in Gleichgültigkeit." Das ist das Engagement. Zugleich gibt es eine Distanzierung: „Ich bin am Ende mit meinem Latein und erschöpft. Ich brauche eine Pause. Es muss jemand übernehmen, der dir sachkundige Hilfe geben kann." Und es kann sein, dass wir hinzufügen: „Die Würde verlangt das, die Würde der Einsicht, deine Würde, die Würde unserer Beziehung." Und dann hoffen wir, dass das nicht als Demütigung erlebt wird, die das Ende bedeutet.

Anerkennung

„Ich hab' dieser Firma vierunddreißig Jahres geopfert, Howard, und heute kann ich nicht mal meine Versicherung bezahlen! Du kannst die Zitrone nicht auspressen und dann die Schale wegwerfen – ein Mensch ist doch kein Abfall!" Das sind die Worte, die Willy Loman, der Handlungsreisende, seinem Chef entgegengeschleudert, als er ihm kündigt. Er ist wütend, und seine Wut entspringt der Angst vor einer Zukunft ohne Geld. Doch noch viel mehr ist sie eine Wut darüber, dass er nach allem was er für die Firma getan hat, einfach auf die Straße gesetzt wird. „Er hat ihnen ungeahnte Märkte für ihre Ware erschlossen", sagt Linda, seine Frau, „und jetzt, wo er alt wird, streichen sie ihm den Lohn." Loman ist empört, weil er in die Armut gestürzt wird. Doch hinter der Empörung steckt eine, die noch tiefer geht: die Empörung über fehlende Anerkennung. „Er darf nicht ins Grab fallen wie ein alter Hund. Anerkennung! Anerkennung schulden wir einem solchen Menschen am Ende", sagt Linda. Miller schreibt *attention*, Aufmerksamkeit. Und das ist natürlich ein Teil von dem, worum es hier geht: Man darf Lomann nach seiner lebenslangen Leistung nicht einfach achtlos behandeln und übersehen, er verdient es, dass man ihm Aufmerksamkeit widmet und würdigt, was er geleistet hat. Man könnte sagen: Er verdient unsere *Achtung*, oder auch: unseren *Respekt*. Doch es gibt dafür einen Begriff, der stärker und reicher ist: *Anerkennung*. Was genau ist das?

Es beginnt damit, dass wir zur *Kenntnis nehmen*, was jemand geleistet hat. Das können Leistungen im Arbeitsleben sein, wie bei Loman. Es können auch andere Leistungen sein: Kinder klug und hingebungsvoll erziehen, eine Krankheit, einen Verlust, eine Gefangenschaft mit Haltung überstehen, die Mühe eines schmerzhaften Reifungsprozesses auf sich nehmen. Anerkennung heißt zunächst: die Leistung sehen und richtig gewichten. Das Gegenteil ist: wegsehen und die Leistung ignorieren, oder auch: geringschätzen, was getan wurde. „Die paar Jährchen, die du für uns gefahren bist ..." könnte Howard sagen.

Zur Kenntnis nehmen genügt nicht. Anerkennung ist nicht eine Einstellung, die bei mir allein bleibt. Es ist eine *gezeigte* Einstellung, eine, von der der andere erfahren soll. Man kann Anerkennung nicht nur dadurch verweigern, dass man die Augen verschließt, sondern auch dadurch, dass man tut, als ob man nichts gesehen hätte. „Na ja, es war wohl schon ziemlich anstrengend für ihn, all die Fahrerei in all den Jahren ...", könnte Howard nachher zu seiner Sekretärin sagen, die mitgehört hat. „Das hätten Sie ruhig auch ihm selbst sagen können", würde die Sekretärin vielleicht sagen. Anerkennung ist nicht nur eine Einstellung, sondern eine *manifestierte* Einstellung, die den anderen *erreicht*.

Was mich erreichen muss, damit ich die Anerkennung spüre, ist nicht nur, dass meine Leistung zur Kenntnis genommen wurde. Was ich erfahren will, ist, dass die Leistung geschätzt wird. „Okay", könnte Howard zu Loman sagen, „du bist viel gefahren, aber das macht ja auch Spaß, da müssen andere ganz anders malochen, also was soll's." Oder jemand sagt über ein Mitglied der freiwilligen Feuerwehr: „Warum, er macht's aus Spaß an der Freud'; sein Privatvergnügen." Anerkennung ist Wertschätzung. Ihr Feind ist Geringschätzung.

Doch auch gezeigte Wertschätzung reicht für volle Anerkennung noch nicht. Die Wertschätzung muss einen Unterschied im *Verhalten* machen: Man zahlt mir mehr Lohn – in Lohnverhandlungen geht es immer auch um Anerkennung; ich werde ausgezeichnet; es ändert sich etwas im Stil der Begegnung, in den Worten, der Gestik, dem ganzen Umgang. Entsprechend bei fehlender Anerkennung: Man sagt mir zwar Nettes, aber es ändert sich nichts, ich bleibe unten. „Du machst es ja ganz ordentlich mit deiner Fahrerei, das weiß ich", könnte Howard sagen, „aber mehr

Lohn ist nicht drin, und jetzt entschuldige, ich muss mich dem Tonbandgerät widmen, diesem Wunderwerk ..."
Wenn die Anerkennung keinen Ausdruck im Tun findet, dann bewirkt sie auch nicht, was echte Anerkennung bewirkt: dass sich, weil man mir ein neues Verhalten entgegenbringt, die Begegnung insgesamt verändert, im äußeren Stil, aber auch in den Gefühlen. Denn das ist es, worauf es bei Anerkennung ankommt: dass Begegnungen durch sie reicher und tiefer werden. Das ist ihr Beitrag zur Würde. [...]

Gleichberechtigung

Die Würde, die nicht von uns selbst abhängt, sondern davon, wie andere uns behandeln, hat viel mit der Erfahrung der Gleichberechtigung zu tun; damit dass wir dieselben Rechte haben wie alle anderen und in wichtigen Hinsichten nicht anders behandelt werden als sie. Wenn man uns Rechte streitig macht und vorenthält, die für andere gelten, ist das nicht nur auf vage Weise ärgerlich. Wir fühlen uns in unserer Würde verletzt und empfinden einen Groll, wie wir ihn nur in solchen Fällen kennen. So ist es in Regimen der Apartheid: Wenn jemand als Angehöriger einer Rasse oder eines Stamms nicht wählen, nicht jede Schule besuchen, in dem Bus fahren oder jedes Lokal betreten darf. Und nicht anders ist es bei sonstigen Formen der Diskriminierung: Wenn man bestimmte Dinge nicht darf, weil man eine Frau ist oder eine Person mit gleichgeschlechtlicher Orientierung. Oder wenn man für dieselbe Arbeit nicht denselben Lohn bekommt.
Rechte, hatten wir früher gesagt, sind ein Bollwerk gegen Abhängigkeit durch Willkür. In diesem Sinne tragen sie zu unserer Selbständigkeit und Würde bei. Rechte sind ein Schutzwall gegen Ohnmacht: Sie geben mir Macht, mich zu behaupten. Deshalb sind sie auch ein Schutzwall gegen Demütigung. Sie engen den Spielraum derer ein, die mir meine Ohnmacht demonstrieren und sie genießen möchten. Wenn einer erleben muss, dass die Rechte für ihn nicht gelten, weil die anderen ihn nicht als Rechtssubjekt anerkennen, erlebt er seine Ohnmacht mit besonderer Wucht. Selbst wenn er die Dinge, auf die er kein Recht hat, gar nicht tun möchte: Das Bewusstsein der Diskriminierung bedeutet eine Bedrohung der Würde.
Und die Empfindlichkeit gegenüber ungleicher Behandlung ist nicht auf formale Rechte beschränkt. Sie besteht in allen Zusammenhängen, in denen es auf Gerechtigkeit im Sinne gerechter Behandlung ankommt. Ob es um die symmetrische Verteilung von Gütern oder Chancen geht oder darum, das zu bekommen, was einem kraft einer Leistung zusteht: Es steht unsere Würde auf dem Spiel, wenn es nicht unparteiisch und mit rechten Dingen zugeht. Die Wut derer, die gegen Ungerechtigkeit auf die Barrikaden gehen, ist nicht einfach die Wut von Enttäuschten und Frustrierten. Es ist die Wut von Leuten, die etwas vom wichtigsten in ihrem Leben in Gefahr sehen: ihre Würde im Sinne unparteiischer Anerkennung.

Zur Schau stellen

Wenn ich, wie beim Zwergenwerfen, einen Menschen packe und wegwerfe oder seinen Leib als schützenden Körper, als widerständiges Stück Materie aufstelle, dann gibt es zwischen ihm und mir überhaupt keine Begegnung. Um einem Menschen zu begegnen – in dieser gewichtigen Lesart des Worts –, müssen wir ihm als einem Subjekt gegenübertreten: als einem Wesen, das im selben Sinne wie wir auch, als Zweck in sich selbst betrachtet werden möchte. Eine solche Begegnung ist gekennzeichnet durch Symmetrie und Gegenseitigkeit: Wir sehen und anerkennen uns gegenseitig als Subjekte. Das ist es, was beim Zwergenwurf und jeder anderen Behandlung fehlt, die einen Menschen zum bloßen Spielzeug oder überhaupt zu einem bloßen Mittel macht. Es ist das, was die Richter einklagten, als sie diese Art von Schaustellung verboten: Sie sahen es als ihre Aufgabe an, eine Lebensform der Würde zu schützen, in der Menschen sich als Subjekte begegnen und einander nicht zu Wurfgeschossen oder überhaupt zu bloßen Dingen degradieren dürfen.
Wenn Zwerge auf dem Jahrmarkt zum Vergnügen geworfen werden, stellt man sie zur Schau. In diesem Sinne zur Schau gestellt zu werden, ist etwas anderes als das Auftreten vor Publikum. Wenn ein Schauspieler oder Artist vor einem Publikum auftritt, wird er von den Leuten auch angeschaut. Doch anders als beim Zwerg gerät seine Würde dadurch nicht in Gefahr. Warum?
Es hat mit mehreren Dingen zu tun. Das eine ist, dass der Schauspieler oder Artist etwas *tut*, während man mit dem Zwerg nur etwas macht. Ein Artist zeigt sich, der Zwerg *wird gezeigt*, und man könnte auch sagen: *ausgestellt*, wie in einem Schaufenster. Dazu gehört, dass sich Schauspieler und Artist nicht einfach *nur* zeigen, in dem sie vor die Leute treten. Sie zeigen sich mit der Leistung, in denen ihre *Fähigkeiten* zum Ausdruck kommen. Sie zeigen sich als handelnde, fähige Subjekte, die etwas können und dem Publikum etwas vorführen. Wenn der Blick der Leute auf sie fällt, dann ist es ein anerkennender, bewundernder Blick, auf den sie mit einer dankenden Geste antworten. Durch diese Verschränkung von Blicken und Gesten kommt eine Begegnung zustande, und sie kommt auch zustande, wenn jemand ausgepfiffen wird und mit dem Ausdruck der Wut, Empörung oder Verachtung antwortet. Dass eine Begegnung stattfindet, verhindert, dass sich diejenigen, die sich hingestellt haben, nur ausgestellt und dadurch in ihrer Würde verletzt fühlen. Der zwergwüchsige Mensch dagegen wird als menschliches Spielzeug und kurioses Wurfgeschoss nur besichtigt. Er zeigt dem Publikum nichts, während er geschleudert wird. Es ist der Werfende, der etwas zeigt. Entsprechend sind die Blicke,

die auf den Geworfenen fallen, keine bewundernden Blicke, sondern Blicke von Leuten, die sich an einem Kuriosum ergötzen. Bloßer Gegenstand und bloßes Mittel des Ergötzens sein – das ist etwas, was die Würde gefährdet. Sie wird zusätzlich dadurch gefährdet, dass das Ergötzen nicht nur dem Wurf gilt, sondern der Tatsache, dass der Geworfene diese ungewöhnliche Köperform hat. Würden gewöhnlich gewachsene Kinder geworfen, kämen weniger Leute. Was hier ausgestellt und ergötzend besichtigt wird, ist nicht nur ein Menschenwurf, sondern der Wurf eines Menschen, der so ungewöhnlich aussieht, dass man es als Makel empfinden kann. Und es ist nicht nur so, dass man ihn wirft und er außerdem den Makel der ungewöhnlichen Körperform hat. Es ist anders: Die Veranstaltung lebt davon, dass er geworfen wird, weil er diesen Makel hat. Das gibt der Veranstaltung um dem Würdeverlust eine zusätzliche Dimension der Grausamkeit. [...]

Wer sich die dicke Bertha anschaut, tut es aus Sensationslust, und der sensationsgierige Blick des Publikums nimmt der Frau die Würde: Sie wird angeglotzt als ein monströses Ding, ein unfassbarer Haufen Menschenfleisch. Die Situation ist eine andere, wenn missgebildete Menschen in einer medizinischen Vorlesung vorgeführt werden. Es wird auch hier ein Element der Sensationslust auf den Bänken des Hörsaals geben. Doch die Situation ist anders definiert als im Jahrmarktzelt. Es geht um Lernen und Ausbildung – darum, Studierende mit Erscheinungen vertraut zu machen, die als Krankheiten, also Formen des Leids, vorgeführt werden, die zu behandeln und zu lindern sind. So wird die Situation des vorgeführten Patienten auch erklärt, und offiziell wird niemand dazu gezwungen, sich mit seinem Makel Hunderten von Augenpaaren darzubieten. Trotzdem erleben es manche Patienten als eine Gefährdung ihrer Würde. „Ich war nichts weiter als ein *Demonstrationsobjekt*!", sagte ein verkrüppelter Mann nachher zum Professor. „Es war zu einem guten Zweck", war die Antwort. „Trotzdem", sagte der Mann, „all diese Blicke!" [...]

Auch in psychiatrischen Vorlesungen werden Menschen vorgeführt und ausgestellt, dieses Mal wegen eines seelischen Makels. Es wird an ihnen demonstriert, wie einer ist, der die räumliche und zeitliche Orientierung oder die Stimmigkeit seines Denkens und Fühlens verloren hat. Es gibt Fangfragen, Fallen und Tricks. Unter den Blicken der Studierenden wird das Leid zu einem klassifizierbaren *Defekt*. Und auch hier gerät die Würde durch die Schaustellung in Gefahr. Die Gefahr ist im Gesicht des Patienten zu lesen. Es ist interessant zu beobachten, wie sich die Atmosphäre im Hörsaal verändert, wenn es dem Dozenten gelingt, den Patienten als Person zur Geltung zu bringen. Ihn in ein Gespräch über die Krankheit zu verwickeln, aus dem erkennbar wird, dass er nicht nur ein kranker Körper ist, sondern eine Person, die gelernt hat, mit ihrem Leiden souverän umzugehen. Der Blick des Patienten ist plötzlich auch freier, wenn er ins Publikum blickt. Er ist bereit für eine Begegnung. Sein Blick lässt es zu, dass auch die Studierenden ihm Fragen stellen. Ich habe Patienten erlebt, die zu Dozenten wurden, was ihre Krankheit anlangte, und den Professor korrigierten, wenn es um Fragen subjektiver Symptome ging. Einer von ihnen, der unter einer psychotischen Erkrankung litt, machte als Vorführpatient eine regelrechte Karriere. Er verwandelte jeden Auftritt im Hörsaal sofort in eine Begegnung mit dem Publikum. Es kam zu Gelächter, und er amüsierte sich am meisten. Aus der Schaustellung war eine Begegnung geworden. Die Gefahr gestohlener Würde war gebannt.

Lustobjekte

Anfang der achtziger Jahre beantragte ein Mann in Gelsenkirchen die Genehmigung für eine Peep-Show: Nackte Frauen sollten sich auf einer drehbaren Bühne den Blicken von Zuschauern darbieten, die, für die Frauen unsichtbar, in Einzelkabinen saßen und sich den Anblick der nackten Körper durch Einwurf von Münzen für einige Zeit erkaufen konnten. Der Antrag wurde als sittenwidrig abgelehnt: Er verstoße gegen die guten Sitten, weil die Frauen zu bloßen Objekten voyeurhafter Schaulust der anonymen Betrachter herabgewürdigt würden. Der Antragsteller erhob Anklage und bekam in erster Distanz recht: Den Frauen würden keine geschlechtlichen Handlungen abverlangt, die Betrachter seien anonym, und es gebe keinen Blickkontakt – deshalb werde die Würde der Frauen nicht verletzt. Das Bundesverwaltungsgericht entschied am Ende anders: „Die Menschenwürde ist verletzt, wenn die einzelne Person zum Objekt herabgewürdigt wird." Eine Stripteasetänzerin, argumentierte das Gericht, bleibe, auch wenn es den Zuschauern hier ebenfalls um die voyeuristische Lust an ihrem Körper gehe, als Tänzerin ein Subjekt, das mit den Zuschauern Blicke tauschen und ihnen in diesem Sinne begegnen könne. In der Peep-Show dagegen werde der Frau eine „entwürdigende objekthafte Rolle" zugewiesen, und das Gericht sprach von der „durch den einseitigen Sichtkontakt hervorgehobenen verdinglichenden Isolierung der als Lustobjekt zur Schau gestellten Frau", von einer „der sexuellen Stimulierung dienenden Sache" und einer „entpersonifizierenden Vermarktung der Frau".

Der Vergleich der beiden Richtersprüche ist interessant: Sie sind, was das Verständnis von Würde anlangt, genau gegenläufig. Für den Richter, der die Show genehmigen wollte, waren die Anonymität der Voyeure und die Unmöglichkeit jeder Art von Begegnung mit der Frau auf der kreisenden Bühne ein Bollwerk gegen den Verlust der Würde. Für den Richter des Obersten Gerichts waren gerade sie der Skandal: Die Frauen, fand er, würden dadurch zu puren Dingen und Instrumenten der Lusterzeugung degradiert. Dem ersten Richter ging es im Grunde mehr um die Ruhe: um das Vermeiden von Aufsehen und Aufruhr. Nur der zweite hat sich dem eigentlichen Thema der Würde gestellt. Und er hat genau den Maßstab angelegt, von dem nun schon mehrfach die Rede war: jemanden nicht zum Ding und bloßen Mittel machen. [...]

Ware Mensch

Wenn man im Amsterdam eine bestimmte Gracht entlanggeht, steht man plötzlich vor Schaufenstern, in denen Frauen sich in Reizwäsche zum Kauf anbieten. Es kann einem gehen wie beim Zwergenwurf: Man traut seinen Augen nicht. Warum?

Es sind die Schaufenster. Sie machen die Frauen zur puren Ware, die auch als Ware ausgestellt wird – als etwas, das man besichtigt, nach dessen Preis man sich erkundigt, und das man schließlich kauft. Wie ein Rind auf dem Viehmarkt oder einen Sklaven auf dem Sklavenmarkt. Oder auch wie eine Puppe im Spielzeugladen, jetzt aber eine lebende Puppe, mit der man, weil man dafür bezahlt hat, beliebige Dinge anstellen und sich damit nach Belieben amüsieren kann. Dass man eine solche Puppe der Lust nur für begrenzte Zeit mietet, macht die Sache nicht besser. Als Lustobjekt in einem Schaufenster zu sitzen – das ist entwürdigend. Mehr noch, als auf der Bühne einer Peep-Show zu sitzen. Dass man zur Ware geworden ist, wissen jetzt nicht nur die wenigen in den Kabinen. Die ganze Straße weiß es, die ganze Stadt. Und die Ware kann nicht nur voyeuristisch begafft, sondern durch Berühren und Eindringen auch *konsumiert* werden.

Die Frauen tragen kein Preisschild, aber es würde passen. Als ich da war, fiel eine Horde von Touristen in die Gracht ein. Sie erkundigten sich bei den Frauen nach dem Preis, verglichen und riefen sich Summen zu. Die ausgestellten Frauen wurden als *austauschbar* behandelt und gehandelt. Zwar würde nicht jeder jede nehmen. Aber es war für die Kunden vor allem eine Frage des *Preises*, ob sie zugriffen oder nicht. Es hatte nichts mit den Frauen als Personen und unverwechselbaren Individuen zu tun – damit, wer und wie sie waren, abgesehen von ihrem Fleisch. Jedes Mal, wenn die Touristen eintraten, um nach dem Preis zu fragen, bimmelte die Ladenglocke. Es war gespenstisch. Auf dem Rückflug nickte ich ein. Als ich aufwachte, fragte ich mich, ob ich das alles nicht nur geträumt hatte.

Missachten

„Man lernt hier sehr wenig, es fehlt an Lehrkräften, und wir Knaben vom Institut Benjamenta werden es zu nichts bringen, das heißt, wir werden alle etwas sehr Kleines und Untergeordnetes im späteren Leben sein." So beginnt Robert Walsers Buch *Jakob von Gunten*. Jakob, ein Zögling des Instituts, tritt nach der Ankunft vor den Vorsteher. „Herr Benjamenta fragte mich, was ich wolle. Ich erklärte ihm schüchtern, dass ich wünsche, sein Schüler zu werden. Darauf schweigt er und las Zeitungen."

Es gibt Worte, die wie in den Wind gesprochen sind: Es ist niemand da, oder sie kommen beim anderen nicht an. Hier ist es anders: Es ist unmöglich, dass Herr Benjamenta Jakobs Worte nicht gehört hat: Die Worte werden behandelt, als seien sie nicht gesprochen worden. Und es sind ja keinen geringen Worte, die von keinem geringen Wunsch handeln. Es ist, wie wenn man wortlos zur Zeitung griffe, nachdem jemand zu einem gesagt hätte: „Ich möchte mich von dir trennen, ich halte es mit dir nicht mehr aus", oder: „Ich möchte das Leben mit dir verbringen, mit dir Kinder haben", oder: „Ich möchte gemeinsam mit dir eine Firma gründen."

Jakob wird vom Vorsteher wie Luft behandelt. In einer Klasse meiner Schule gab es einen dunkelhäutigen Jungen, Rabah. Er war der Hellste und Schnellste der Klasse. Der Lehrer übersah ihn systematisch. Rabah meldete sich, bis ihm der Arm weh tat, aber er wurde nicht drangenommen. Beim Appell wurde er nicht gezählt. Die anderen wichen ihm aus wie einem Gegenstand, einem bloßen Hindernis. Er versuchte, die Missachtung zu durchbrechen, indem er die Antwort schneller sagte als die anderen. Er wurde hinausgeschickt. Als er aufstand und zur Tür ging, grinste er: Er war angesprochen worden; er hatte gewonnen.

Wenn man jemandem die Würde stiehlt, indem man ihn zum bloßen Mittel macht, liegt es daran, dass es keine Begegnung gibt: kein wechselseitiges Sehen und Anerkennen als Subjekt, das ein Recht hat, als Zweck in sich selbst behandelt zu werden. Auch bei Herrn Benjamenta und dem rassistischen Lehrer geht es darum: Sie verweigern jemandem, den sie vor sich haben, die Begegnung. Dieses Mal nicht, indem sie ihn verdinglichen, zum Spielzeug oder Lustobjekt machen, sondern dadurch, dass sie tun, als gäbe es ihn überhaupt nicht. Er wird ignoriert. Die Zerstörung der Würde liegt nicht, wie früher, in einem *Missbrauch*, sondern in einer *Missachtung*.

Aus: Peter Bieri, Eine Art zu leben. Über die Vielfalt menschlicher Würde.

Arbeitsauftrag

a) Lesen Sie den Text in der vorher gebildeten 3er Gruppe. Während des Lesens erörtern und diskutieren Sie bereits auftretende Fragen. Ungeklärte Fragen werden mit in das Plenum genommen, um mit allen darüber zu philosophieren.

b) Malen Sie im Anschluss gemeinsam ein Bild zum Begriff „Würde und Begegnung".

Unterrichtsentwurf zu John Rawls: Eine Theorie der Gerechtigkeit – eine Einführung

Dtn 6, 25: Das ist unsere Gerechtigkeit, dass wir nach allen diesen Geboten handeln. So sollen wir vor dem HERRN, unserem Gott, leben. So hat er es uns befohlen.

Stundenziel: Kennenlernen der Grundthesen des Gerechtigkeitsmodells von John Rawls und Anwendung des Begriffs „Schleier des Nichtwissens“ auf Verteilung von Impfstoffen nach Gerechtigkeitsverhältnissen/Verteilungsgerechtigkeit.

Zeit	Lernphasen	Lernziele	Kompetenzen	Lehrer:in/Schüler:in-Interaktion // Inhalte // Impulse	Sozialform	Methoden	Medien
20′	Einstieg	Die S:S sammeln Gerechtigkeitsvorstellungen	Selbstreflexion personenbezogene K.	Verschiedene Definitionen von Gerechtigkeit werden gesammelt	Plenum	Stille Diskussion oder andere Sammelmethoden	
20′	Erarbeitung 1	S:S nennen die Inhalte des Youtube Videos John Rawls' geniale Theorie der Gerechtigkeit einfach erklärt | Let's Explain #12 https://www.youtube.com/watch?v=NX-IVGd6qhM (5:54 min.)	Selbstreflexion personenbezogene K. kognitive K.	Begriff: Schleier des Nichtwissens	Plenum	Filmbetrachtung Filmgespräch Diskussion	
30′	Erarbeitung 2	Kognitive Begriffsklärungen	kognitive und begriffliche K.	S:S bearbeiten in Einzelarbeit **M 1** S:S lesen den Text und fassen ihn mit eigenen Worten zusammen	Einzelarbeit	Textarbeit	**M 1** Text: Theorie der Gerechtigkeit
20′	Vertiefung	S:S können den Begriff Schleier des Nichtwissens argumentativ verwenden	reflexive und diskursive K.	Gespräch über **M 1**	Plenum	Diskussion	**M 2** Text: Der Schleier des Nichtwissens
20′	Reorganisation	S:S bearbeiten Aufgabe **M 2** und sichern ihre Ergebnisse	reflexive und kommunikative K.	S:S bearbeiten Text und Aufgabe M 2 und diskutieren ihre Ergebnisse Ergebnisse werden auf Plakaten festgehalten	Einzelarbeit Gruppendiskussion	Textbearbeitung Gespräch Ergebnissicherung auf Plakate	**M 2** Text: Der Schleier des Nichtwissens
15′	Transfer						
10′	Ergebnissicherung						Plakate

M 1 Aus John Rawls: Theorie der Gerechtigkeit 1971

Der Hauptgedanke der Theorie der Gerechtigkeit

Wir wollen uns [...] vorstellen, dass diejenigen, die sich zu gesellschaftlicher Zusammenarbeit vereinigen wollen, in einem gemeinsamen Akt die Grundsätze wählen, nach denen Grundrechte und -pflichten und die Verteilung der gesellschaftlichen Güter bestimmt werden. Die Menschen sollen im Voraus entscheiden, wie sie ihre Ansprüche gegeneinander regeln wollen und wie die Gründungsurkunde ihrer Gesellschaft aussehen soll. Ganz wie jeder Mensch durch vernünftige Überlegung entscheiden muss, was für ihn das Gute ist, d.h. das System der Ziele, die zu verfolgen für ihn vernünftig ist, so muss eine Gruppe von Menschen ein für allemal entscheiden, was ihnen als gerecht und ungerecht gelten soll. Die Entscheidung, die vernünftige Menschen in dieser theoretischen Situation der Freiheit und Gleichheit treffen würden, bestimmt die Grundsätze der Gerechtigkeit. [...] In der Theorie der Gerechtigkeit als Fairness spielt die ursprüngliche Situation der Gleichheit dieselbe Rolle wie der Naturzustand in der herkömmlichen Theorie des Gesellschaftsvertrags. Dieser Urzustand wird natürlich nicht als ein wirklicher geschichtlicher Zustand vorgestellt, noch weniger als primitives Stadium der Kultur. Er wird als rein theoretische Situation aufgefasst, die so beschaffen ist, dass sie zu einer bestimmten Gerechtigkeitsvorstellung führt. Zu den wesentlichen Eigenschaften dieser Situation gehört, dass niemand seine Stellung in der Gesellschaft kennt, seine Klasse oder seinen Status, ebenso wenig sein Los bei der Verteilung natürlicher Gaben wie Intelligenz oder Körperkraft. Ich nehme sogar an, dass die Beteiligten ihre Vorstellung vom Guten und ihre besonderen psychologischen Neigungen nicht kennen. Die Grundsätze der Gerechtigkeit werden hinter einem Schleier des Nichtwissens festgelegt. Dies gewährleistet, dass dabei niemand durch die Zufälligkeiten der Natur oder der gesellschaftlichen Umstände bevorzugt oder benachteiligt wird: Da sich alle in der gleichen Lage befinden und niemand Grundsätze ausdenken kann, die ihn aufgrund seiner besonderen Verhältnisse bevorzugen, sind die Grundsätze der Gerechtigkeit das Ergebnis einer fairen Übereinkunft oder Verhandlung. Denn in Anbetracht der Symmetrie aller zwischenmenschlichen Beziehungen ist dieser Urzustand fair gegenüber den moralischen Subjekten, d.h. den vernünftigen Wesen mit eigenen Zielen und – das nehme ich an – der Fähigkeit zu einem Gerechtigkeitsgefühl. [...] Die Gerechtigkeit als Fairness beginnt, so sagte ich, mit der allgemeinsten Entscheidung, die Menschen überhaupt zusammen treffen können, nämlich mit der Wahl der ersten Grundsätze einer Gerechtigkeitsvorstellung, die für alle spätere Kritik und Veränderung von Institutionen maßgebend sein soll. Nachdem sie nun eine Gerechtigkeitsvorstellung festgelegt haben, können wir uns vorstellen, dass sie eine Verfassung, ein Gesetzgebungsverfahren und anderes wählen müssen, alles gemäß den anfänglich vereinbarten Gerechtigkeitsgrundsätzen. Unsere gesellschaftlichen Verhältnisse sind gerecht, wenn das ihnen zugrunde liegende allgemeine Regelsystem durch diese Abfolge fiktiver Vereinbarungen erzeugt worden ist. [...] Zur Gerechtigkeit als Fairness gehört die Vorstellung, dass die Menschen im Urzustand vernünftig sind und keine aufeinander gerichteten Interessen haben. Das bedeutet nicht, dass sie Egoisten wären, die also nur ganz bestimmte Interessen hätten, etwa an Reichtum, Ansehen oder Macht. Sie werden aber so vorgestellt, dass sie kein Interesse an den Interessen anderer nehmen. Sie halten selbst ihre geistigen Ziele für möglicherweise entgegengesetzt wie etwa die Ziele der Angehörigen verschiedener Religionen. Ferner muss der Begriff der Vernünftigkeit im engst möglichen Sinne verstanden werden, wie es in der Wirtschaftstheorie üblich ist: dass zu gegebenen Zielen die wirksamsten Mittel eingesetzt werden. [...] Auf den ersten Blick erscheint es kaum als nahe liegend, dass Menschen, die sich als Gleiche sehen und ihre Ansprüche gegeneinander geltend machen können, sich auf einen Grundsatz einigen sollten, der einigen geringere Lebenschancen auferlegt, nur weil die Summe der Vorteile für die anderen größer ist. Da jeder seine Interessen – die Möglichkeit, seiner Vorstellung vom Guten nachzugehen – schützen möchte, gibt es für niemanden einen Grund, sich selbst mit einem dauernden Verlust zufrieden zu geben, um insgesamt mehr Befriedigung hervorzubringen. Ohne starke und beständige altruistische Motive würde kein vernünftiger Mensch eine Grundstruktur akzeptieren, nur weil sie die Summe der Annehmlichkeiten für alle zusammengenommen erhöht – ohne Rücksicht auf ihre dauernden Wirkungen auf seine eigenen Grundrechte und Interessen. Das Nutzenprinzip scheint also unvereinbar zu sein mit der Vorstellung gesellschaftlicher Zusammenarbeit zwischen Gleichen zum gegenseitigen Vorteil, mit dem Gedanken der Gegenseitigkeit, der im Begriff einer wohlgeordneten Gesellschaft enthalten ist. Diese Auffassung werde ich jedenfalls vertreten. Ich behaupte, dass die Menschen im Urzustand zwei [...] Grundsätze wählen würden: einmal die Gleichheit der Grundrechte und -pflichten; zum anderen den

Grundsatz, dass soziale und wirtschaftliche Ungleichheiten, etwa verschiedener Reichtum oder verschiedene Macht, nur dann gerecht sind, wenn sich aus ihnen Vorteile für jedermann ergeben, insbesondere für die schwächsten Mitglieder der Gesellschaft. Nach diesen Grundsätzen kann man Institutionen nicht damit rechtfertigen, dass den Unbilden einiger ein größerer Gesamtnutzen gegenüberstehe. Es ist vielleicht zweckmäßig, aber nicht gerecht, dass einige weniger haben, damit es anderen besser geht. Es ist aber nichts Ungerechtes an den größeren Vorteilen weniger, falls es dadurch auch den nicht so Begünstigten besser geht. Die intuitive Vorstellung ist die, dass jedermanns Wohlergehen von der Zusammenarbeit abhängt, ohne die niemand ein befriedigendes Leben hätte, und dass daher die Verteilung der Güter jeden, auch den weniger Begünstigten, geneigt machen sollte, bereitwillig mitzuarbeiten. Die beiden soeben erwähnten Grundsätze dürften eine faire Grundlage dafür sein, dass die Begabteren oder sozial besser Gestellten – was beides nicht als Verdienst angesehen werden kann – auf die bereitwillige Mitarbeit anderer rechnen können, sofern eine funktionierende Regelung eine notwendige Bedingung für das Wohlergehen aller ist. Sobald man sich für eine Gerechtigkeitsvorstellung entschieden hat, die die Zufälligkeiten der natürlichen Begabung und der gesellschaftlichen Verhältnisse nicht zu politischen und wirtschaftlichen Vorteilen führen lässt, gelangt man zu diesen Grundsätzen. Sie lassen jene Seiten der sozialen Welt aus dem Spiel, die als moralisch willkürlich erscheinen. [...] Es ist mit der Gerechtigkeit unvereinbar, dass der Freiheitsverlust einiger durch ein größeres Wohl anderer gut gemacht werden könnte. Das Aufrechnen der Vorteile und Nachteile verschiedener Menschen, so als ob es sich um einen einzigen handelte, ist ausgeschlossen. Daher gelten in einer gerechten Gesellschaft die Grundfreiheiten selbstverständlich, und die auf der Gerechtigkeit beruhenden Rechte sind kein Gegenstand politischer Verhandlungen oder sozialer Interessenabwägungen. [...] Während der Utilitarismus das Entscheidungsprinzip für den Einzelmenschen auf die Gesellschaft überträgt, geht die Theorie der Gerechtigkeit als Fairness, die ja eine Vertragstheorie ist, davon aus, dass die Grundsätze der gesellschaftlichen Entscheidungen und damit die Grundsätze der Gerechtigkeit selbst Gegenstand einer ursprünglichen Übereinkunft seien. [...]

Die beiden Grundsätze der Gerechtigkeit

Ich werde jetzt in einer vorläufigen Form die beiden Gerechtigkeitsgrundsätze angeben, auf die man sich nach meiner Auffassung im Urzustand einigen würde. [...] Die erste Formulierung der beiden Grundsätze lautet folgendermaßen: 1. Jedermann soll gleiches Recht auf das umfangreichste System gleicher Grundfreiheiten haben, das mit dem gleichen System für alle anderen verträglich ist. 2. Soziale und wirtschaftliche Ungleichheiten sind so zu gestalten, dass (a) vernünftigerweise zu erwarten ist, dass sie zu jedermanns Vorteil dienen, und (b) sie mit Positionen und Ämtern verbunden sind, die jedem offenstehen. Wir unterscheiden zwischen den Seiten des Gesellschaftssystems, die die gleichen Grundfreiheiten festlegen und sichern, und denen, die gesellschaftliche und wirtschaftliche Ungleichheiten bestimmen und einführen. Es ist nun von Bedeutung, dass die Grundfreiheiten durch eine Liste derartiger Freiheiten festgelegt sind. Wichtig unter ihnen sind die politische Freiheit (das Recht, zu wählen und öffentliche Ämter zu bekleiden) und die Rede- und Versammlungsfreiheit; die Gewissens- und Gedankenfreiheit; die persönliche Freiheit, zu der der Schutz vor psychologischer Unterdrückung und körperlicher Misshandlung und Verstümmelung gehört (Unverletzlichkeit der Person); das Recht auf persönliches Eigentum und der Schutz vor willkürlicher Festnahme und Haft, wie es durch den Begriff der Gesetzesherrschaft festgelegt ist. Diese Freiheiten sollen nach dem ersten Grundsatz für jeden gleich sein. Der zweite Grundsatz bezieht sich in erster Näherung auf die Verteilung von Einkommen und Vermögen und die Beschaffenheit von Organisationen, in denen es unterschiedliche Macht und Verantwortung gibt. Die Verteilung des Einkommens und Vermögens muss nicht gleichmäßig sein, aber zu jedermanns Vorteil, und gleichzeitig müssen mit Macht und Verantwortung ausgestattete Positionen jedermann zugänglich sein. Der zweite Grundsatz kommt dadurch zum Tragen, dass die Positionen offen gehalten werden und dann unter dieser Einschränkung die sozialen und wirtschaftlichen Ungleichheiten zu jedermanns Nutzen gestaltet werden. Diese Grundsätze sollen in lexikalischer Ordnung stehen, derart, dass der erste dem zweiten vorausgeht. Diese Ordnung bedeutet, dass Verletzungen der vom ersten Grundsatz geschützten gleichen Grundfreiheiten nicht durch größere gesellschaftliche oder wirtschaftliche Vorteile gerechtfertigt oder ausgeglichen werden können. Diese Freiheiten haben einen Kern-Anwendungsbereich, innerhalb dessen sie nur beschränkt werden können, wenn sie mit anderen Grundfreiheiten in Konflikt geraten. Deshalb ist zwar keine von ihnen absolut; doch welches System auch aus ihnen gebildet wird, es muss für alle Menschen dasselbe sein. [...] Als ersten Schritt wollen wir annehmen, die Grundstruktur der Gesellschaft verteile gewisse

Grundgüter, d.h. Dinge, von denen man annehmen kann, dass sie jeder vernünftige Mensch haben will. Diese Güter sind gewöhnlich brauchbar, gleichgültig, was jemand für einen vernünftigen Lebensplan hat. Der Einfachheit halber wollen wir annehmen, die hauptsächlichen Grundgüter der Gesellschaft seien Rechte, Freiheiten und Chancen sowie Einkommen und Vermögen. (Später, im dritten Teil, nimmt das Grundgut der Selbstachtung einen wichtigen Platz ein.) Das also seien die gesellschaftlichen Grundgüter. Andere Grundgüter wie Gesundheit und Lebenskraft, Intelligenz und Phantasie sind natürliche Güter; sie werden von der Grundstruktur nur mittelbar beeinflusst. Denken wir uns also alle gesellschaftlichen Grundgüter gleichmäßig verteilt: Jeder hat gleiche Rechte und Pflichten, gleiches Einkommen und Vermögen. Dieser Zustand ist ein Ausgangspunkt für die Verteilung von Verbesserungen. Falls bestimmte Ungleichheiten des Reichtums und der Macht jeden besser stellen als in dem angenommenen Ausgangszustand, stimmen sie mit der allgemeinen Gerechtigkeitsvorstellung überein. [...] Im System der natürlichen Freiheit bestimmt sich die Anfangsverteilug nach der [...] Vorstellung der den Fähigen offen stehenden Laufbahnen. Diese setzt gleiche Freiheiten (gemäß dem ersten Grundsatz) und eine Wirtschaft des freien Marktes voraus. Sie fordert formale Chancengleichheit in dem Sinne, dass jeder wenigsten die gleichen gesetzlichen Rechte auf vorteilhafte soziale Positionen hat. Eine Gleichheit der sozialen Verhältnisse wird jedoch nur insoweit angestrebt, als es zur Erhaltung der nötigen allgemeinen Institutionen nötig ist; [...] Zur Veranschaulichung des Unterschiedsprinzips betrachte man die Einkommensverteilung zwischen gesellschaftlichen Klassen [...]. Nun hat jemand, der etwa in einer Demokratie mit Privateigentum als Mitglied der Unternehmerklasse anfängt, bessere Aussichten als jemand, der als ungelernter Arbeiter anfängt. Das dürfte auch dann noch gelten, wenn die heutigen sozialen Ungerechtigkeiten beseitigt wären. Wie ließe sich nun eine solche anfängliche Ungleichheit der Lebenschancen überhaupt rechtfertigen? Nach dem Unterschiedsprinzip ist sie nur gerechtfertigt, wenn der Unterschied in den Aussichten zum Vorteil der schlechter gestellten repräsentativen Person – hier des ungelernten Arbeiters – ausschlägt. [...] Ich möchte diese Diskussion der beiden Grundsätze damit abschließen, dass ich erkläre, in welchem Sinne sie eine egalitäre Gerechtigkeitsauffassung ausdrücken. [...] Zunächst ist festzustellen, dass das Unterschiedsprinzip den Gesichtspunkten des Ausgleichsprinzips einiges Gewicht gibt, des Prinzips nämlich, dass unverdiente Ungleichheiten ausgeglichen werden sollten. Da nun Ungleichheiten der Geburt und der natürlichen Gaben unverdient sind, müssen sie irgendwie ausgeglichen werden. Das Prinzip besagt also, wenn alle Menschen gleich behandelt werden sollen, wenn wirkliche Chancengleichheit herrschen soll, dann müsse die Gesellschaft sich mehr um diejenigen kümmern, die mit weniger natürlichen Gaben oder in weniger günstige gesellschaftliche Positionen geboren werden. Der Gedanke ist der, die zufälligen Unterschiede möglichst auszugleichen. Nach diesem Prinzip würde man vielleicht mehr für die Bildung der weniger Begabten als der Begabteren aufwenden, jedenfalls in einem bestimmten Lebensabschnitt, etwa den ersten Schuljahren. [...] Im Lichte dieser Betrachtungen kann man die Behauptung zurückweisen, das System der Institutionen sei immer mangelhaft, weil die Zufälligkeiten der natürlichen Begabung und der gesellschaftlichen Verhältnisse ungerecht seien und diese Ungerechtigkeit sich unvermeidlich auf die menschlichen Regelungen übertrage. Das soll manchmal als Entschuldigung für die Duldung von Ungerechtigkeiten dienen, als ob die Weigerung, sich mit Ungerechtigkeiten abzufinden, damit zu vergleichen wäre, dass sich jemand mit dem Tod nicht abfinden kann. Die natürliche Verteilung ist weder gerecht noch ungerecht; es ist auch nicht ungerecht, dass die Menschen in eine bestimmte Position der Gesellschaft hineingeboren werden. Das sind einfach natürliche Tatsachen. Gerecht oder ungerecht ist die Art, wie sich die Institutionen angesichts dieser Tatsachen verhalten. Aristokratische und Kastengesellschaften sind ungerecht, weil sie aufgrund dieser Zufälligkeiten die Menschen mehr oder weniger abgeschlossenen und privilegierten gesellschaftlichen Klassen zuweisen. Die Grundstruktur dieser Gesellschaften übernimmt die Willkür der Natur. Doch die Menschen brauchen sich diesen Zufällen nicht zu unterwerfen. Das Gesellschaftssystem ist keine für Menschen unveränderliche Ordnung, sondern ein menschliches Handlungsmuster. Bei der Gerechtigkeit als Fairness kommen die Menschen überein, natürliche und gesellschaftliche Zufälle nur hinzunehmen, wenn das dem gemeinsamen Wohl dient. Die beiden Grundsätze treten der Willkür des Schicksals auf faire Weise entgegen, und die ihnen entsprechenden Institutionen sind gerecht, wenn sie auch sicher in anderen Punkten unvollkommen sind. Es ist also nicht richtig, dass Menschen mit größeren natürlichen Gaben und dem überlegenen Charakter, der ihre Entwicklung ermöglichte, ein Recht auf ein System der Zusammenarbeit hätten, das ihnen die Erlangung weiterer Vorteile auf Weisen gestattet, die anderen keine Vorteile bringen. Man hat seinen Platz in der Verteilung der natürlichen Gaben ebenso wenig verdient wie seine Ausgangsposition in der Gesellschaft. Ob man den überlegenen Charakter, der die Initiative zur Ausbildung der Fähigkeiten mit sich bringt, als Verdienst betrachten kann, ist ebenfalls fraglich; denn ein solcher Charakter hängt in erheblichem Maße von glücklichen familiären und gesellschaftlichen Bedingungen in der Kindheit ab, die man sich nicht als Verdienst anrechnen kann. Der Begriff des Verdienstes ist hier nicht am Platze. Natürlich haben die Begünstigten ein Recht auf ihre natürlichen Gaben wie jeder andere auch; dieses Recht fällt unter den ersten Grundsatz, und zwar unter die Grundfreiheit der Unverletzlichkeit der Person. Die Bevorzugten haben also ein Recht auf alles, was sie gemäß den Regeln eines fairen Systems der gesellschaftlichen Zusammenarbeit erlangen können. (.) Es liegt auf der Hand, dass man zur Vereinfachung der Anwendung der beiden Gerechtigkeitsgrundsätze ein System braucht. Man betrachte einmal die drei Arten von Urteilen, die ein Bürger fällen muss. Zunächst muss er beurteilen, ob die Gesetzgebung und die Gesellschaftspolitik gerecht sind. Er weiß aber auch, dass er nicht immer mit den Meinungen der anderen übereinstimmen wird, gerade weil es um Interessen geht. Deshalb muss ein Bürger zweitens entscheiden, welche Verfassungseinrichtungen zur Versöhnung gegensätzlicher Gerechtigkeitsauffassungen gerecht sind. Man kann sich das politische Geschehen als eine Maschine denken, in die die Auffassungen von Volksvertretern und ihrer Wählerschaft hineingegeben werden und aus der gesellschaftliche Entscheidungen herauskommen. Ein Bürger wird verschiedene Arbeitsweisen dieser Maschine verschieden gerecht finden. Eine vollständige Gerechtigkeitsvorstellung kann also nicht nur Gesetze und politische Programme beurteilen, sondern auch Verfahren für die Umsetzung politischer Meinungen in Gesetze. Dann gibt es noch ein drittes Problem. Der Bürger erkennt eine bestimmte Verfassung als gerecht an und hält bestimmte herkömmliche Verfahren für angemessen, etwa die – passend festgelegte – Mehrheitsentscheidung. Doch da das politische Geschehen bestenfalls unvollkommene Verfahrensgerechtigkeit aufweist, muss er entscheiden, wann man an die Mehrheitsentscheidungen gebunden sein soll und wann nicht. Kurz, er muss die Grundlagen und Grenzen der politischen Pflichten und Verpflichtungen bestimmen können. Eine Gerechtigkeitstheorie muss sich also mit mindestens drei Arten von Fragen auseinandersetzen, und das legt nahe, sich die Anwendung der Grundsätze in einem mehrstufigen Gang vorzustellen. [...] Nach der Vertragstheorie sind [...] die Begriffe der Autonomie und der Objektivität verträglich: Es gibt keinen Gegensatz zwischen Freiheit und Vernunft. Sowohl die Autonomie als auch die Objektivität werden folgerichtig mit Hilfe des Urzustands charakterisiert. Der Gedanke des Urzustands steht im Mittelpunkt der ganzen Theorie und dient zur Definition anderer grundlegender Begriffe. Autonom handeln heißt also nach Grundsätzen handeln, denen man als freies und gleiches Vernunftwesen zustimmen würde, und die man in diesem Sinne auffassen soll. [...]

M 2 Der Schleier des Nichtwissens

Gedankenexperimente werden in der philosophischen Diskussion immer wieder zur Argumentation für verschiedene Thesen genutzt. Dabei geht es darum, sich eine Situation vorzustellen, die es nicht gibt (oder nicht einmal geben kann). Meist sind es in irgendeiner Weise Extremsituationen. Aus den Intuitionen, die in diesen Gedankenexperimenten ans Licht kommen, werden dann Schlüsse in Bezug auf die Grenzen bestimmter Begriffe gezogen.

In dem Gedankenexperiment „Schleier des Nichtwissens" von John Rawls (1921–2002) geht es darum, wie der Begriff der Gerechtigkeit zu bestimmen ist: Nach welchen Prinzipien sollte eine gerechte Gesellschaft eingerichtet werden? Und wie lassen sich diese Prinzipien bestimmen? Die Gerechtigkeitstheorie von John Rawls versucht diese Fragen zu beantworten. Dabei spielt die Idee eines „Schleiers des Nichtwissens" (veil of ignorance) eine zentrale Rolle, mit der die Idee des Naturzustands, ein Grundgedanke der Vertragstheorie, aufgegriffen und reformuliert wird. Der von Rawls so genannte Urzustand ist eine hypothetische Entscheidungssituation, in der die Gerechtigkeitsgrundsätze bestimmt werden sollen, nach denen die grundlegenden Institutionen der Gesellschaft einzurichten sind.

In der Theorie der Gerechtigkeit als Fairneß spielt die ursprüngliche Situation der Gleichheit dieselbe Rolle wie der Naturzustand in der herkömmlichen Theorie des Gesellschaftsvertrags. Dieser Urzustand wird natürlich nicht als ein wirklicher geschichtlicher Zustand vorgestellt, noch weniger als primitives Stadium der Kultur. Er wird als rein theoretische Situation aufgefaßt, die so beschaffen ist, daß sie zu einer bestimmten Gerechtigkeitsvorstellung führt. Zu den wesentlichen Eigenschaften dieser Situation gehört, daß niemand seine Stellung in der Gesellschaft kennt, seine Klasse oder seinen Status, ebenso wenig sein Los bei der Verteilung natürlicher Gaben wie Intelligenz oder Körperkraft. Ich nehme sogar an, daß die Beteiligten ihre Vorstellung vom Guten und ihre besonderen psychologischen Neigungen nicht kennen. Die Grundsätze der Gerechtigkeit werden hinter einem Schleier des Nichtwissens festgelegt. Dies gewährleistet, daß dabei niemand durch die Zufälligkeiten der Natur oder der gesellschaftlichen Umstände bevorzugt oder benachteiligt wird. Da sich alle in der gleichen Lage befinden und niemand Grundsätze ausdenken kann, die ihn aufgrund seiner besonderen Verhältnisse bevorzugen, sind die Grundsätze der Gerechtigkeit das Ergebnis einer fairen Übereinkunft oder Verhandlung. [...] Den Urzustand könnte man den angemessenen Ausgangszustand nennen, und damit sind die in ihm getroffenen Grundvereinbarungen fair. Das rechtfertigt die Bezeichnung ›Gerechtigkeit als Fairneß‹: Sie drückt den Gedanken aus, daß die Grundsätze der Gerechtigkeit in einer fairen Ausgangssituation festgelegt werden. [...]

Aufgabe:
Ab Dezember 2020 wurde in Deutschland gegen das Coronavirus geimpft. Zur Verfügung standen jedoch max. 25 Millionen Impfdosen; jeder, der sich impfen ließ, benötigte aber eine zweite Impfung; inzwischen ist die sog. Booster Impfung (= dritte Impfung als Auffrischung und auch als zweite Booster-Impfung [4. Impfung]) nötig geworden. Bei 83 Millionen Bevölkerung bräuchte man also 166 Millionen Impfdosen. Gehen Sie vom Rawlschen „Schleier des Nichtwissens" (der Begriff muss zuerst erläutert werden) aus und diskutieren Sie Auswahlkriterien für Menschen, die in der ersten Welle (25 Millionen Impfdosen geimpft werden sollen). Wie und mit welchen Kriterien werden 12,5 Millionen Menschen ausgesucht? Wie ist das Kriterium der Impfstoffknappheit in einem globalen Maßstab anzuwenden?

Unterrichtsentwurf zu Kants kategorischem Imperativ

Ps 8,4–7: Schaue ich hinauf zum Himmel, staune ich über das Werk deiner Finger. Betrachte ich den Mond und die Sterne, die du dort oben befestigt hast, so frage ich: Werk deiner Finger: Sonne und Mond, die Gott wie Lampen aus Ton geformt hat.
Was ist der Mensch, dass du an ihn denkst, das Menschenkind, dass du dich seiner annimmst? Kaum geringer als Gott – o hast du den Menschen geschaffen. Du schmückst ihn mit einer Krone – so schenkst du ihm Herrlichkeit und Würde.

Thema: Auseinandersetzung mit dem Kategorischen Imperativ und der sogenannten Selbstzweckformel nach Kant
Lernziel: Kennenlernen der Definitionen Kategorischer Imperativ/Hypothetischer Imperativ/Selbstzweckformel

Zeit	Lernphasen	Lernziele	Kompetenzen	Lehrer:in/Schüler:in-Interaktion // Inhalte // Impulse	Sozialform	Methoden	Medien
2 h		Kenntnis grundlegender Begriffe der Kant'schen Moralphilosophie	Erkenntnistheoretische und moralische Grundbegriffe der Kant'schen Philosophie können erklärt und wiedergegeben werden, z.B. Kategorischer und hypothetischer Imperativ, Moralität – Legalität, Selbstzweckformel, Handeln aus Pflicht vs pflichtgemäßes Handeln, Freiheit	S:S schauen sich die fünf Teile der Spielfilmproduktion: Sophie und der Kategorische Imperativ an; nach jedem Teil werden die Fragen beantwortet und nach dem 5. Teil zusammengetragen.	Plenum und Einzelarbeit	Filmwahrnehmung, Gespräch	**M 1**: Filmteile 1–5 **M 2** bis M **4** Kant für Anfänger – Filmteile 1–5* (verfügbar bis 20.4.2028)

* https://www.ardmediathek.de/sendung/kant-fuer-anfaenger/Y3JpZDovL2JyLmRlL2Jyb2FkY2FzdFNlcmllcy9kMzlyZGZmY-i1hZTYzLTQxMjlt0ThiOS0zM2MwZmRmOGE2Zjk

Erwartungen:

Zu Aufgabe 1 / M 1: Kant entdeckte auf einem seiner Spaziergänge aus dem Nest geworfene junge Schwalben, die tot am Boden lagen; er folgerte, dass die Schwalbeneltern ihre Jungen aus dem Nest gestoßen hatten, um das Überleben weniger aufgrund eines Nahrungsmangels zu gewährleisten. Kant zeigte sich darüber erstaunt und erfreut zugleich und spricht in der Filmszene von einem „verstandesähnlichen Naturtrieb". Kant setzte sich zum Ziel, ein Sittengesetz zu finden, das den Menschen „ebenso untrüglich und sicher leitet, wie der Instinkt das Tier". Sophie dagegen widerspricht Kant und hält dagegen, dass Gesetze aus der Natur nicht einfach auf die Sittlichkeit des Menschen übertragbar seien: Menschen seien keine Tiere, „die ihre Kinder töteten, weil zu viele auf der Welt" seien. Kant stimmt diesem Einwand zu und bemerkt, dass ihn das Ausarbeiten eines allgemeinen Sittengesetzes viel Anstrengung gekostet habe.

Zu Aufgabe 2 / M 1: Kant unterscheidet in diesem Filmabschnitt zwischen der Legalität und der Moralität. Die Legalität entspricht einer pflichtgemäßen Handlung und die Moralität entspricht einer Handlung aus Pflicht. Eine pflichtgemäße Handlung basiert zwar auf einem gewissen Pflichtbewusstsein, der eigentliche Fokus liegt jedoch auf einem anderen Interesse bzw. einer anderen Motivation, die Kant als nicht moralisch ansieht. Eine solche Handlung habe in sich keinen sittlichen Wert, weil der gute Wille zu einer moralischen Handlung nicht vorhanden sei und zum Beispiel der Eigennutz im Vordergrund stehe. Moralität dagegen ist eine Handlung aus Pflicht gegenüber dem Sittengesetz und hat deswegen auch einen moralischen Wert. Beispiel im Film ist das Almosengeben einer alten Frau, die einem Bettler allein aus gutem Willen hilft und nicht der junge Mann, der seiner Freundin imponieren will und deswegen dem Bettler ein Almosen gibt. Handle also nach der Maxime, durch die man wollen kann, dass sie allgemeines Sittengesetz/ bzw. Gesetz werde.

Zu Aufgabe 3 / M 1: Weiter unterscheidet Kant zwischen dem hypothetischen und dem kategorischen Imperativ. Der kategorische Imperativ bietet hierbei eine Orientierung, ob die Handlung aus einem guten Willen entspringt und an sich gut ist oder ob sie lediglich ein Mittel zum Zweck ist. Der kategorische Imperativ charakterisiert also Handlungen, die sich an dem der Vernunft gemäßen Willen und somit an einem Prinzip orientiert. Der hypothetische Imperativ sieht eine Handlung demgegenüber nur als Mittel zum Zweck.

Zu Aufgabe 4 / M 1: Der Kategorische Imperativ „Handle so, dass die Maxime deines Willens jederzeit zugleich als Prinzip einer allgemeinen Gesetzgebung gelten könne" wird am Beispiel des Schwarzfahrens diskutiert: Wenn ich Geld sparen möchte, fahre ich schwarz Bus oder Bahn. Nach dem kategorischen Imperativ müsste diese hedonistische Einstellung dann als Maxime des Handelns für alle Menschen gelten, d.h. ich lebe auf Kosten anderer Menschen. Das ist jedoch nicht vernunftfähig, weil die Interessen eines einzelnen über die Gesamtheit gestellt würde und so Chaos ausbräche. Der kategorische Imperativ lehnt also diese Handlungsmaxime ab.

Zu Aufgabe 5 / M 1: Das Zeitalter der späten Aufklärung macht mit der Abkehr vom geozentrischen Weltbild ernst und der Zuwendung zu moderner Naturwissenschaft; die Kant'sche Philosophie lässt sich sehr gut in diese Dynamik einordnen, vor allem durch die Kritik der reinen Vernunft und anderen Schriften Kants. Kants Votum zielt darauf, dass Freiheit Voraussetzung der Sittlichkeit ist. Der Mensch sei als ein Vernunftwesen zu charakterisieren, das sich selbst Gesetze geben kann und gegen eigene Lust oder Neigung handeln könne. Diesen Umstand nennt Kant Autonomie des Willens, der unabhängig von Naturgesetzen agieren kann. Der Mensch in seiner Freiheit hat die Möglichkeit nach sittlichen Maximen zu handeln und sich so auch zu entscheiden. Ohne Freiheit kann es weder die Autonomie des Willens noch sittliches Handeln geben.

Zeit	Lernphase	Lernziele	Kompetenzen	Lehrer:in/Schüler:in-Interaktion	Sozialform	Methoden	Medien
10'	Motivation	kognitive K.	S:S setzen sich mit dem Unterschied zwischen dem hypothetischen Imperativ und dem kategorischen Imperativ auseinander	S:S lassen sich durch **M 3a** motivieren und suchen lebensweltliche Beispiele und diskutieren den kategorischen Imperativ „Handle nur nach derjenigen Maxime, durch die du zugleich wollen kannst, dass sie ein allgemeines Gesetz werde." Alternativ: Stummer Tafelimpuls durch Lehrperson	Plenum	Diskussion und Gruppengespräch	**M 3a**
20'	Lernphase 1	kognitive K. kommunikativ-diskursive K.	S:S erkennen die grundsätzliche Bedeutung der Kant'schen Selbstzweckformel	S:S bearbeiten Arbeitsblatt **M 3b** und kommen in Gruppen ins Gespräch	Einzelarbeit und Gruppengespräche evtl. Gruppenpuzzle	Textanalyse und Gruppenpuzzle	**M 3b**
30'	Lernphase 2	kognitive K. kommunikativ-diskursive K.		Abschließende Bewertung der Selbstzweckformel und Anwendung auf Impfempfehlung des Deutschen Ethikrates	Einzelarbeit und Gruppenarbeit		**M 4** Selbstzweckformel Zusatzmaterialien: **M 5** Coronavirus **M 6** Entwicklung der Corona-Pandemie **M 7** Ethische Fragen in der Corona-Pandemie

M 1 Sophie und der kategorische Imperativ

Kant, Sophie und der Kategorische Imperativ: Ethik und Pflicht (1/5)
https://www.ardmediathek.de/video/kant-fuer-anfaenger/ethik-und-pflicht-1-5/ard-alpha/Y3JpZDovL2JyLmRlL3ZpZGVvL2M3YzY3MDlhLWVhMzctNDJiMS1iZjA1LTlmNDJkMjA3NmQwNQ

Folge 1: Sophie muss ein Referat für ihr universitäres Seminar über den kategorischen Imperativ vorbereiten. Als sie sich in der Bibliothek gerade in ihre Lektüre vertiefen will, tritt Kant persönlich zwischen den Bücherregalen hervor – und stellt sich bereitwillig ihren Fragen zur Moralphilosophie und Ethik, dem Herzstück seiner Philosophie.
Im Seminar wird Sophies Referat dann durch das Eintreten des gut aussehenden Lukas gestört: Er sucht eine Referentin, die in seiner Firma einen Vortrag über Moralfragen halten kann. Im Park trifft Sophie Kant wieder. Er erzählt ihr, wie ein Spaziergang in Königsberg seine Gedanken auf die Fragen von Moral und Ethik lenkte.

Dialog: Kant und die Moral der Schwalben

KANT: Sie wollen wissen, wie ich auf den kategorischen Imperativ gekommen bin?
SOPHIE: Ja!
KANT: Vielleicht hilft es Ihnen, werte Sophie, wenn ich Ihnen einmal von einem Spaziergang erzähle, den ich eines Tages unternommen habe, um mich von meiner täglichen Arbeit zu erholen.
SOPHIE: Ihr täglicher Nachmittagsspaziergang?
KANT: Ja ...
SOPHIE: Der, nach dem die Königsberger ihre Uhr stellen konnten?
KANT: Ja, wahrscheinlich ... Es war in einem kühlen Sommer, in dem es wenig Insekten gab. Ich erging mich nach dem Mittagsmahle in der schönen Natur und fröstelte ein wenig. Auf einmal blieb ich erschrocken stehen. Da lagen einige junge Schwalben zerschmettert am Boden. Erstaunt untersuchte ich die Sache und fand heraus, dass die Schwalben selbst ihre Jungen aus den Nestern geworfen hatten! Voll Verwunderung über diesen verstandesähnlichen Naturtrieb, der die Schwalben lehrte, beim Mangel von Nahrung einige aufzuopfern, um alle übrigen erhalten zu können, stand mein Verstand still. Mein Angesicht glühte vor hoher Andacht, ich musste meine Hände falten, und es hätte nicht viel gefehlt, und ich wäre auf meine Knie gesunken.
Kant sieht Sophie eindringlich an. Auf ihrem Gesicht macht sich allmähliche Verständnis breit, sie nickt, lächelt verstehend.
KANT: Da wollte ich ein Gesetz finden, das den Menschen ebenso untrüglich und sicher leitet, wie der Instinkt das Tier.
SOPHIE: Das klingt aber schon ein bisschen kompliziert, wenn Sie mir die Bemerkung gestatten. Wir sind doch keine Tiere, die ihre Kinder töten, nur weil wir zu viele auf der Welt sind.
KANT: Sie haben vollkommen recht, verehrte Sophie. Ich musste auch ziemlich lange daran arbeiten ...

Aufgabe:
Stellen Sie anhand des Filmausschnitts schriftlich dar, wie Immanuel Kant zum kategorischen Imperativ kam und worin die Verständnisschwierigkeiten Sophies bestehen.

Kant, Sophie und der Kategorische Imperativ: Legalität und Moralität (2/5)
https://www.ardmediathek.de/video/kant-fuer-anfaenger/legalitaet-und-moralitaet-2-5/ard-alpha/Y3JpZDovL2JyLmRlL3ZpZGVvLzcyYjI2NjczLTlkMzAtNDcxMy1iYzcx-LTlhNjkyZTA0NDllOQ

Folge 2: Bei einem Besuch in seinem Büro erklärt Lukas Sophie, wie er sich ihren Vortrag vorstellt: Auf einer Veranstaltung für Kunden und Mitarbeiter soll sie über „Ethik im Unternehmen" sprechen. Die beiden verabreden sich auf einen Drink, um Details zu klären.
In der Bar knistert es gehörig zwischen ihnen. Doch dann muss Lukas Sophie gestehen, dass er verheiratet ist – sich aber trennen möchte. Sophie legt ihm nahe, die Maximen seines Handelns auf den Prüfstand zu stellen. Inzwischen hat Sophie auch Kant wieder getroffen. Der erklärt ihr, warum das Streben nach Glück nicht dazu taugt, eine Ethik zu begründen. Entscheidend ist für ihn vielmehr allein der gute Wille. Über den Begriff der „Pflicht" kommt Kant schließlich auf den grundlegenden Unterschied von Legalität und Moralität zu sprechen:

Dialog: Kant erklärt Sophie den sittlichen Wert von Handlungen

SOPHIE: Ich habe in einem Kommentar gelesen, Sie unterscheiden zwischen Legalität und Moralität.
KANT: Richtig. Der Legalität entspricht das Pflichtmäßige und der Moralität die Handlung „aus Pflicht". – Schauen Sie, da sitzt ein Bettler. Warten wir mal, was geschieht.
Ein Liebespärchen nähert sich. Der Mann greift lässig in die Tasche und wirft dem am Boden sitzenden Bettler selbstzufrieden eine Münze in den Hut.
KANT: Schauen Sie, Sophie. Mit Sicherheit können wir nichts über die Motive des Mannes sagen. Was aber glauben Sie, warum er seine Mildtätigkeit ausübte?
SOPHIE: Mildtätig war es wahrscheinlich nicht. Vielleicht, um seiner Freundin zu imponieren?
KANT: Ich meine auch, dass hier Eitelkeit und Eigennutz am Werke waren. Ich behaupte, dass dergleichen Handlung, so pflichtmäßig, so liebenswürdig sie auch für den Bettler ist, dennoch keinen wahren sittlichen Wert hat.
SOPHIE: Aber wann hat ein Almosen einen sittlichen Wert? Da, sehen Sie, da kommt eine alte Frau vorbei ... Sie will ihm auch etwas geben! Was ist Ihre Meinung? Hat sie das jetzt – aus Pflicht getan?
Eine alte Frau nähert sich. Sie schmeißt etwas in den Hut und geht weiter.
KANT: Ob sie das aus Pflicht getan hat? Das kann auch niemand mit Bestimmtheit sagen. Ich denke es einmal, obzwar das letztlich unseren Sinnen nicht zugänglich ist.
SOPHIE: Ich glaube, ich verstehe: wenn ihr ein Priester bei der Beichte ein Almosen als Bußleistung auferlegt hat, dann wäre es wiederum eine pflichtgemäße Handlung und hätte somit keinen moralischen Wert.
KANT: Exakt.
SOPHIE: Kann ich auch nicht erkennen, wann meine Handlung einen moralischen Wert hat und wann nicht?
KANT: Doch, werte Sophie, das ist eindeutig! Eine Handlung aus Pflicht hat ihren moralischen Wert nicht in einer Absicht oder Wirkung, die es zu erreichen gilt, sondern in der Maxime, nach der sie beschlossen wird.
SOPHIE: Was genau ist eine Maxime?
KANT: Eine Maxime ist ein Prinzip des Willens oder Wollens. Lesen Sie nach, Sophie!

Aufgabe:
Was ist der Unterschied zwischen Legalität und Moralität?

Kant, Sophie und der Kategorische Imperativ: Hypothetisch oder kategorisch (3/5)
https://www.ardmediathek.de/video/kant-fuer-anfaenger/hypothetisch-oder-katego-risch-3-5/ard-alpha/Y3JpZDovL2JyLmRlL3ZpZGVvLzRiNWZmZTMxLTZhNDUtNDc5O-C05ODg1LWM2NmVmMmQ0ZWQ2Ng

Folge 3: Lukas lädt Sophie zu einem Konzert ein: Angeblich hat ein Geschäftspartner abgesagt. Als sie nach dem Konzert durch den Park schlendern, nimmt er sie in die Arme und sie küssen sich. Doch dann macht Sophie einen Rückzieher – eine Affäre mit einem verheirateten Mann ist ihr zu riskant.
Als sie an ihrem Vortrag weiterarbeitet, trifft Sophie auch Kant wieder. Der erklärt ihr, warum Maximen immer auf den Prüfstand gehören – und warum Erfahrungen und Neigungen gänzlich ungeeignet sind, ein moralisches Gesetz zu begründen. Bei einem Treffen im Biergarten kann Sophie schließlich an einem praktischen Beispiel den Unterschied zwischen hypothetischen und kategorischen Imperativen festmachen.

Dialog: Philosophie im Biergarten

Sophie sitzt mit ihrer Freundin Eva und ihrem Kommilitonen Sebastian im Biergarten. Sophie und Sebastian trinken Bier, Eva Wasser mit einem Diätmittel.

SEBASTIAN: Das hast du doch echt nicht nötig!

EVA: Die Hose kneift. Also ist es nötig.

SOPHIE: Das ist es! Eva, danke! Schau, Kant schreibt: „Alles in der Natur wirkt nach Gesetzen." Weiter schreibt er: „Nur ein vernünftiges Wesen kann nach Prinzipien handeln ..." Eva, was du da gerade machst mit deiner Diät ..., ich meine, du nimmst die Möglichkeit wahr, als Vernunftwesen deinem Willen ein eigenes Gesetz vorzustellen, d.h. ein Prinzip aufzustellen, in diesem Fall für deinen Speiseplan. Prost!

EVA: Wie bitte?

SOPHIE: Befolgst du deinen Diätplan, ist dies das Vorstellen eines eigenen Gesetzes.

SEBASTIAN: Sophie hat Recht.

SOPHIE: In der Natur kommt dieses Gesetz nicht vor. Die Natur des Tieres kennt nur den Hungertrieb. Dazu aber ist keine Vernunft nötig, im Gegensatz zu deiner Handlung. Ohne Vernunft – keine Diät!

SEBASTIAN: Tiere hungern, Menschen fasten!

EVA: Gut. Ich bin also kein Tier. Das ist schön. Und was hat das alles mit deinem kategorischen Imperativ zu tun?

SOPHIE: Noch nichts. Aber es ist ein Imperativ, hör zu: „Wenn nun die Handlung bloß wozu anders, als Mittel, gut sein würde, so ist der Imperativ hypothetisch ..."

SEBASTIAN: Ich glaube auch, Kant meint hier genau: Deine Handlung, das Diät-Zeug einzunehmen, ist ein Mittel zu etwas anderem, nämlich dem Abnehmen. Sophie, darf ich mal?

Sebastian nimmt Sophies Kant-Lektüre.

SEBASTIAN: (liest) „Wird die Handlung als an sich gut vorgestellt, mithin als notwendig in einem an sich der Vernunft gemäßen Willen, als Prinzip desselben, so ist der Imperativ kategorisch."

SOPHIE: Siehst du, Eva: Weil deine Diät nicht an sich gut ist, nicht allgemein gültig, „mithin nicht notwendig", ist sie nicht kategorisch, sondern hypothetisch.

EVA: Super. Das hilft! Ich gehorche also einem ... hypothetischen Imperativ? Und jetzt?

SEBASTIAN: Hier steht es: „Der hypothetische Imperativ sagt also nur, dass die Handlung zu irgend einer möglichen oder wirklichen Absicht gut sei." Deine Absicht ist eben, abzunehmen.

SOPHIE: Ein Mittel zum Zweck.

SEBASTIAN: Darauf trinke ich. Zum Wohl!

Aufgabe:
Skizzieren Sie an Beispielen aus dem Film den Unterschied zwischen dem kategorischen und einem hypothetischen Imperativ.

Kant, Sophie und der Kategorische Imperativ: Maximen auf dem Prüfstand (4/5)
https://www.ardmediathek.de/video/kant-fuer-anfaenger/maximen-auf-dem-pruefstand-4-5/ard-alpha/Y3JpZDovL2JyLmRlL3ZpZGVvLzc5OTI5YWE1LTI5MmMtNGRiMS05NjU4LTI4ZjllMTJmMjkyMw

Folge 4: Sophie muss sich über ihre Gefühle für Lukas im Klaren werden: Soll sie sich nach dem Motto „Du lebst nur einmal" mit einem verheirateten Mann einlassen – oder soll sie aus Angst vor den Konsequenzen einen Rückzieher machen? Als sich Lukas spontan bei ihr meldet, ist Sophie hin- und hergerissen. Erst weicht sie ihm aus, dann liegen sie sich doch wieder in den Armen.
Ob Kants Moralvorstellungen Sophie weiterhelfen können? Als sie den Professor wiedersieht, zitiert der jedenfalls seine eigene Formulierung des kategorischen Imperativs: „Handle so, dass die Maxime deines Willens jederzeit zugleich als Prinzip einer allgemeinen Gesetzgebung gelten könne." Ob und wie sich das praktisch anwenden lässt, versucht Sophie bei einem Abendessen mit ihrer Freundin Eva und ihrem Kommilitonen Sebastian herauszufinden.

Dialog: Kant und die Moral der Schwarzfahrer

SOPHIE: Also, Eva. Dürfen wir dich als Testobjekt benutzen?
Eva will protestieren, aber Sebastian unterbricht sie.
SEBASTIAN: Sophie will anhand von konkreten Beispielen klären, wie so ein kategorischer Imperativ von Kant funktioniert.
EVA: Wieso sollte mich das überhaupt interessieren?
SOPHIE: Ich möchte gern wissen, ob Kants Ethik oder Moralgesetz für einen Laien wie dich verständlich gemacht werden kann oder ob Philosophen an der Wirklichkeit vorbeireden.
SEBASTIAN: Also, welche Formel des kategorischen Imperativs sollen wir nehmen? Ich für meine Person bevorzuge die Naturgesetz-Formel.
EVA: Stopp! Frage 1: Was ist die Naturgesetzformel?
SOPHIE: Es gibt mehrere Formulierungen des kategorischen Imperativs, und die, die Sebastian favorisiert, heißt: „Handle so, als ob die Maxime deiner Handlung zum allgemeinen Naturgesetz werden sollte."
EVA: Stopp. Was heißt das auf Deutsch?
SEBASTIAN: Also ... Ich denke meine beabsichtigte Handlung versuchsweise als Vorschrift, die nicht nur für mich und für heute gilt, sondern die als angenommenes Gesetz für alle widerspruchsfrei gelten kann.
EVA: Wie wäre es mit einem aktuellen Beispiel, z.B. mit dem Problem, das ich heute hatte. Ich bin in die U-Bahn gestiegen und hatte keine Lust, zwei Euro für die kurze Fahrt auszugeben. Warum bitte soll ich zahlen, die Bahn muss doch sowieso fahren, ob ich jetzt eine Karte gekauft habe oder nicht?
SOPHIE: Das Beispiel ist gut. Also: Zuerst einmal legen wir nicht deine Handlung auf den Prüfstand, denn hinter deinem Schwarz-Fahren steckt ja vermutlich eine Haltung. Formulieren wir das mal als Maxime: Wann immer ich Geld sparen möchte, fahre ich auf Kosten anderer schwarz. Kann ich das wollen?
EVA: Ja.
SOPHIE: Richtig. Das kann ich wollen, weil ich Geld sparen will. Jetzt verallgemeinere ich die Maxime.
EVA: Du meinst: Kann ich wollen, dass alle schwarz fahren?
SEBASTIAN: Da haben wir's schon wieder. Nein! Es muss heißen: Kann ich wollen, dass es ein Gesetz gibt, dass Leute auf Kosten anderer U-Bahn fahren? Gäbe es ein solches Gesetz, käme meine Vernunft zu dem Ergebnis, dass andere auch auf meine Kosten leben können ...
SOPHIE: Nein! Dass andere auf meine Kosten leben sollen. Es ist doch ein Gesetz!

Aufgabe:
Erläutern Sie am Film und am Dialogausschnitt, was der Maßstab des Kategorischen Imperativs bedeutet.

Kant, Sophie und der Kategorische Imperativ: Freiheit und Sittlichkeit (5/5)
https://www.ardmediathek.de/video/kant-fuer-anfaenger/freiheit-und-sittlichkeit-5-5/ard-alpha/Y3JpZDovL2JyLmRlL3ZpZGVvLzg3MjJmOTM5LTk5ZTYtNGQ3MS04MTMwLTNiMzFhNjE4YjgwYg

Folge 5: Sophie konfrontiert Kant mit ihrer Kritik am kategorischen Imperativ: Der sei zu rigoros, unerbittlich und erbarmungslos – kurz gesagt, „ohne Herz". Kant verteidigt sich: Er habe ein neues Moralprinzip entwickeln wollen, das für alle Menschen zu jeder Zeit und in jeder Situation gültig sein könne, ganz unabhängig von jeglichem Eigennutzdenken. Damit aber bringt er Sophie in ein moralisches Dilemma. Denn wenn sie sich für ihre Gefühle und Lukas entscheidet, handelt sie gegen die Kantsche Ethik. Folgt sie dagegen Kant und ihrem Verstand, muss Lukas erst einmal seine Eheangelegenheiten klären.
Als ihr Lukas einen Strauß rote Rosen schickt, verabredet sich Sophie noch einmal mit ihm. Sie versucht ihm klar zu machen, dass es bei ihrer Affäre nicht nur um Gefühle, sondern auch um Prinzipien geht. Lukas gibt Sophie zwei Wochen Bedenkzeit, dann will er sich wieder melden. Beim nächsten Treffen mit Kant erklärt der Sophie schließlich, was ihre Entscheidung mit der menschlichen Freiheit zu tun hat.

Dialog: Wie kann Sophie eine autonome Entscheidung fällen?

SOPHIE: Gott sei Dank, da sind Sie ja!
KANT: Nanu, gibt es denn ein Problem?
SOPHIE: Kann man wohl sagen.
KANT: Wenn ich helfen kann, bitte.
SOPHIE: Es geht um Ihr Modell von der Bestimmung menschlichen Handelns allein durch die Vernunft. Irgendwie ist das ja auch imponierend. Es ist doch so, dass die Kopernikanische Wende auch für das Sittengesetz gilt?
KANT: Sie wissen noch, was die Kopernikanische Wende bedeutet?
SOPHIE: Ja: Der Verstand schreibt unseren sinnlichen Eindrücken die Gesetze vor, in denen wir sie wahrnehmen können.
KANT: Richtig. In der praktischen Philosophie gilt dasselbe! Wir machen die Gesetze, denen wir gehorchen, selbst. Das nenne ich Autonomie des Willens!
SOPHIE: Eine Frage: Wenn sich jemand scheiden lassen will, oder eine dritte Person will, dass sich jemand scheiden lässt, wäre das auch eine autonome Entscheidung?
KANT: Nein. Autonomie heißt nicht, ich kann machen, was ich will.
SOPHIE: Aber was sonst?
KANT: Autonomie heißt, ich gehorche einem selbst aufgestellten Gesetz, und nicht empirischen Faktoren wie Lust und Neigung.
SOPHIE: Und wie ginge das im Falle der Scheidung?
KANT: Indem die Form und nicht die Materie des Willens entscheidend ist! Und diese Form kann nur durch die Vernunft gefunden werden ...
SOPHIE: ... und da nur der Mensch Vernunft besitzt, kann er im Gegensatz zum Tier die kausalen Abläufe in der Natur hinter sich lassen.
KANT: Exakt. Und diese Unabhängigkeit von Naturgesetzen heißt Freiheit: Die Sittlichkeit hat somit ihren Ursprung in der Freiheit.
SOPHIE: Die Sittlichkeit hat ihren Ursprung in Freiheit. Okay ...

Aufgabe:
Beschreiben Sie die Beziehung zwischen Freiheit und Sittlichkeit in Kants Denken.

M 2 Glossar: Kant, Sophie und der kategorische Imperativ

Hier werden die wichtigsten Begriffe zu Kants kategorischem Imperativ knapp erklärt – in der Reihenfolge, wie sie in der Sendung auftauchen.

Begriff	Erklärung
Moralphilosophie	Kants Begriff für Ethik
Moralgesetz	Anderer Begriff für Sittengesetz oder praktisches Gesetz; oberster Begriff von Sittlichkeit, der im kategorischen Imperativ seinen Ausdruck findet.
Hedonismus	Die ethische Grundhaltung, deren oberstes Prinzip der Lebensgenuss ist. Motto: Gut ist, was mir Lust verschafft.
Utilitarismus	Die ethische Grundhaltung, deren oberstes Prinzip der Nützlichkeitsgedanke ist. Motto: Gut ist, was nützlich ist; nützlich nicht nur für mich, sondern für eine größtmögliche Anzahl von Menschen.
Eudämonismus	Die ethische Grundhaltung, deren oberstes Prinzip das Glück ist. Motto: Gut ist, was glücklich macht, abgestuft vom oberflächlichen Glücksstreben bis hin zur obersten Stufe, der sittlich wertvollen Handlung.
Heteronome Gebotsethik	Die ethische Grundhaltung, deren oberstes Prinzip ein Fremdgebot oder -verbot ist. Motto: „Es steht geschrieben: ...“ (im Talmud, dem Koran, der Bibel, o.a.)
Pflichtethik	Die ethische Grundhaltung, deren oberstes Prinzip aus der Gesinnung, dem guten Willen, entspringt: Wenn die Handlung "aus Pflicht" und nicht nur "pflichtgemäß" geschieht.
Glückseligkeit	Als das natürliche Streben des Menschen darf Glück nicht zur materialen Willensbestimmung dienen, sondern ist Folge der sittlichen Anstrengung.
Guter Wille	Er ist das "summum bonum", das höchste Gut als Ausdruck der Gesinnung. Alle anderen Tugenden können zwar gut sein, sind aber nicht ausschließlich gut.
Zwei-Welten-Theorie	Die Welt des Phainomenon (sichtbare Welt) und die Welt des Noumenon (die gedachte Welt der Vernunft). Sittlichkeit ist nie in der sichtbaren Welt ablesbar, d.h. auch nicht an meiner Handlung.
Pflicht	Sie ist mit Zwang verbunden. Kommt der Zwang von außen und bewegt meinen Willen, ist dieser fremdbestimmt; kommt der Zwang von mir selbst und bewegt meinen Willen, geschieht Freiheit.
Pflichtgemäße (pflichtmäßige) Handlung	Sie entspricht der Legalität.
Handlung aus Pflicht	Sie entspricht der Moralität.
Maximen	Dieser Schlüsselbegriff in Kants Ethik meint ein Prinzip des Willens bzw. Wollens. Sie sind eine beabsichtigte Handlungsweise mit dem Anspruch, über die singuläre Verwirklichung hinauszugehen. Nur sie gehören auf den Prüfstand des kategorischen Imperativs, nicht die Handlungen.
Erfahrung (Empirie) und Neigung	Da sie der Zufälligkeit unterworfen sind, taugen sie nicht, Moral zu begründen.
Hypothetischer Imperativ	Er liegt vor, wenn eine Handlung als Mittel zur Erreichung eines Zwecks geboten ist.
Kategorischer Imperativ	Er liegt vor, wenn eine Handlung an sich gut ist und wenn sie allgemein und notwendig geboten ist.
Materie der Handlung	Sie wird durch den hypothetischen Imperativ geboten, die Nötigung erfolgt durch einen Zweck oder eine Absicht.
Form der Handlung	Sie wird nach der Prüfung durch den kategorischen Imperativ geboten, die Nötigung ist allgemein und notwendig und nicht zweckgebunden.
Verallgemeinerung	Nicht Handlungen gehören nach Kant verallgemeinert, sondern Maximen.
Zweck an sich	Nach dem Moralgesetz soll ein Mensch nicht nur als Mittel zum Zweck behandelt werden, sondern auch als Zweck an sich.
Reich der Zwecke	Es ist ein moralisches Ideal: eine Gemeinschaft vernünftiger Wesen, wo keiner den anderen als Mittel zu einem Zweck betrachtet, sondern jeder dem anderen die Würde des Selbstzweckes zubilligt.
Kopernikanische Wende	Die Erkenntnis richtet sich nicht nach den sinnlichen Eindrücken, sondern der Verstand schreibt den sinnlichen Eindrücken die Gesetze vor, mit denen wir sie erkennen können.
Autonomie des Willens	Damit ist nicht gemeint, wir könnten machen, was wir wollen, denn damit würden wir empirischen Faktoren wie Lust und Neigung folgen. Sondern: Wir machen die Gesetze, denen wir gehorchen, selbst.
Freiheit	Sie ist der Gegenbegriff zum Naturgesetz, bzw. die Unabhängigkeit von ihm. Somit hat die Möglichkeit der Sittlichkeit ihren Ursprung in der Freiheit.

M 3 Immanuel Kant: Kategorischer Imperativ

M 3a Kategorischer Imperativ – eine von sechs Formulierungen

Philosophie Q2: Immanuel Kant zu Würde: Selbstzweckformel und Instrumentalisierungsverbot
https://www.youtube.com/watch?v=cxQiT69BOL0

„Handle nur nach derjenigen Maxime, durch die du zugleich wollen kannst, daß sie ein allgemeines Gesetz werde.“ [2]
Grundlegung zur Metaphysik der Sitten

M 3b Kategorischer Imperativ – eine von sechs Formulierungen

Die goldene Regel und der kategorische Imperativ
https://www.spektrum.de/kolumne/die-goldene-regel-und-der-kategorische-imperativ/1684342

„Handle so, daß du die Menschheit sowohl in deiner Person, als in der Person eines jeden andern jederzeit zugleich als Zweck, niemals bloß als Mittel brauchest.“ [7]

M 4 Immanuel Kants „Selbstzweckformel“

1. Wortlaut der Formel des Zwecks an sich selbst (Selbstzweckformel):

„Handle so, dass du die Menschheit sowohl in deiner Person, als in der Person eines jeden andern jederzeit zugleich als Zweck, niemals nur als Mittel brauchest.“
(Grundlegung zur Metaphysik der Sitten, S. 429)

2. Einordnung der Selbstzweckformel in die Varianten des Kategorischen Imperativs:

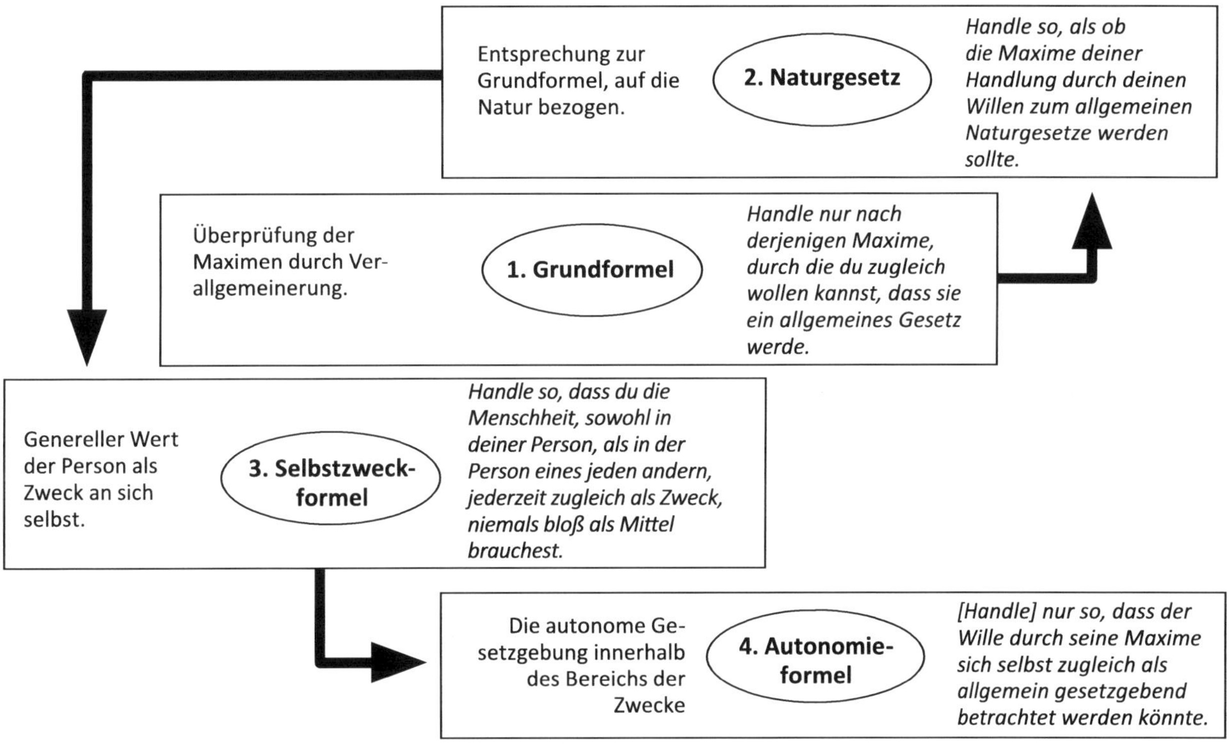

3. Herleitung und Aussage der Selbstzweckformel:
– Als vernünftiges Wesen besitze ich einen autonomen Willen.
– Daraus folgt, dass auch alle anderen vernünftigen Wesen einen freien Willen haben.
– Menschen setzen sich in ihrem Handeln und Wollen Zwecke.
– Dadurch entsteht das Reich der Zwecke.
– Nur der Mensch oder die Person ist Zweck an sich selbst und hat einen absoluten Wert.

4. Missachtung der Selbstzweckformel:
Verstöße gegen das Prinzip des "Zweck an sich selbst sein" sind Handlungen, die die Würde oder den Wert einer Person verletzen oder sie als Mittel zum Zweck verwenden, ohne ihre Zustimmung oder ihr Wohl im Blick zu haben. Beispiel: Unehrlichkeit, Selbsttötung

5. Bedeutung der Selbstzweckformel:
Kant unterscheidet zwischen menschlichen Handlungen, die einen Preis haben und solchen, die eine Würde besitzen (GMS, S.435): „Im Reiche der Zwecke hat alles entweder einen Preis, oder eine Würde. Was einen Preis hat, an dessen Stelle kann auch etwas anderes, als Äquivalent, gesetzt werden; was dagegen über allen Preis erhaben ist, mithin kein Äquivalent verstattet, das hat eine Würde.“
Fazit: Da der Mensch eine Würde hat, kann er nicht als Mittel zum Zweck verwendet werden.

6. Kants Begründung für die Würde des Menschen:
„Autonomie ist also der Grund der Würde der menschlichen und jeder vernünftigen Natur.“ (GMS, S.435)

Die Würde des Menschen, die seinen absoluten und inneren Wert ausmacht, beruht auf seiner Autonomie, also seiner Fähigkeit, in Freiheit Gesetzen zu folgen und moralisch handeln zu können. Diese Würde ist eine angeborene Eigenschaft aller vernunftbegabten Wesen, die sich selbst Gesetze geben und diese als verpflichtend anerkennen.

Fazit: Die Selbstzweckhaftigkeit des Menschen ist der Grund für seine Würde.

Silke Trillhaas

Zusatzmaterialien

Nürnberger Ärzteprozess
https://www.aerzteblatt.de/pdf.asp?id=192979

Charta der Vereinten Nationen
https://unric.org/de/charta/

Statements des Deutschen Ethikrates zum Thema Impfen, Impfpflicht und Corona-Pandemie
https://www.ethikrat.org/pressekonferenzen/veroeffentlichung-der-stellungnahme-impfen-als-pflicht/?cookieLevel=not-set

Deutscher Ethikrat: Vulnerabilität und Resilient in der Krise – ethische Kriterien für Entscheidungen in einer Pandemie
https://www.ethikrat.org/publikationen/publikationsdetail/?tx_wwt3shop_detail%5Bproduct%5D=159&tx_wwt3shop_detail%5Baction%5D=index&tx_wwt3shop_detail%5Bcontroller%5D=Products&cHash=dda23996b2e07a9c7790d7e2ef405d40

Deutscher Ethikrat: Ethische Orientierung zur Frage einer allgemeinen gesetzlichen Impfpflicht
https://www.ethikrat.org/publikationen/publikationsdetail/?tx_wwt3shop_detail%5Bproduct%5D=156&tx_wwt3shop_detail%5Baction%5D=index&tx_wwt3shop_detail%5Bcontroller%5D=Products&cHash=0f8ecb0ed3d35c047fe2c40b61eac032

Deutscher Ethikrat: Zur Impfpflicht gegen Covid-19 für Mitarbeitende in besonderer beruflicher Verantwortung
https://www.ethikrat.org/publikationen/publikationsdetail/?tx_wwt3shop_detail%5Bproduct%5D=154&tx_wwt3shop_detail%5Baction%5D=index&tx_wwt3shop_detail%5Bcontroller%5D=Products&cHash=d1991f89f1af643034c9b7871a803eb9

Deutscher Ethikrat: Besondere Regeln für Geimpfte?
https://www.ethikrat.org/publikationen/publikationsdetail/?tx_wwt3shop_detail%5Bproduct%5D=150&tx_wwt3shop_detail%5Baction%5D=index&tx_wwt3shop_detail%5Bcontroller%5D=Products&cHash=823d98f02728e258468368f3d2b686ed

Deutscher Ethikrat: Wie soll der Zugang zu einem Covid-19-Impfstoff gerecht werden?
https://www.ethikrat.org/publikationen/publikationsdetail/?tx_wwt3shop_detail%5Bproduct%5D=145&tx_wwt3shop_detail%5Baction%5D=index&tx_wwt3shop_detail%5Bcontroller%5D=Products&cHash=a801e59f640bf1df9e9bc3ec1316df44

Deutscher Ethikrat: Solidarität und Verantwortung in der Corona-Krise
https://www.ethikrat.org/publikationen/publikationsdetail/?tx_wwt3shop_detail%5Bproduct%5D=135&tx_wwt3shop_detail%5Baction%5D=index&tx_wwt3shop_detail%5Bcontroller%5D=Products&cHash=a37377aedcc6b8b131fce9a9146f9095

M 5 Coronavirus

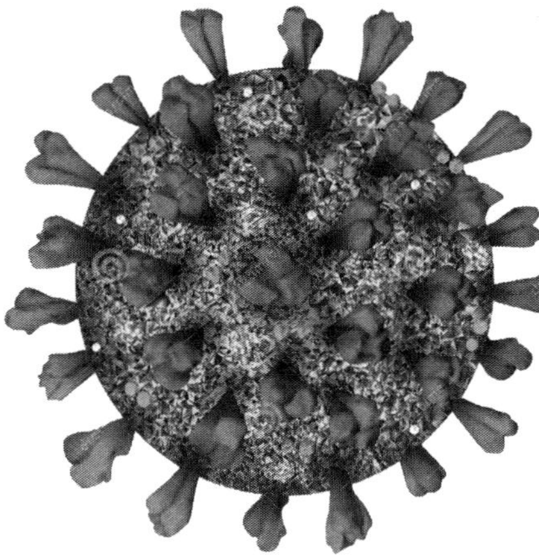

■ Was ist ein Coronavirus?

Sogenannte Coronaviren sind seit Jahrzehnten bekannt. Sie infizieren Tiere und Menschen und lösen unterschiedliche Krankheiten aus, von einfachen Erkältungen bis hin zu potenziell tödlichen Erkrankungen, vornehmlich der Atemwege.

■ Woher kommt das Coronavirus?

Das jetzt aktive Coronavirus ähnelt dem Sars-Erreger von 2002, der ebenfalls in China zuerst in Erscheinung trat. Sars-Cov-2 wurde in China erstmals im Dezember 2019 entdeckt. Die ersten Fälle werden mit einem Markt in Wuhan in Verbindung gebracht, auf dem auch Wild und exotische Tiere verkauft werden. Schuppentiere oder Fledermäuse gelten als mögliche Überträger, aber auch Rinder.

■ Was ist Covid-19?

Das Coronavirus kann zu schweren Atembeschwerden, Fieber und Lungenentzündung führen. Die Erkrankung wird „Covid-19“ genannt: „Co“ für Corona –„vi“ für Virus „d“ für Disease (englisch Krankheit) -19 für das Jahr 2019, in dem die Krankheit erstmals auftrat. Es gibt jedoch verschiedene Symptome und Krankheitsbilder, auch andere Organe können geschädigt werden.

■ Wann hat die WHO den Ausbruch als Pandemie eingestuft?

Eine Pandemie ist ein weltweiter Ausbruch einer schweren Krankheit. Die anhaltende Coronavirus-Pandemie stuft die WHO seit dem 11. März 2020 so ein.

■ Wie gefährlich ist das Coronavirus?

Das Ansteckungsrisiko wird als hoch eingeschätzt, insbesondere durch Infizierte, die (noch) keine Symptome zeigen. Besonders gefährdet sind ältere Menschen mit schwächerem Immunsystem. Das Risiko steigt auch mit Vorerkrankungen.

Das Virus ist von Mensch zu Mensch übertragbar. Das geschieht vor allem über die Luft, sowohl über Tröpfcheninfektionen, (Tröpfchenkerne, kleiner als fünf Mikrometer), die zum Beispiel beim Sprechen oder Singen in die Raumluft gelangen, dort mehrere Stunden überleben und durch Klimaanlagen verteilt werden können. Nicht auszuschließen ist eine Übertragung durch kontaminierte Oberflächen.

M 6 Entwicklung der Corona-Pandemie

Seit mehr als zwei Jahren (Stand September 2022) grassiert das Coronavirus auf der Welt. Mehr als 450 Millionen Menschen infizierten sich der WHO zufolge mit Sars-CoV-2, mehr als sechs Millionen Menschen weltweit starben. Viele haben auch nach der Infektion mit Long-Covid zu kämpfen. Im chronologischen Rückblick sind die wichtigsten Ereignisse aufgelistet. Die Corona-Pandemie geht in das dritte Jahr – FFP2-Masken sind mittlerweile Alltagsbegleiter geworden.

Ende November beziehungsweise Anfang Dezember 2019 treten in der chinesischen Stadt Wuhan erste Fälle einer unbekannten Lungenerkrankung auf. Am 31. Dezember 2019 meldet China die Fälle offiziell der Weltgesundheitsorganisation (WHO).

Januar 2020

09. Die Lungenkrankheit gehe auf ein neuartiges Coronavirus zurück, melden die chinesischen Behörden. Am selben Tag gibt es dort den ersten erfassten Todesfall im Zusammenhang mit dem Virus.
15. Die WHO registriert eine Infektion in Thailand, die erste außerhalb Chinas.
21. Der erste Fall in den USA wird publik.
24. Das neuartige Virus erreicht Europa. In Frankreich gibt es erste Nachweise.
27. Die erste erfasste Erkrankung in Deutschland wird aus dem bayerischen Landkreis Starnberg gemeldet.
30. Die WHO erklärt eine „gesundheitliche Notlage von internationaler Tragweite“.

Februar 2020

11. Die WHO nennt die neuartige Lungenerkrankung Covid-19. Das Virus erhält den Namen Sars-CoV-2.
14. Mit Ägypten hat das Virus das erste Land in Afrika nachweislich erreicht.
15. Frankreich meldet den ersten Todesfall in Europa.
19./20. Erste gemeldete Todesfälle in Iran und Südkorea.
23. In Europa ist Italien am stärksten betroffen, es gibt mehr als 150 nachgewiesene Infektionen. Das Land riegelt Städte im Norden ab.
27./28. Der neu eingerichtete Krisenstab der Bundesregierung tagt zum ersten Mal, die Schweiz verbietet vorerst Veranstaltungen mit mehr als 1.000 Menschen.

März 2020

02. Es gibt Infektionen in rund 60 Ländern. Laut WHO rund 3.000 Todesopfer.
04. Tausende weitere Veranstaltungen werden in den folgenden Tagen und Wochen ebenfalls gestrichen oder verschoben.
05. Italien schließt alle Schulen.
06. In Deutschland kommt es zunehmend zu Hamsterkäufen.
09. Italien erklärt das ganze Land zur Sperrzone. Der DAX verzeichnet den höchsten Verlust seit den Terroranschlägen vom 11. September.
10. Es sind alle Bundesländer betroffen.
11. Die WHO ruft eine Pandemie aus. Kanzlerin Angela Merkel warnt vor einer Überlastung des Gesundheitssystems.
13. Tschechien, Polen und Dänemark riegeln ihre Grenzen ab. US-Präsident Donald Trump ruft den nationalen Notstand aus.
16. In den meisten Bundesländern sind Schulen und Kitas bereits geschlossen, andere folgen. An den Grenzen zu Frankreich, Österreich, Luxemburg, Dänemark und der Schweiz setzt die Bundesregierung umfassende Kontrollen und Einreiseverbote in Kraft.
18. In einer Fernsehansprache spricht Bundeskanzlerin Angela Merkel von einer Herausforderung von „historischem Ausmaß“. Sie mahnt Solidarität und Disziplin im Kampf gegen das Coronavirus an. Soziale Kontakte müssten minimiert werden. Die EU verhängt einen Einreisestopp. Fast zeitgleich startet das Auswärtige Amt eine Rückholaktion für mehr als 160.000 deutsche Urlauber aus dem Ausland.
19. Italien ist jetzt das Land mit den meisten offiziell gemeldeten Toten weltweit. Bisher seien 3.405 mit dem Erreger infizierte Menschen gestorben, teilt der Zivilschutz mit.
22. Bund und Länder einigen sich auf strenge Ausgangs- und Kontaktbeschränkungen. Millionen Deutsche können nicht mehr arbeiten oder arbeiten im Homeoffice.
23. Die Bundesregierung kündigt ein Hilfspaket für die Wirtschaft im Umfang von 156 Milliarden Euro an.
29. Mit über 140.000 sind in den USA jetzt mehr Infektionen bekannt, als in jedem anderen Land der Welt offiziell erfasst wurden. Allein in New York City gibt es kurz darauf mehr Infizierte als in

Deutschland insgesamt. Spanien schließt „nicht lebensnotwendige Unternehmen".

31. Zum Monatsende sind nach Angaben der Johns-Hopkins-Universität weltweit über 800.000 Menschen infiziert. Fast 40.000 Menschen sind demnach an Covid-19 gestorben. Rund 172.000 Menschen gelten als geheilt. Für Deutschland melden die Experten über 67.000 Fälle und über 680 Tote.

April 2020

01. Die bundesweit geltenden Kontaktbeschränkungen werden bis zum 19. April verlängert.
10. Infolge einer Infektion mit dem Coronavirus sind weltweit mehr als 100.000 Menschen gestorben.
20. In Deutschland treten die ersten Lockerungen der Corona-Schutzmaßnahmen in Kraft.
27. In allen deutschen Bundesländern gilt inzwischen eine Mundschutzpflicht, meist für Einkäufe sowie in Bus und Bahn, teils nur im ÖPNV.
30. Bund und Länder einigen sich auf weitere Lockerungen der Corona-Maßnahmen. Im Zentrum steht die Öffnung von Spielplätzen, Museen, Zoos und Gotteshäusern.

Mai 2020

02. In Mitteldeutschland demonstrieren erstmals hunderte Menschen an mehreren Orten gleichzeitig gegen die Beschränkungen und Regelungen zur Eindämmung des Virus. Schon am 1. Mai war es vereinzelt zu Protesten gekommen, in Berlin gab es Krawalle.
06. Bundeskanzlerin Angela Merkel kündigt nach einem Gespräch mit den Ministerpräsident:innen der Länder weitere Lockerungen der Corona-Beschränkungen an. Bundesweit dürfen sich nun wieder Menschen aus zwei Haushalten im öffentlichen Raum treffen. Menschen in Pflegeheimen dürfen wieder Besuch von „einer festen Kontaktperson" erhalten.
    Bei den Protesten gegen die Corona-Maßnahmen in Deutschland kommen sehr unterschiedliche politische Milieus zusammen. Das breite Spektrum macht es allerdings schwierig, klare politische Botschaften aufzunehmen. Es handelt sich oft um irrationale Erklärungsmuster, die eine Basis für Verschwörungslegenden bieten.
13. Die Bundesregierung beschließt, die systematischen Kontrollen an den deutschen Außengrenzen schrittweise zu beenden.
14. Wissenschaftler des Universitätsklinikums Hamburg-Eppendorf melden, dass das Virus neben der Lunge auch andere Organe befällt, insbesondere die Niere, aber auch Herz, Leber und Gehirn.
15. Der Bundesrat billigt zahlreiche Gesetzesvorhaben der Bundesregierung in der Krise. Unter anderem werden Corona-Tests sowie Meldepflichten von Laboren und Gesundheitsämtern ausgeweitet. Zahlreiche Sozialleistungen werden ausgebaut, darunter das Kurzarbeiter-, Eltern- und Arbeitslosengeld.
17. Brasilien meldet 15.000 Neuinfektionen innerhalb von 24 Stunden. Das Land entwickelt sich zu einem Brennpunkt der Pandemie.
20. Die WHO registriert weltweit innerhalb eines Tages 106.000 Infektionen – so viele wie nie binnen 24 Stunden.
21. Die Zahl der weltweit registrierten Infektionen überschreitet die Schwelle von fünf Millionen.
22. Erste Tests mit neuen Impfstoffen werden erfolgreich am Menschen getestet.

Juni 2020

01. Das Pfingstwochende nutzen viele Menschen zu Ausflügen. An der Ostsee müssen einige Orte abgesperrt werden, damit Abstandsregeln noch eingehalten werden können.
03. Die Bundesregierung beschließt nach langen Verhandlungen ein Konjunkturpaket mit einem Volumen von rund 130 Milliarden Euro, um die Wirtschaft nach dem Lockdown anzukurbeln. Unter anderem vorgesehen sind eine vorübergehende Absenkung der Mehrwertsteuer und ein sogenannter Kinderbonus.
08. Eine Studie bestätigt die Schutzwirkung von Atemmasken gegen das Coronavirus.
09. Deutschlands Exporte sind im April im Vergleich zum Vorjahresmonat um 31,1 Prozent eingebrochen. Binnen eines Monats ging es um 24 Prozent nach unten.
14. China meldet den höchsten Anstieg bei Neuinfektionen mit dem Coronavirus seit April, binnen eines Tages 57 Ansteckungen. Am Vortag waren in Peking bereits mehrere Wohnviertel wegen Dutzender Infektionen abgeriegelt worden.
16. Die Corona-Warn-App zur besseren Nachverfolgung von Infektionsketten startet in Deutschland.
28. Weltweit haben sich nach Zählungen der Johns-Hopkins-Universität mehr als zehn Millionen Menschen mit dem Virus infiziert. Mehr als 497.000 Menschen starben demnach an bzw. mit einer Infektion.

Juli 2020

03. Die EU-Kommission erlaubt unter Auflagen den Einsatz des Arzneimittels Remdesivir gegen die Lungenkankheit Covid-19. Das Mittel war ursprünglich gegen Ebola entwickelt worden. Studien zeigten aber, dass Remdesivir die Genesung von Covid-19-Patient:innen unter Umständen verkürzen kann.
07. Die europäische Wirtschaftsleistung sinkt laut einer Prognose der EU-Kommission durch die Corona-Krise im Jahr 2020 um gut acht Prozent. Für Deutschland wird ein Rückgang von 6,7 Prozent angenommen. Zugleich warnt die Welthungerhilfe vor einer Milliarde Hungernder weltweit. Die USA treten derweil offiziell aus der WHO aus.
24. Die Gesundheitsminister von Bund und Ländern vereinbaren kostenlose Test für heimkehrende Flugreisende.
27. Die WHO bezeichnet die Coronavirus-Pandemie als den schwersten globalen Gesundheitsnotstand in ihrer Geschichte. Bundesgesundheitsminister Jens Spahn kündigt Pflichttests für Reiserückkehrer an.

August 2020

01. Erstmals seit Mai werden in Deutschland mehr als 1.000 Neuinfektionen pro Tag registriert. In Berlin demonstrieren etwa 20.000 Menschen gegen die Politik der Bundesregierung in der Pandemie. Die Teilnehmer:innen missachten dabei alle Hygieneauflagen.
03. Nach Hamburg will auch das Bundesland Nordrhein-Westfalen mit dem Schulbeginn eine Mundschutzpflicht an Schulen einführen.
08. Für Reisende, die aus Corona-Risikogebieten zurückkehren, gilt ab sofort eine Pflicht, sich auf das Virus testen zu lassen. Teststationen gibt es an Flughäfen, Banhöfen und grenznahen Autobahn-Raststätten, auch bei Hausärzten kann man sich bis zu 72 Stunden nach der Rückkehr testen lassen.
10. Die Gesundheitsminister von Bund und Ländern lehnen Bundesligaspiele mit Zuschauern vorerst ab.
17. Bundeskanzlerin Merkel hält weitere Lockerungen für ausgeschlossen.
26. Deutschland verlängert Reisewarnungen für mehr als 160 Länder außerhalb der EU und das Kurzarbeitergeld.

September 2020

05. Die Bundesregierung kündigt eine langfristige Stärkung des öffentlichen Gesundheitsdienstes an und bis Ende 2022 rund 5.000 neue Vollzeitstellen vor allem in Gesundheitsämtern.
09. Einer Studie zufolge besteht keine erhöhte Ansteckungsgefahr in Fernverkehrszügen der Deutschen Bahn.
11. Bundesweit steigen die Zahlen der Neuinfektionen mit dem Coronavirus weiter. Mit fast 1.800 neuen Fällen binnen 24 Stunden ist der Wert so hoch wie seit Ende April nicht mehr. Spanien verzeichnet einen Rekordwert von über 12.000 Neuinfektionen.
15. Bundesweit dürfen bei Veranstaltungen mit mehr als 1.000 Zuschauer:innen nun 20 Prozent der Plätze besetzt werden. Das betrifft auch die Hallen-Sportarten wie Handball, Basketball und Eishockey.
16. In Deutschland werden erstmals seit Mitte April wieder mehr als 2.000 Neuansteckungen registriert. Die stark gestiegene Zahl an Corona-Tests in Deutschland führt in den Laboren zu einem Bearbeitungsrückstau.
26. Nach dem Start des neuen Schuljahres befinden sich derzeit in Deutschland rund 50.000 Schüler:innen in Quarantäne. Die Gesundheitsämter melden mit 2.300 Infektionen so viele neue Coronavirus-Fälle wie seit dem Abklingen der ersten Welle Ende April nicht mehr. Die Zahlen haben sich auf hohem Niveau eingependelt – Tendenz leicht steigend.
29. Weltweit sind mehr als eine Million Menschen im Zusammenhang mit dem neuen Coronavirus gestorben. Bund und Länder verständigen sich auf weitere Corona-Maßnahmen. So wird die Zahl der Gäste bei privaten Feiern in öffentlichen oder gemieteten Räumen begrenzt. Restaurantbesucher, die falsche Kontaktdaten hinterlegen, müssen künftig mit einem Bußgeld von mindestens 50 Euro rechnen. Die Corona-Krise hat die Schulden von Bund, Ländern, Kommunen und Sozialversicherung auf den Höchststand von 2,1 Billionen Euro steigen lassen.

Oktober 2020

01. Die Europäische Arzneimittel-Agentur EMA beginnt mit der Prüfung eines ersten Impfstoffs in Europa auf Wirksamkeit und Verträglichkeit. Der sogenannte Oxford-Impfstoff wurde von Forschern der Universität Oxford zusammen mit dem Pharmakonzern AstraZeneca entwickelt. In Deutschland startet eine großangelegte Antikörper-Studie.
08. Die Zahl der Infektionen in Deutschland steigt deutlich und erreicht fast die Marke von 4.000

neuen Fällen an einem Tag. In Berlin und Frankfurt werden Warnwerte überschritten.

14. Bund und Länder einigen sich auf neue gemeinsame Eindämmungsregeln. In Regionen mit stark steigenden Corona-Zahlen sollen demnach private Feiern künftig auf maximal zehn Teilnehmer und zwei Hausstände begrenzt werden. In der Gastronomie soll es eine Sperrstunde um 23 Uhr geben. Die Regelungen sollen ab 50 Neuinfektionen je 100.000 Einwohner in sieben Tagen gelten. In Regionen mit 35 Neuinfektionen soll die Maskenpflicht auch da gelten, wo Menschen dichter bzw. länger zusammenkommen.
16. Die Zahl der Neuinfektionen in Deutschland erreicht einen neuerlichen Höchststand.
18. Weltweit steigt die Zahl der bestätigten Infektionen auf mehr als 40 Millionen. An den Folgen von Covid-19 starben nach Daten der Johns-Hopkins-Universität mehr als 1,1 Millionen Menschen. Polizeigewerkschaften beklagen eine zunehmend aggressive Stimmung bei der Kontrolle der Corona-Auflagen.
23. Die WHO sieht die Corona-Pandemie in der nördlichen Hemisphäre an einem „kritischen Punkt".
24. Die Zahl der Corona-Toten in Deutschland hat die 10.000er Marke überstiegen. Nach Daten von Risklayer starben seit Beginn der Pandemie insgesamt 10.090 Personen in Zusammenhang mit einer Covid-19 Infektion. Europa hat bislang mehr als 250.000 Corona-Todesfälle zu beklagen. Die Städte Gera, Erfurt und Halle werden zu Risikogebieten erklärt.
28. Bund und Länder beschließen einen „Teil-Lockdown". Ab dem 2. November sollen soziale Kontakte auf zwei Haushalte begrenzt werden, die Gastronomie- und Tourismusbranche müssen im gesamten Monat November schließen, ebenso Kultureinrichtungen. Schulen, Handel und Wirtschaft sollen dagegen am Laufen gehalten werden.

November 2020

01. Die Corona-Maßnahmen bremsen offenbar auch Atemwegserkrankungen. Nach einer Analyse der Barmer gab es weniger Ansteckungen durch die Abstands-, Hygiene- und Maskenregeln.
02. Das öffentliche Leben in Deutschland wird in weiten Teilen heruntergefahren. Kultur- und Freizeitreinrichtungen sowie Restaurants und Hotels müssen zunächst bis Ende November schließen. Auch für persönliche Treffen gelten strengere Regeln.
03. Das Bundesfinanzministerium hat für die Überbrückungshilfen für Unternehmen und Selbstständige bis zu zehn Milliarden Euro geplant. Auch Student:innen bekommen Unterstützung.
04. Nach Angaben des RKI liegt die Ansteckungsrate in Deutschland bei 0,98.
05. Trotz verschärfter Kontaktbeschränkungen steigen die Corona-Zahlen in Europa weiterhin stark an. Tschechien, Österreich, Schweden und Frankreich verzeichnen neue Höchstwerte – genau wie Deutschland. Hier gibt es mehr als 20.000 Neuinfektionen pro Tag.
06. Die Bundesregierung stuft beinahe ganz Europa als Risikogebiet ein. Die Krankenhäuser in Deutschland bereiten Notfallpläne für die Behandlung von Covid-19-Patienten vor.
07. Die Gesundheitsminister von Bund und Ländern beschließen eine gemeinsame Strategie für Corona-Impfungen – unter anderem soll der Bund die Impfstoffe beschaffen und finanzieren.
08. Die Zahl der Corona-Patienten auf Intensivstationen in Deutschland hat fast wieder den Höchstwert vom Frühjahr erreicht. Weltweit steigt die Zahl der bestätigten Infektionen auf mehr als 50 Millionen. An den Folgen von Covid-19 starben nach Daten der Johns-Hopkins-Universität bislang mehr als 1,25 Millionen Menschen.
10. Die EU-Kommission einigt sich mit den Pharma-Unternehmen Biontech und Pfizer auf die Lieferung eines Impfstoffs.
11. Nach Angaben des Deutschen Lehrerverbandes sind mehr als 300.000 Schüler wegen Corona in Quarantäne.
12. Das Robert Koch-Institut warnt vor Engpässen bei der Versorgung von Covid-19-Patienten. Das Bundesverfassungsgericht bestätigt die seit November geltende Schließung von Restaurants. Demnach hat der Schutz von Leben und Gesundheit Vorrang vor der Berufsfreiheit.
13. Die Bundesregierung vereinbart weitere Hilfen für Soloselbstständige. Es soll eine Betriebskostenpauschale von bis zu 5.000 Euro geben, vor allem für die Kultur- und Veranstaltungsbranche.
18. Bundestag und Bundesrat haben das neue Infektionsschutzgesetz beschlossen. Das neue dritte Bevölkerungsschutzgesetz beinhaltet konkrete Vorgaben für die vor allem von den Ländern verhängten Corona-Maßnahmen.
22. Die Anzeichen für eine Verschärfung und Verlängerung des Teil-Lockdowns verdichten sich. Bundesgesundheitsminister Spahn schlägt Schnelltests an Schulen vor. Die G20-Staaten verpflichten sich, für eine gerechte Verteilung von Impfstoffen zu sorgen.

25. Bund und Länder beschließen, den zunächst bis Ende November geltenden Teil-Lockdown zu verlängern und zu verschärfen. Auch gibt es Empfehlungen für Weihnachten und Silvester.
30. Der US-Pharmakonzern Moderna beantragt als erstes Unternehmen die Zulassung für einen Corona-Impfstoff in der EU.

Dezember 2020

02. Weil die Infektionszahlen nicht ausreichend sinken, beschließen Bund und Länder vorzeitig eine Verlängerung des sogenannten Teil-Lockdowns bis 10. Januar 2021.
8. In Großbritannien werden die ersten Europäer gegen Covid-19 geimpft.
09. Noch vor Weihnachten sollen Menschen über 60 Jahre und Risikopatient:innen kostenlose FFP2-Schutzmasken erhalten.
11. In der zweiten Novemberwoche sind in Deutschland deutlich mehr Menschen gestorben als im Durchschnitt der letzten vier Jahre.
13. Bund und Länder verständigen sich auf einen harten Lockdown vom 16. Dezember bis 10. Januar.
15. Die europäische Arzneimittelbehörde EMA will bereits am 21. Dezember statt am 29. Dezember zusammenkommen, um über die Zulassung des Corona-Impfstoffs der Unternehmen Biontech und Pfizer zu beraten. Zuvor hatte es Kritik an der Behörde gegeben, da Großbritannien und die USA den Impfstoff schon zugelassen haben.
17. Die EU-Kommission teilt mit, dass ab 27. Dezember die Impfungen gegen das Coronavirus EU-weit starten werden.
18. Bundesgesundheitsminister Spahn stellt den Corona-Impfplan vor, den er per Verordnung erlassen hat. Begonnen wird voraussichtlich ab dem 27. Dezember mit den Pflegeeinrichtungen und den über 80-Jährigen. Auch das Personal im Gesundheitssystem, das besonders hohem Risiko ausgesetzt und vulnerable Menschen behandelt, soll geimpft werden.
19. Deutschlandweit sind am Freitag 31.553 neue Ansteckungen mit Sars-CoV-2 gemeldet worden. Höchststand in Deutschland während der Pandemie. In Großbritannien breitet sich eine neue Variante des Coronavirus rasch aus.
20. Die neue Mutation des Coronavirus in Großbritannien sorgt in anderen EU-Ländern für Diskussion. Mehrere Staaten beschließen Reisebeschränkungen. Auch die Bundesregierung verhängt ein Landeverbot für Flüge aus Großbritannien und Nordirland – Ausnahmen gelten etwa für Frachtflüge und Flüge mit medizinischem Personal.
21. Die EU-Kommission genehmigt den Impfstoff von Biontech/Pfizer. In den USA werden die ersten Menschen mit dem Serum von Moderna geimpft.
22. RKI-Chef Lothar Wieler mahnt die Bundesbürger:innen, über Weihnachten die Kontakte auf ein Minimum zu beschränken.
27. Bundesweiter Start für Impfungen gegen das Coronavirus. Auch in anderen EU-Ländern beginnen die Impfungen. Zu den ersten Patient:innen gehören EUweit Bewohner:innen von Senioren- und Pflegeheimen auch als medizinisches Personal.
30. Die Zahl der Todesfälle in Deutschland ist nach Angaben des Statistischen Bundesamtes im November verglichen mit dem Schnitt der Vorjahre um elf Prozent gestiegen.

Januar 2021

01. Die Weltgesundheitsorganisation (WHO) erteilt dem Impfstoff von Biontech und Pfizer eine Notfallzulassung.
03. Mehr als 238.000 Menschen in Deutschland werden in der ersten Woche nach dem Impfstart geimpft. Laut Robert Koch-Institut (RKI) erhielten fast 104.000 Bewohner von Pflegeheimen den Impfstoff. Gut 107.000 Impfdosen gingen an Personal in der Altenpflege sowie medizinisches Personal.
05. Bund und Länder einigen sich auf eine Verlängerung und Verschärfung des Lockdowns. Neu ist, dass man sich nur noch mit einer weiteren Person treffen darf, die nicht zum eigenen Haushalt gehört. In Regionen mit einer 7-Tage-Inzidenz über 200 wird der erlaubte Bewegungsradius auf 15 Kilometer begrenzt.
16. In Deutschland sind nun eine Million Menschen gegen das Coronavirus geimpft. Einige erhalten bereits die zweite Impfung.
19. Bund und Länder vereinbaren, den Lockdown bis zum 14. Februar zu verlängern. Schulen und Kitas bleiben weitgehend geschlossen. Beim Einkaufen und in Bussen und Bahnen reichen Alltagsmasken nicht mehr aus, Pflicht ist nun eine medizinische Maske.
21. Die Deutsche Sepsis-Stiftung mahnt, viele Todesfälle im Zusammenhang mit Corona gehen auf eine Blutvergiftung zurück und könnten verhindert werden. Krankenkassen und Handel melden einen Ansturm auf medizinische Masken, besonders auf vom Bund finanzierte FFP2-Masken.

Februar 2021

09. Eine WHO-Expertenkommission beendet nach vier Wochen die Untersuchung zu den Ursprüngen der Pandemie in China. Das Forscherteam erklärt, dass man nicht habe herausfinden können, welches Tier das Virus an den Menschen weitergab. Die ursprünglichen Wirte seien vermutlich Fledermäuse gewesen. Es sei aber unwahrscheinlich, dass sie das Virus direkt auf den Menschen übertragen hätten. Es gäbe keine Anhaltspunkte für die Vermutung, das Virus könne aus einem Labor entwichen sein.
10. Der Lockdown in Deutschland wird bis zum 7. März verlängert. Schulen und Kitas dürfen nach Ermessen der Bundesländer früher öffnen.

März 2021

01. Nach zweieinhalb Monaten haben Friseure wieder geöffnet.
03. Eine Impfung im Impfzentrum erfolgt nur mit Termin. Bei der Terminvereinbarung, telefonisch über eine zentrale Telefonnummer, wird man an das vom Land beauftragte Callcenter weitergeleitet und bekommt dort gleichzeitig die Termine für Erst- und Zweitimpfung im selben Impfzentrum. Parallel gibt es die Möglichkeit, über eine Plattform, online Termine zu buchen.
    Bund und Länder vereinbaren, den Lockdown bis 28. März zu verlängern und legen sich zugleich auf einen Öffnungsplan fest. Er besteht aus fünf Schritten, die alle am Inzidenzwert gekoppelt sind. Zudem soll ab 8. März allen Bürger:innen pro Woche ein kostenloser Schnelltest zur Verfügung gestellt werden.
05. Die EU-Kommission beklagt in einem Bericht massive Rückschritte in Gleichstellungsfragen während der Pandemie. Auch andere Erhebungen sehen vor allem Frauen in der aktuellen Krise besonders belastet.
08. Blumenläden, Gartenmärkte und Buchhandlungen dürfen wieder öffnen, außerdem können weitere körpernahe Dienstleistungen wieder Kunden empfangen. Die Kontaktbeschränkungen werden etwas gelockert: Nun dürfen sich wieder maximal fünf Personen aus zwei Haushalten treffen.
19. Die Biontech-Gründer Özlem Türeci und Ugur Sahin erhalten das Bundesverdienstkreuz.
27. Angesichts schnell steigender Infektionszahlen fordern sowohl Bundesgesundheitsminister Jens Spahn als auch der Deutsche Verband der Intensivmediziner einen erneuten Lockdown.
28. Kanzlerin Angela Merkel fordert von Bundesländern konsequente Anwendung der „Corona-Notbremse“ bei Inzidenzen über 100. Sie droht, ansonsten werde der Bund eingreifen.
31. Der Impfstoff-Entwickler Biontech meldet eine hundertprozentige Wirksamkeit seines Impfstoffs bei 12- bis 15-Jährigen.

April 2021

01. Für die erste Aprilwoche bestellen 35.000 Hausarztpraxen in Deutschland insgesamt 1,4 Millionen Corona-Impfdosen.
03. Bundespräsident Steinmeier hat in seiner Osteransprache eine Krise des Vertrauens und Fehler beim Testen, Impfen und der Digitalisierung eingeräumt. Er rief zugleich dazu auf, sich nicht nur zu empören. Wichtiger sei zu zeigen, dass es gehe, wenn alle ihren Beitrag leisteten. Steinmeier rief auch dazu auf, sich gegen das Coronavirus impfen zu lassen.
08. Die Kultusminister:innen vereinbaren, dass Schulabschluss-Prüfungen trotz der Krise stattfinden sollen.
09. Nach Angaben der Bundesregierung sind am Donnerstag 719.927 Impfdosen verabreicht worden, so viele wie noch nie. Bund und Länder einigen sich darauf, das Infektionsschutzgesetz zu ändern, um bundesweit einheitliche Regelungen für Regionen mit hohen Corona-Infektionszahlen zu schaffen.
10. Die Auslastung der Intensivbetten in Deutschland hat nach Angaben der Deutschen Gesellschaft für Internistische Intensivmedizin und Notfallmedizin den höchsten Stand seit Beginn der Pandemie erreicht.
24. Die bundesweite „Corona-Notbremse“ ist in Kraft getreten. Auf den deutschen Intensivstationen werden 5.022 Covid-19-Kranke behandelt – innerhalb eines Monats stieg die Zahl damit um fast 2.000.
28. Der Bundesverfassungsschutz stellt Teile der auf Corona-Demos aktiven „Querdenken“-Bewegung unter Beobachtung.

Mai 2021

01. Tausende Krebserkrankungen sind laut einer Barmer-Analyse während der Corona-Pandemie unentdeckt geblieben.
13. Bundesweit gelten neue Regeln für die Einreise aus mehr als 100 Ländern. Genesene und vollständig gegen Covid-19 Geimpfte müssen nicht mehr in Quarantäne und auch keinen negativen Coronatest vorlegen.

15. Mehr als 30 Millionen Menschen in Deutschland sind mindestens einmal geimpft. Laut Bundesgesundheitsminister Jens Spahn sind das knapp 37 Prozent der Bevölkerung.
28. Die Europäische Arzneimittelbehörde gibt grünes Licht für die Zulassung des Impfstoffes von Biontech/Pfizer bei Jugendlichen ab 12 Jahren. Nach dem Bundestag stimmt auch der Bundesrat Strafen für die Fälschung von Impfpässen zu.
30. Die 7-Tage-Inzidenz liegt nach Daten des Robert Koch-Instituts in allen Bundesländern unter 50.
31. Kinder ab zwölf Jahren können laut EMA in der EU mit dem Impfstoff von Biontech/Pfizer geimpft werden.

Juni 2021

01. Die EU hat ihre Online-Plattform für das digitale Covid-Zertifikat gestartet.
07. In Deutschland fällt ab sofort die Impfpriorisierung weg. Impfwillige können sich unabhängig von Beruf, Alter oder Vorerkrankungen einen Termin für eine Covid-19-Impfung holen.
08. In Deutschland haben nach Angaben von Gesundheitsminister Spahn 38 Millionen Menschen (46 Prozent der Bevölkerung) mindestens eine Covid-19-Schutzimpfung erhalten.
10. Bundesgesundheitsminister Jens Spahn kündigt den neuen digitalen Impfpass an. Bis Ende des Monats soll er allen, die wollen, zur Verfügung stehen. Impfzentren und Arztpraxen würden Schritt für Schritt an das System angeschlossen. Der Impfnachweis kann einerseits in die Corona-Warn-App integriert oder in einer anderen App installiert werden.
    Die Luca-App wurde im Jahr 2020 gestartet, um die in den meisten Infektionsschutzverordnungen vorgeschriebene Erfassung der Kontaktdaten von Restaurantgästen und Event-Besuchern möglichst datenschutzfreundlich und effizient zu erledigen. An dem Luca-System hatte sich immer wieder heftige Kritik entzündet. Die Luca-Skeptiker störten sich vor allem am Konzept einer zentralen Datenspeicherung.
    https://newsletter.rakba.de/media/2022/09/bgbl122s1454_81167.pdf
13. Die G7-Staaten wollen den ärmeren Entwicklungsländern zwei Milliarden Impfdosen finanzieren. Allein im Verlauf des nächsten Jahres sollten eine Milliarde Impfdosen zur Verfügung gestellt werden.
14. Apotheken stellen jetzt den digitalen Impfnachweis aus – zu Beginn gab es einige Anlaufschwierigkeiten, der Ansturm war groß.
19. Die Sieben-Tage-Inzidenz ist in Deutschland erstmals seit gut neun Monaten mit 9,3 wieder im einstelligen Bereich. Gleichzeitig fiel die Zahl der Covid-19-Patienten auf Intensivstationen erstmals seit acht Monaten unter 1.000.

Juli 2021

01. Die Weltgesundheitsorganisation (WHO) meldet erstmals seit zehn Wochen wieder einen Anstieg der Corona-Neuinfektionen in Europa. Der EU-weit gültige Impfausweis soll ab sofort Reisen innerhalb der EU erleichtern.
07. Die Delta-Variante ist seit Ende Juni nach Angaben des RKI mit 59 Prozent die dominierende Cororonavirus-Variante in Deutschland. Der R-Wert liegt seit April erstmals wieder über 1.
08. Die Olympischen Spiele in Tokio werden ohne Zuschauer stattfinden.
14. Der Anteil der durch die Delta-Variante verursachten Corona-Fälle liegt inzwischen bei etwa 74 Prozent. Vor allem bei jungen Erwachsenen Anfang 20 werden Infektionen festgestellt.
20. In Deutschland sind inzwischen 60 Prozent der Menschen mindestens einmal gegen das Coronavirus geimpft.
22. Die Apotheken stoppen die Ausstellung von Impfzertifikaten. Grund ist eine Sicherheitslücke. Über einen fingierten Zugang als angebliche Apothekeninhaber können QR-Codes und damit der internationale CovPass gefälscht werden.

August 2021

02. Die Gesundheitsminister:innen von Bund und Ländern beschließen, allen Kindern und Jugendlichen ab 12 Jahren ein Impfangebot zu unterbreiten. Zudem soll es ab September erste Auffrischimpfungen geben.
07. Nach einer Modellrechnung des Robert Koch-Instituts haben die Impfungen gegen das Coronavirus bis Mitte Juli 76.600 Krankenhausaufenthalte und 38.300 Todesfälle verhindert.
12. Bislang sind knapp 11.000 Menschen in Deutschland trotz vollständigem Impfschutz an Covid-19 erkrankt. Bundesweit wurden 5.638 Neuinfektionen mit dem Coronavirus erfasst – das ist der höchste Wert seit Mai.
20. Deutschland befindet sich nach Einschätzung des Robert Koch-Instituts am Beginn der vierten Corona-Welle.
23. In Deutschland tritt die sogenannte 3G-Regel in Kraft. Bei einer Inzidenz über 35 sind Innenräume wie beim Friseur, im Restaurant oder in Schwimm-

bädern oder Fitnessstudios nur noch Geimpften, Genesenen oder Getesteten zugänglich.

25. Deutschlandweit sind inzwischen mehr als 100 Millionen Impfdosen verabreicht worden. Vollständig geimpft sind knapp 60 Prozent der Bevölkerung.
27. Die vierte Welle der Pandemie nimmt nach Angaben des Robert Koch-Instituts jetzt vor allem durch Ansteckungen unter jungen Erwachsenen an Fahrt auf.
28. Nach Angaben des Bundesgesundheitsministeriums sind 60,1 Prozent der Bevölkerung in Deutschland vollständig geimpft.

September 2021

25. Autofahrer:innen sollen ab 2022 verpflichtet werden, zwei Mund-Nase-Bedeckungen dabei zu haben. Nach Aussage des Bundesverkehrsministeriums sollen die Atemmasken in den Verbandskasten gelegt werden.

Oktober 2021

02. Weltweit übersteigt die Zahl der in Zusammenhang mit dem Coronavirus Gestorbenen die Marke von fünf Millionen. In den USA steigt die Zahl über 700.000.
04. Die Europäische Zulassungsbehörde EMA empfiehlt eine dritte Auffrischungsimpfung für alle Erwachsenen.
07. Die Ständige Impfkommission empfiehlt Menschen über 70 Jahren sowie Pflege- und medizinischem Personal eine Auffrischung der Corona-Impfung.
23. Die Inzidenz in Deutschland erreicht zum ersten Mal seit Mitte Mai wieder einen dreistelligen Wert und liegt bei 100.
26. Die Weltgesundheitsorganisation verlängert die Notlage von internationaler Tragweite. Die Pandemie sei noch lange nicht vorbei.
27. Nach Bundesgesundheitsminister Spahn sprechen sich auch SPD, Grüne und FDP dafür aus, die „epidemische Lage von nationaler Tragweite" am 25. November auslaufen zu lassen. Für den Winter soll eine Übergangsregelung gelten.

November 2021

02. Der Virologe Alexander Kekulé spricht sich für eine Impfpflicht für Pflegekräfte aus.
04. Das RKI stuft das Risiko für die Gesundheit von unvollständig oder nicht geimpften Menschen in der Pandemie als „sehr hoch" ein. Die Zahl der Corona-Patient:innen auf Intensivstationen in Krankenhäusern ist weitergestiegen. Laut RKI meldeten die Gesundheitsämter binnen eines Tages 33.949 Neuinfektionen – ein neuer Rekordwert.
13. Deutschlandweit sind wieder kostenlose Corona-Schnelltests für alle möglich.
16. Immer mehr Bundesländer weiten die 2G-Regel auf mehr Bereiche des öffentlichen Lebens aus. Sie reagieren damit auf die stark steigenden Infektionszahlen.
18. Der Bundestag billigt das neue Infektionsschutzgesetz. Bund und Länder einigen sich auf einem Gipfel auf neue Maßnahmen, unter anderem eine Impfpflicht für Pflegepersonal. Die Ständige Impfkommission empfiehlt Booster-Impfungen für alle ab 18 Jahren.
25. In Deutschland wird die Marke von 100.000 Corona-Todesfällen überschritten.
26. Die WHO stuft die neue Variante B.1.1.529 als besorgniserregend ein.
27. Deutschland und Großbritannien melden erste Fälle der neuen Omikron-Variante. Die Impfallianz Gavi kritisiert unterdessen die ungerechte Impfstoff-Verteilung weltweit.

Dezember 2021

02. Die geschäftsführende Bundesregierung, die mögliche künftige Ampel-Regierung und die Länder vereinbaren bundesweite Einschränkungen für Ungeimpfte. Dazu zählen etwa Kontaktbeschränkungen. Auch der Zugang zum Einzelhandel, Kinos oder Gaststätten wird eingeschränkt. Beschlossen wurde zudem eine Impfpflicht für alle Beschäftigten in Krankenhäusern und in Pflegeeinrichtungen.
04. Der Chef der Ständigen Impfkommission, Thomas Mertens, rät der Bevölkerung, sich jetzt boostern zu lassen. Eine US-Studie mit deutschen Wissenschaftlern belegt, dass FFP2-Masken einen extrem hohen Schutz vor einer Corona-Infektion bieten.
06. Die Ampel-Parteien SPD, Grüne und FDP wollen ab 16. März eine Corona-Impfpflicht für das Personal in Einrichtungen für besonders gefährdete Personen einführen.
09. Die Ständige Impfkommission empfiehlt nun auch Covid-Impfungen für Kinder ab fünf Jahren, wenn sie Vorerkrankungen haben. Das gleiche gilt für die Altersgruppe bei Kontakt zu Risikopatient:innen. Andere Kinder können auf Wunsch der Eltern ebenfalls mit dem Präparat von Biontech und Pfizer geimpft werden.
10. Bundestag und Bundesrat haben die einrichtungsbezogene Impfpflicht für den Gesundheitssektor beschlossen. Sie gilt ab 15. März 2022.

18. Die Weltgesundheitsorganisation warnt, dass sich die Omikron-Variante sehr viel schneller ausbreitet als die Delta-Variante.
21. Bund und Länder vereinbaren strengere Kontaktbeschränkungen auch für Geimpfte, aber erst nach Weihnachten. Die Stiko empfiehlt Booster-Impfungen nun schon drei Monate nach der Zweitimpfung.
26. Die Bundesregierung erreicht ihr Mitte November gesetztes Ziel von 30 Millionen Impfungen bis zum Jahresende. Die Polizei ermittelt bundesweit einem Bericht zufolge in mehr als 11.000 Fällen wegen gefälschter Impfpässe.
28. Das Bundesverfassungsgericht fordert Bundesregierung und Bundestag auf, Vorkehrungen zum Schutz Behinderter im Fall einer pandemiebedingten Triage zu treffen.
31. Der Virologe Christian Drosten rechnet damit, dass jede/r eine Auffrischungsimpfung mit einem an Omikron angepassten Corona-Impfstoff brauchen wird.

Januar 2022

04. Die Zahl der Omikron-Fälle in Deutschland hat sich innerhalb einer Woche verdreifacht. In Frankreich ist eine neue Coronavirus-Variante mit Ähnlichkeiten zu Omikron entdeckt worden.
06. In Deutschland hat inzwischen 71,5 Prozent der Bevölkerung den vollständigen Impf-Grundschutz mit meist zwei Spritzen.
07. Bund und Länder einigen sich darauf, die 2G+-Regel für den Besuch eines Restaurants oder einer Kneipe einzuführen. Außerdem werden die Quarantäne-Regeln gelockert.
12. Der Bundestag beschließt gegen die Stimmen der AfD die 2G+-Regel. Demnach dürfen nur noch doppelt geimpfte oder genesene Abgeordnete den Plenarsaal betreten, wenn sie einen negativen Schnelltest vorlegen. Ungeimpfte Abgeordnete dürfen nur noch von der Zuschauertribüne aus zuschauen, wenn sie einen Negativ-Test vorzeigen. Für geboosterte Abgeordnete gilt grundsätzlich keine Testpflicht.
15. In Deutschland sind inzwischen mindestens 60,4 Millionen Menschen vollständig gegen das Coronavirus geimpft – das entspricht mindestens 72,6 Prozent der Bevölkerung.
23. Erstmals seit Mitte Dezember gibt es wieder einen Anstieg bei der Zahl der Covid-19-Patient:innen auf Intensivstationen. Einer Studie zufolge hat die deutsche Wirtschaft seit Beginn der Corona-Pandemie Wirtschaftsleistungen in Höhe von rund 350 Milliarden Euro verloren.
27. Das RKI verzeichnet erstmals mehr als 200.000 Neuinfektionen an einem Tag.

Februar 2022

01. „Boostern" wird zum Anglizismus des Jahres 2021 ernannt.
25. Es wird bekannt, dass ein Sub-Typ der Omikron-Variante des Coronavirus weniger gefährlich ist als befürchtet. Die Zahl der Covid-19 Patient:innen in Krankenhäusern steigt wieder.

März 2022

11. RKI-Chef Lothar Wieler verkündet, dass sich die noch ansteckendere Omikron-Subvariante BA.2 immer stärker durchsetze. Sie mache bereits die Hälfte der Infektionsfälle aus. Bundesgesundheitsminster Karl Lauterbach (SPD) spricht von einer kritischen Situation. Pro Tag würden noch 200 bis 250 Menschen sterben.
15. Die Impfpflicht im Gesundheitswesen tritt in Kraft und gilt ab 16.03.2022. Vorerst gibt es dabei keine Tätigkeitsverbote für ungeimpftes Personal.
20. Das neue Infektionsschutzgesetz tritt in Kraft. Es sieht nur noch Basisschutzmaßnahmen gegen das Coronavirus vor. Masken- und Testpflicht sind weitgehend entfallen. Weitergehende Schutzmaßnahmen können die Länder für „Hotspots" erlassen.
23. Der Omikron Subtyp BA.2 ist mittlerweile vorherrschend in Deutschland. Dem Robert Koch-Institut zufolge sind 62 Prozent der Neuinfektionen auf den Subtyp zurückzuführen. Eine aktuelle Studie zeigte zudem, dass der Immunschutz nach Genesung, Grundimmunisierung und Booster viel geringer sei als bei früheren Mutationen.

April 2022

07. Eine gesetzliche Impfpflicht gegen das Coronavirus scheitert vorerst. Der Bundestag lehnt einen Gesetzentwurf aus den Reihen der Ampelkoalition für eine allgemeine Impfpflicht ab 60 Jahren ab.
08. Das Robert Koch-Institut sieht den Höhepunkt der Omikron-Welle überschritten. Bundesgesundheitsminister Karl Lauterbach kündigt an, im Herbst könnten wieder stärkere Schutzmaßnahmen nötig sein.
11. Ein neu entdeckter Mechanismus könnte eine Erklärung für schwere Covid-19-Verläufe liefern: Einige Patient:innen bilden demnach Antikörper, die das Virus in Immunzellen bringen und eine Kaskade von Entzündungen auslösen.
19. Die Wissenschaft findet heraus, dass dreifach Geimpfte bei einem Omikron-Durchbruch weni-

ger ansteckende Viren verbreiten. Daten aus den USA zeigen außerdem, dass psychische Gesundheit vor einem Impfdurchbruch schützt.

22. Omikron bleibt laut RKI die klar dominierende Variante des Virus, andere Sub- und Mischvarianten werden aber beobachtet.

Mai 2022

15. Weltweit haben sich mehr als 518,52 Millionen Menschen mit dem Coronavirus angesteckt. Das ergibt eine Reuters-Zählung auf Basis offizieller Daten. Danach starben mehr als 6,65 Millionen Menschen im Zusammenhang mit dem Virus.
24. Die Ständige Impfkommission (Stiko) empfiehlt eine einmalige Corona-Impfung für alle 5- bis 11-Jährigen, da die meisten Kinder bereits Covid-19 hatten. Nur Risikogruppen empfiehlt sie auch Zweitimpfungen und Boosterimpfungen.

Juni 2022

15. Die Corona-Infektionszahlen sind wieder sprunghaft angestiegen. Ein Grund sind die sich schnell ausbreitenden Varianten BA.4 und BA.5.
30. Die sogenannten Corona-Bürgertests sind ab sofort nicht mehr kostenlos, sondern kosten drei Euro. Ausgenommen sind Risikogruppen sowie Kinder bis fünf Jahre, Frauen zu Beginn der Schwangerschaft und Besucher:innen von Kliniken und Pflegeheimen. Auch Angehörige von Infizierten sowie Menschen, die sich nicht impfen lassen können, müssen nicht zahlen.

Juli 2022

01. Das Robert Koch-Institut meldet deutlich mehr Intensivbehandlungen durch die Corona-Sommerwelle.
06. In zahlreichen Städten und Provinzen in China verhängen die Behörden Lockdowns. Millionen Menschen sind davon betroffen. Die Infektionszahlen steigen dennoch unvermindert an.
18. Mehrere neue Studien zeigen, dass die Antikörper gegen Covid-19 nach einer Corona-Infektion oder nach der Impfung viel länger halten, als bislang angenommen: zwischen einem und zwei Jahren.
22. Eine repräsentative Studie des Robert Koch-Instituts zeigt: Schon vor sieben Monaten hatten 92 Prozent der Erwachsenen Antikörper gegen Corona – waren geimpft oder genesen.
24. Der Chef der Kassenärztlichen Bundesvereinigung (KBV), Andreas Gassen, fordert ein Ende aller Isolations- und Quarantänepflichten. Infiziertes Pflegepersonal, das keine Symptome aufweist, könnte nach seinen Worten auf Arbeit gehen, um Personalmangel zu vermeiden. Nur, wer sich krank fühle, sollte zu Hause bleiben.
25. Forscher der TU Berlin schätzen, dass viele Menschen in Deutschland inzwischen eine Grundimmunität gegen das Coronavirus aufgebaut haben. Daher sei nicht mit einer Überlastung des Gesundheitswesens zu rechnen.

August 2022

03. Bundesgesundheitsminister Karl Lauterbach und Justizminister Marco Buschmann stellen ihren Entwurf für ein neues Infektionsschutzgesetz ab Oktober vor. Der Plan sieht Masken, Tests und Impfungen vor – Lockdowns und Ausgangssperren soll es aber nicht geben.
18. Die Ständige Imfkommission korrigiert ihre Impfempfehlung. Die zweite Auffrischungsimpfung sollten sich nun nach Auffassung der Stiko alle ab 60 Jahre geben lassen. Zuvor galt die Empfehlung für alle über 70 Jahre.
24. Die Minister Karl Lauterbach und Marco Buschmann stellen das neue Infektionsschutzgesetz vor. Ab Oktober soll in Fernzügen und Flugzeugen wieder FFP2-Maskenpflicht gelten, ebenso in Kliniken und Pflegeeinrichtungen. Neu ist die Regelung, dass Pflegeheime Beauftragte für Testen, Impfen und Hygiene benennen müssen. Die Länder sollen je nach Infektionslage zusätzliche Maßnahmen beschließen können. Das Gesetz geht nun in den Bundestag.

September 2022

01. Die Europäische Arzneimittelbehörde (EMA) erteilt den beiden Omikron-Vakzinen von Biontech/Pfizer und Moderna eine Zulassung für die EU. Die Impfstoffe sollen laut Hersteller sowohl gegen die ursprüngliche Form des Coronavirus als auch gegen BA.1 wirken, einem Subtyp der Omikron-Variante des Coronavirus. Die neuen Impfstoffe sollen bereits ab 5. September an Deutschland ausgeliefert werden.
08. Der Bundestag verabschiedet das neue Infektionsschutzgesetz und stimmt damit den Corona-Regeln für Herbst und Winter zu. Demnach soll es etwa keine Lockdowns mehr geben. Die Maskenpflicht bleibt allerdings in vielen Bereichen bestehen.
12. Die Europäische Arzneimittelbehörde EMA lässt einen Impfstoff von Biontech/Pfizer zu, der erstmals auch gegen die Omikron-Subvarianten BA.4 und BA.5 ausgerichtet ist. Die Gesundheitsminister:innen der Länder einigen

sich, die Maskenpflicht im ÖPNV auch im Herbst beizubehalten.

16. Der Bundestag hat den Neuregelungen im Infektionsschutzgesetz zugestimmt. Eine Mehrheit der Abgeordneten beschlossen den Entwurf von Gesundheitsminister Karl Lauterbach und Justizminister Marco Buschmann. Das novellierte Gesetz sieht keine Lockdowns und Ausgangssperren mehr vor. Es soll vom 1. Oktober bis 7. April gelten.
20. Die Ständige Impfkommission (Stiko) empfiehlt, Booster-Impfungen künftig mit den angepassten Omikron-Impfstoffen durchzuführen. An den aktuellen Altersempfehlungen für Auffrischungsimpfungen hält das Gremium weiter fest.
30. Bundesgesundheitsminister Lauterbach: „Diese Welle wird sich nicht von allein begrenzen."

Oktober 2022

01. Es gelten veränderte bundesweite Corona-Schutzmaßnahmen. In Flugzeugen besteht keine Pflicht zum Tragen einer Maske mehr, im Fernverkehr muss dagegen nun eine FFP2-Maske statt bloß einer OP-Maske getragen werden. Zudem gilt nun eine teilweise FFP2-Maskenpflicht für Pflegeheimbewohner, etwa in Gemeinschaftsräumen.
13. Ein Großteil der deutschen Bevölkerung hat offenbar eine Grundimmunität gegen das Coronavirus. Das geht aus einer neuen vom Bund geförderten Immunstudie hervor. Demnach besitzen 95 Prozent der Bevölkerung bereits Antikörper gegen das Coronavirus, entweder durch Impfung oder durch Infektion.
27. China verhängt angesichts steigender Corona-Infektionszahlen neue landesweite Lockdowns. Betroffen sind mehr als 200 Millionen Menschen. Ganze Straßen und Stadtteile werden abgeriegelt, die Regierung setzt ihre strikte No-Covid-Politik damit fort.

November 2022

02. Bundesgesundheitsminister Karl Lauterbach schätzt die Kita-Schließungen in den ersten Corona-Wellen als medizinisch nicht notwendig ein. Bei der Vorstellung des Abschlussberichts der „Corona-Kita-Studie" sagt Lauterbach, Schließungen dieser Art werde es künftig nicht mehr geben.
27. In zahlreichen chinesischen Städten bilden sich Demonstrationen gegen die strikte No-Covid-Politik der Staatsführung. In Shanghai kommt es zu Festnahmen, auch an chinesischen Elite-Universitäten wird demonstriert.

Dezember 2022

07. Die chinesische Staatsführung rückt zunehmend von ihrer bisherigen strikten No-Covid-Politik ab. Die neuen Richtlinien der Nationalen Gesundheitskommission sehen bei milden Symptomen nur noch eine häusliche Isolation vor.
21. Die Coronavirus-Impfverordnung (CoronaImpfV) wird über den 31. Dezember 2022 hinaus verlängert.
    Lauterbach betont, dass das freiwillige Masketragen in Innenräumen und Zügen auch weiterhin sinnvoll sei: „Jeder, der sich und andere schützen möchte, sollte weiterhin die Maske tragen. Die Pandemie ist nicht vorüber, wir gehen über in die endemische Lage."
30. Angesichts stark steigender Corona-Fallzahlen in China führen mehrere europäische Länder, darunter auch Deutschland, eine Testpflicht für Einreisende aus China ein.

Februar 2023

02. Der Bund setzt die Maskenpflicht im öffentlichen Fernverkehr aus. In den Bundesländern werden oder wurden bereits gleiche Aufhebungen für den Nahverkehr beschlossen.
03. Das Robert Koch-Institut hat die derzeitige Gefährdung durch Covid-19 für die Gesundheit der Bevölkerung in Deutschland von „hoch" auf „moderat" herabgestuft. Das Robert Koch-Institut (RKI) rät weiterhin dazu, Empfehlungen zum Schutz vor Ansteckung umzusetzen.
14. Aufgrund der stabilen Infektionslage laufen zum 1. März fast alle Test- und Maskenpflichten aus. Darauf haben sich die Gesundheitsministerinnen und -minister von Bund und Ländern verständigt. Lediglich für Arzt-, Krankenhaus- und Pflegeheimbesucher soll weiterhin Maskenpflicht gelten.

Aktuelle Corona-Regeln (letzter Aufruf: 30. Mai 2023)
https://www.infektionsschutz.de/coronavirus/wie-verhalte-ich-mich/aktuelle-corona-regeln/

M 7 Ethische Fragen in der Corona-Pandemie

Um die Achtung der Menschenwürde, das Prinzip des Nicht-Schadens, des Wohlwollens und der Gerechtigkeit zu wahren, mussten während der Corona-Pandemie viele unterschiedliche Fragestellungen bedacht werden. Oftmals waren dies ethische Dilemmasituationen, denen Entscheidungsträgerinnen und Entscheidungsträger ausgesetzt waren.

I. Ethische Fragestellungen aus epidemiologischer Perspektive
- Social Distancing (Ausgangsbeschränkungen, Shutdown, Hygiene-Vorschriften ...)
- Weniger Zeit bei der Erprobung von Impfstoffen und Medikamenten
- Neu: persönliche Betroffenheit

Aufgaben:
1. Schreiben Sie einen Brief, in dem Sie Ihre persönlichen Erfahrungen im Umgang mit Corona zu Papier bringen.
2. Klären Sie in einem Murmelgespräch mit den Mitgliedern Ihrer Lerngruppe Gemeinsamkeiten und Unterschiede in Ihren brieflichen Reflexionen.
3. Erstellen Sie in Ihrer Gruppe eine Powerpointpräsentation oder eine Wandzeitung mit Gemeinsamkeiten und Unterschieden.
4. Stellen Sie in ihrer Lerngruppe entweder pantomimisch oder in Standbildern erlebte Situationen aus der Corona-Zeit zum Social Distancing dar.

II. Ethische Fragestellungen aus gesundheitspolitischer Perspektive
- Gesundheitssystem nicht überlasten (Shutdown, Triage)
- Risikogruppen schützen
- Testpflicht
- Impfpflicht

Aufgaben:
1. Recherchieren Sie den Begriff „Triage“ und diskutieren Sie in Ihrer Lerngruppe die ethischen Grenzen von Triage.
2. Diskutieren Sie in ethischer Hinsicht und im Rekurs auf Kants Ethik und auf das utilitaristische Modell die Test- und Impfpflicht und erstellen Sie für beide Modelle eine Pro- und Contra Folie bzw. eine Wandzeitung.

III. Ethische Fragestellungen aus sozialpolitischer Perspektive
- Schulschließungen
- Folgen für Familie und Partnerschaft
- Kontaktsperre bei Senioren- und Pflegeheimen
- Neue Arbeitsorganisation

Aufgaben:
1. Recherchieren Sie an Ihrer Schule, wie mit der Maßgabe der Schulschließungen umgegangen wurde und welche Konsequenzen Schulschließungen für alle am Schulleben Beteiligten gehabt hatte.
2. Interviewen Sie Leitungen von Senioren- und Pflegeheimen, welche Bedeutung die angeordneten Schließ- und Hygienemaßnahmen in den Heimen gehabt haben.

IV. Ethische Fragestellungen aus rechtsstaatlicher Perspektive

- Einschränkungen der Grundrechte
- Einschränkung der Religionsfreiheit
- Mangel an Solidarität als Kriminalstraftat?

Aufgabe:

1. Inwiefern dürfen Grundrechte auch nur für eine bestimmte Zeit so massiv, wie geschehen, eingeschränkt werden? Begründen Sie Ihre Position.

V. Ethische Fragestellungen aus ökonomischer Perspektive

- Wirtschaftskrise durch Shutdowns
- Finanzhilfen auf Kosten der künftigen Generation?
- Ökologische Ziele aus den Augen verloren?

Aufgaben:

1. Recherchieren Sie die Bedingungen für Wirtschaftshilfen in der Corona-Zeit und den Firmenpleiten nach der Corona-Zeit.
2. Stellen Sie die Hilfemaßnahmen für Post-Covid- und Long-Covid-Patienten dar und recherchieren Sie die volkswirtschaftlichen Probleme.

VI. Ethische Fragestellungen aus geopolitischer Perspektive

- Wie steht es um die Solidarität auf globaler Ebene?
- Machtverlagerung durch die Pandemie?

Aufgabe:

Inwiefern stützen rigide Anti-Coronamaßnahmen autoritäre gesellschaftliche Strukturen?

3 Würde im Beginn des Lebens

© Jürgen Marose | Download in Farbe s. S. 4

Ethisches Bedenken des Lebensbeginns beginnt beim Themenkomplex Fortpflanzung – Schwangerschaft – Entwicklung des Embryos – Geburt. Kurz nach dem Geschlechtsverkehr gelangen Spermien in den sog. Gebärmutterhals. Durch die Gebärmutter gelangen die Spermien in die Eileiter, in denen die Verschmelzung von Ei- und Samenzelle stattfindet. Wenn es einem Spermium gelingt, die Oberfläche der Eizelle zu durchdringen, sichert diese sich gegen weitere Spermien ab. Durch die Verschmelzung der Ei- und der Samenzelle entsteht der Bauplan für neues Leben.

Nach der Befruchtung wandert die befruchtete Eizelle durch die Eileiter in die Gebärmutterhöhle – auf dem Weg dorthin teilt sie sich mehrmals und entwickelt sich zur sog. Blastozyste, einer kleinen, mit Flüssigkeit gefüllten Kugel aus der sich der Embryo entwickelt. Sie nistet sich in der Gebärmutterschleimhaut ein (Nidation) und kommt dadurch mit dem mütterlichen Kreislauf in Kontakt. Dieser Vorgang dauert mehrere Tage und ist nicht in jedem Fall erfolgreich.

Jedes auf natürliche Weise gezeugte Kind existiert, weil es einfach gekommen ist. Selbst wenn die Eltern es sich gewünscht haben, kann man nicht sagen, dass sie es durch den Beischlaf hergestellt oder bestellt hätten. Vielmehr ist der geschlechtliche Akt eine notwendige Bedingung seiner Existenz gewesen. Doch seine Existenz ergibt sich nicht automatisch aus der partnerschaftlichen Vereinigung. Ob ein Kind aus der Vereinigung seiner Eltern entsteht, entzieht sich deren Zugriff. Das Kind ist mehr als das Produkt des Wollens seiner Eltern, weil man hier wie selbstverständlich anerkennt, dass diese den Menschen grundsätzlich entzogen bleibt..

1. Künstliche Befruchtung

Wenn jedoch die gewollte Schwangerschaft nach dem gewollten Geschlechtsverkehr ausbleibt, wird in der Regel vom betroffenen Paar nach der Ursache der ausbleibenden Schwangerschaft gefragt. Dies betrifft ca. 15% der Paare, in Deutschland sind das rund 2 Millionen Paare. Etwa jede 6. bis 7. Partnerschaft bleibt ungewollt kinderlos (www.bzga.de). Ursache hierfür können sog. Fruchtbarkeitsstörungen sowohl bei der Frau als auch beim Mann sein. Fruchtbarkeitsstörungen bei der Frau können z.B. ein ausbleibender Eisprung, Hormonstoffwechselstörungen (z.B. Schilddrüsendysfunktion), belastender Stress, die Einnahme bestimmter Medikamente oder als Folge von Entzündungen verschlossene Eileiter u.a.m. sein. Beim Mann können u.a. die reduzierte Samenzellproduktion oder Einschränkungen des Spermientransports der Grund für den unerfüllten Kinderwunsch sein.

→ www.bkid.de – Beratungsnetzwerk Kinderwunsch Deutschland BKiD mit Literaturliste
→ www.bzga.de – Bundeszentrale für gesundheitliche Aufklärung BZgA: Medienpaket „Ungewollte Kinderlosigkeit".

In einer Gesellschaft, in der die Entkoppelung von Sexualität, Befruchtung und Fortpflanzung alltäglich geworden ist, ist auch die künstliche Befruchtung eine Art Standard-Verfahren, das staatlich subventioniert wird. Das Bewusstsein für die ethischen Brüche dahinter ist kaum noch vorhanden. Das selbstverständliche Angebot der Reproduktionsmedizin suggeriert, dass das Leid eines Paares durch eine medizinisch-technische Lösung beseitigt werden kann, die Heilung der Kinderlosigkeit durch ein Kind geschieht. Damit wird das Kind selbst zum Objekt, zum Therapeutikum, ein Zugang, der ethische Probleme mit sich bringt.

Wenn die Fruchtbarkeitsstörungen nicht behebbar sind, kann sich das Paar für eine künstliche Befruchtung mittels unterschiedlicher Methoden entscheiden:
a) Intratauterine Insemination
b) Intrazytoplasmatische Spermieninjektion
c) In-Vitro-Fertilisation.
Bei der „Intrauterinen Insemination“ werden befruchtungsfähige Samenzellen des Mannes in die Gebärmutter der Frau übertragen und mit medizinischer Hilfe die Eizelle im Körper der Frau befruchtet.
Eine weitere Methode der künstlichen Befruchtung ist die „Intrazytoplasmatische Spermieninjektion“ (ICS), bei der das Spermium des Mannes direkt in die Zellflüssigkeit (Zytoplasma) der weiblichen Eizelle eingespritzt wird. Auf diese Weise wird die Befruchtung mechanisch vollzogen.
Die klassische Methode für die künstliche Befruchtung ist die „In-vitro-Fertilisation“ (IVF), die in den 1960er und 1970er Jahren von dem britischen Gynäkologen Patrick Steptoe und dem Physiologen Robert G. Edwards (Nobelpreis 2010) entwickelt wurde. Sie wird in mehreren Einzelschritten durchgeführt:
- Zuerst werden mittels Hormonpräparaten unkontrollierte Eisprünge der Frau verhindert und anschließend die Eierstöcke gezielt hormonell stimuliert. In vielen Fällen entstehen durch diese Prozedur mehrere Eibläschen (Überstimulationssyndrom), wodurch es zu einer abnormen Schwellung der Eierstöcke mit Beeinträchtigung der Bauchorgane kommen kann.
- 36 Stunden nach dem gezielt herbeigeführten Eisprung werden Eizellen aus den gereiften Eibläschen entnommen und mit den aufbereiteten Spermien des Partners in einer Nährflüssigkeit zusammengebracht und in einen Brutschrank gestellt. Was zuvor „in vivo“ (im Lebendigen) geschah, ist nun als ein kontrollierbares Geschehen nach außen verlagert: Es geschieht unter medizinischer Anleitung und Überwachung „in vitro“ (in der Petrischale).
- Wenn die beiden Vorkerne von Samen- und Eizelle unter dem Mikroskop sichtbar sind, werden diese befruchteten Eizellen in die Gebärmutter übertragen. Da nicht davon ausgegangen werden kann, dass die Einnistung in die Gebärmutterschleimhaut gelingt, werden i.d.R. mehrere befruchtete Eizellen verwendet. Eine höhergradige Mehrlingsschwangerschaft ist somit nicht ausgeschlossen. Um das Überleben und die Entwicklungsfähigkeit eines ausgewählten Fötus zu sichern bzw. um das Risiko von Schwangerschaftskomplikationen für die Schwangere zu minimieren, kann ein sog. Fetozid (Tötung und Entfernung eines oder mehrerer Föten im Mutterleib) durchgeführt werden. Dies kann das Paar vor Probleme stellen, die bei der Entscheidungsfindung mitbedacht werden sollten. Ein Leben ohne Kinder, eine Adoption oder die Aufnahme von Pflegekindern als Alternative zum eigenen Kind können Inhalt dieser Überlegungen sein.
- Der Single Embryo Transfer, kurz SET, beschreibt die reproduktionsmedizinische Methode der Embryonenselektion im Rahmen der In-vitro-Fertilisation (IVF). Dabei wird ein einzelner Embryo mit hohem Entwicklungspotential ausgewählt und anschließend in die Gebärmutter eingepflanzt. Ziel der Methode ist es, Mehrlingsschwangerschaften zu verhindern. Die Auswahl des Embryos erfolgt dabei nach rein morphologischen (körperlichen) Kriterien. Die genetische Ausstattung, wie Eigenschaften oder Geschlecht, wird dabei weder selektiert noch beeinflusst. Derzeit ist der Single Embryo Transfer in Deutschland durch das Embryonenschutzgesetz (ESchG vom 13.12.1990) noch verboten. Grund dafür ist die Befürchtung, dass es durch die Methode zur Selektion von Embryonen kommen könne. Viele Reproduktionsmediziner:innen und Gynäkolog:innen sehen diesbezüglich jedoch einen dringenden Handlungsbedarf und plädieren für eine Gesetzesänderung. Ethische Bedenken bzgl. der SET bestehen neben dem potenziellen Risiko einer Nichteinhaltung genannter Selektionskriterien auch in der „Verwerfung“ von Embryonen. Andererseits könne durch den Single Embryo Transfer potenziell lebensbedrohliche Komplikationen für Mutter und Kind im Rahmen der Schwangerschaft vermindert werden. Unter Fokussierung des Wohls von Mutter und Kind sowie des Paares befürworten viele Ethiker:innen einen SET. (Quelle: https://www.springermedizin.de/emedpedia/reproduktionsmedizin/rechtlicheregelung-der-reproduktionsmedizin-in-deutschland?epediaDoi=10.1007%2F978-3-662-55601-6_52; letzte Abfrage: 30.12.2022)
- Nichtverwendete unbefruchtete Eizellen werden entweder vernichtet oder tiefgefroren aufbewahrt für einen eventuellen weiteren Befruchtungsversuch (Kryokonservierung).

→ www.familienplanung.de/Kinderwunsch/Behandlung/Samenuebertragung/)
→ Stellungnahme der Bundesärztekammer zur Mehrlingsreduktion durch Fetozid (19.09.2010)
→ Lit.: Susanne Kummer, Leben aus dem Labor. 40 Jahre Reproduktionsmedizin – eine Übersicht, in: Imago Hominis (2017); 24 (1): 015–034

2. Social Egg Freezing

Mit der Methode des „Social Egg Freezing“ können sich junge gesunde Frauen ihre Eizellen präventiv einfrieren lassen. Dadurch stehen sie zu einem späteren eigenen Wunschtermin für eine künstlichen Befruchtung zur Verfügung. Die Erfolgsraten sind sehr gut: 60 bis 85 Prozent aller Frauen, die tiefgefrorene Eizellen für eine künstliche Befruchtung einsetzen, werden schwanger.

Nach einer Hormonbehandlung werden bei einer Punktion der Eierstöcke befruchtungsfähige Eizellen oder auch Eierstockgewebe entnommen und bei minus 196 Grad Celsius in einem Stickstofftank aufbewahrt. Die Methode wurde ursprünglich für krebskranke Frauen entwickelt, denen Eizellen vor der Bestrahlung oder Chemotherapie entnommen werden, damit diese nicht durch die Behandlung zerstört werden. Daher spricht man vom „Social Egg Freezing", dem sozial begründeten Einfrieren, zur Unterscheidung vom medizinisch indizierten „Egg Freezing".

Gynäkolog:innen und Reproduktionsmediziner:innen sehen in dieser Art der Familienplanung neben den Vorteilen des selbstbestimmten Zeitpunktes der Verwirklichung des Kinderwunsches ebenso die Nachteile in Form der körperlichen Beanspruchung einer späten Erstgebärenden im Alter über 35 Jahren und gleichermaßen das Risiko, dass die Eizellen durch das Einfrieren geschädigt werden können und daher der Wunsch nach einer späten Schwangerschaft unerfüllt bleibt. Hinzu kommen die Befürchtungen der Psycholog:innen, dass eine weite Verbreitung von Social Egg Freezing den Druck auf Frauen erhöhen könnte, die individuelle Familienplanung ihrer Karriere und den gesellschaftlichen Erwartungen anzupassen. In den USA ist es bei großen Firmen, speziell in der IT-Branche üblich, den Mitarbeiterinnen, die ihre Eizellen einfrieren lassen wollen, bis zu 20.000 Dollar für die Behandlung zu zahlen (Deutschlandfunk 13.03.2019). Es besteht die Gefahr, dass strukturelle Probleme der Gesellschaft und der Wirtschaft mit medizintechnischen Lösungen behoben werden sollen, indem die Frauen in ihrer körperlichen Integrität manipuliert werden (Maio 2014, S. 41).

→ Familienplanung – Warum Frauen Eizellen einfrieren lassen (Süddeutsche Zeitung 03.07.2018)

→ Eizellen einfrieren – Kinderwunsch auf Eis (Deutschlandfunk 13.03.2019)

Die Unverfügbarkeit von embryonalem Leben ab der Befruchtung wird meist mit dem Schutz menschlichen Lebens als Gottes Schöpfung verknüpft. Bei der Frage nach der Würde von Embryonen stehen vier Aspekte im Vordergrund, die als „SKIP-Argumente" bezeichnet werden. SKIP steht für **S**pezies, **K**ontinuum, **I**dentität und **P**otenzialität (Damschen und Schönecker, 2003). Aus der Sicht der Befürworter:innen eines konsequenten Embryonenschutzes heißt dies:

- Embryonen haben eine eigene Würde, weil sie der Spezies Mensch angehören,
- weil die Entwicklung zum Kind und zum Erwachsenen kontinuierlich verläuft,
- weil ein Embryo mit dem Erwachsenen, der aus ihm wird, identisch ist und
- weil ein Embryo das Potenzial hat, ein erwachsener Mensch zu werden.

Nach dieser Überzeugung erhält der Embryo sein unumstößliches Recht auf Leben durch seinen Status als Person, der ihm gleichsam Würde verleiht. In diesem Sinne spricht man von „Personenrechten" in Anlehnung und als Abgrenzung zu „Menschenrechten".

Zu jedem dieser Argumente gibt es mittlerweile Gegenpositionen, die die Diskussionen in Bezug auf die ungleichen Regelungen zum Schutz des vorgeburtlichen Lebens außerhalb des Mutterleibes einerseits und zur Praxis des Schwangerschaftsabbruchs andererseits in Frage stellen.

Das Embryonenschutzgesetz in der Fassung vom 23. Oktober 2001 (BGBl. I S. 2702) regelt die künstliche Befruchtung und den Umgang mit menschlichen Embryonen. Das Gesetz hat zum Ziel, das menschliche Leben von seinem Beginn an zu schützen. In § 1 wird festgelegt, dass nicht mehr Eizellen befruchtet werden dürfen, als einer Frau in einem Zyklus übertragen werden können. Die Zahl der Embryonen, die maximal übertragen werden dürfen, wird auf drei festgelegt (§ 1 Abs. 1 Nr. 3). Diese Regelung hat die Konsequenz, dass in Deutschland bei künstlichen Befruchtungen keine sogenannten „überzähligen Embryonen" entstehen, da alle hergestellten Embryonen (maximal drei) auch immer eingepflanzt werden. In § 8 wird definiert, dass als Embryo im Sinne des Gesetzes bereits die befruchtete, entwicklungsfähige Eizelle angesehen wird. Entwicklungsfähig ist eine Eizelle innerhalb von 24 Stunden nach der Kernverschmelzung (§ 8 Abs. 1).

Die Geburtenrate liegt nach dem deutschen IVF-Register zwischen 15–20% pro Behandlungszyklus. Jeder Schritt in diesem Procedere ist sehr störungsanfällig und die Hormonbehandlung kann für die Frau zudem sehr belastend sein. Psychische Symptome bis hin zu Depressionen und psychosomatischen Störungen können die Folge sein. Die starken Gefühlsschwankungen zwischen froher Erwartungshaltung zu Beginn der Behandlung und tiefer Enttäuschung bei nicht eingetretener Schwangerschaft. Diese ist oft umso ausgeprägter, je mehr Behandlungsversuche schon erfolgt sind und je „näher" man der Schwangerschaft gekommen ist; wenn es z.B. nach zunächst eingetretener Schwangerschaft zu einer frühen Fehlgeburt kommt. Studien zeigen, dass Frauen den Misserfolg einer IVF als persönliches Versagen empfinden. Um das Erlebte schnell zu verdrängen, stürzen sie sich in neue Versuche. Trauer über eine – im Rahmen einer IVF typischen – Fehlgeburt hat keinen Platz. Sie ist notwendiger Teil des Gesamtprojektes „Kind", für das es Opfer zu bringen gilt. Die erfolglose Beendigung der Behandlung kann von vielen Paaren nur schwer akzeptiert werden und bewirkt häufig depressive Reaktionen und Trauer.

Das ethische Grundproblem der künstlichen Befruchtung liegt in der Tatsache begründet, dass ein Kind nicht durch die personale Vereinigung von Mann und Frau gezeugt wird, sondern im Labor durch technisches Handeln ‚hergestellt' wird. Ärzt:innen und Laborteam stehen in der ersten Reihe, während die Subjekthaftigkeit der Eltern in den Schatten eines technischen Vorgangs tritt, den sie über sich ergehen lassen. Das Paar stellt nur noch sein genetisches „Rohmaterial" zur Verfügung. Die Fortpflanzung wird damit an Experten delegiert: Im Prozess intervenieren verschiedene Verantwortliche, die für den Erfolg auch haftbar gemacht werden können. Die verantwortlichen Mediziner:innen, Genetiker:innen und Labormitarbeiter:innen müssen das entstandene Leben im Hinblick auf Qualitätskriterien kontrollieren und gegebenenfalls auch zerstören können.

→ Infoblatt Psychisches Befinden bei ungewollter Kinderlosigkeit (Rohde; Dorn & Hoeke 2017.)

→ BKiD-Checkliste-2019 Psychologische Beratung.

Bei der künstlichen Befruchtung muss man sich bewusst machen, dass auch hier der Mensch nicht einfach durch die Technik entsteht, sondern – aller Technik zum Trotz – in einer Art und Weise ins Dasein tritt, die dem Menschen entzogen ist. Man läuft Gefahr, sich als Macherin der Menschwerdung zu sehen und zu meinen, dieses Leben im Griff zu haben, es willentlich und bewusst herbeiführen zu können. Man lässt das Leben nicht von sich heraus ankommen, sondern stuft es zu einem Produkt herab, das man nach einer ganz bestimmten Prozessanordnung herbeiführen kann – wie jeden beliebigen Gegenstand. Diese Denkweise blockiert die Erfahrung, dass man menschliches Leben gerade nicht herstellen, sondern ihm nur zum Entstehen verhelfen kann.

Diesen Gedankengang drückt der libanesisch-amerikanische Dichter Khalil Gibran (1883–1931) in einem Gedicht aus:

„Eure Kinder sind nicht eure Kinder. Sie sind die Söhne und Töchter der Sehnsucht des Lebens nach sich selber. Sie kommen durch euch, aber nicht von euch, und obwohl sie mit euch sind, gehören sie euch doch nicht. Ihr dürft ihnen eure Liebe geben, aber nicht eure Gedanken, denn sie haben ihre eigenen Gedanken. Ihr dürft ihren Körpern ein Haus geben, aber nicht ihren Seelen. Denn ihre Seelen wohnen im Haus von morgen, das ihr nicht besuchen könnt, nicht einmal in euren Träumen." [Khalil Gibran, aus: Der Prophet]

Die künstliche Befruchtung dient der Erfüllung eines Wunsches und ist Instrument einer Wunscherfüllung. Das könnte bedeuten, dass das mittels der künstlichen Befruchtung zu „produzierende" Kind als Mittel zur Erfüllung eines Wunsches zu betrachten. Man könnte annehmen, dass das Dasein des künstlich gezeugten Kindes nur so lange sinnvoll sei, wie es einen Zweck erfüllte. Sein Sinn und Zweck sind dann abhängig vom Wunsch eines Paares nach einem Kind. Es trägt den Sinn und Zweck nicht in sich selbst. Das Kind würde so zu einem Instrument gemacht. Das Kind hätte nur insofern einen Wert, als es eine bestimmte Funktion erfüllte – es wäre ein Sinn für uns. Der Philosoph Jürgen Habermas spricht in diesem Zusammenhang von der „Erosion der Unbedingtheit der Eltern-Kind-Beziehung", der Sozialethiker Manfred Spieker von der „zertifizierten Zeugung". Kindern steht ihr Lebensrecht nicht bedingungslos, sondern nur noch unter bestimmten Voraussetzungen zu, die Dritte bestimmen. Diese Logik des Produkts verletzt die Würde des Kindes und auch der Eltern, weshalb die katholische Kirche die IVF grundsätzlich ablehnt.

Das zentrale ethische Problem der künstlichen Befruchtung liegt in die Tatsache begründet, dass es einen gravierenden Unterschied gibt, ob ein Kind durch die Vereinigung von Mann und Frau gezeugt wird, oder ob dieses Kind durch technisches Handeln entsteht. Schon der Name der Disziplin Reproduktionsmedizin ist verräterisch. Etymologisch soll es in der Reproduktionsmedizin um die Wieder-Produktion von Menschen gehen. Damit wird der Mensch zu einem „beliebig wiederholbaren, auf Abruf herstellbaren Fakt" (Petersen 1994, S. 90).

Werden in den Medien die Erfolge der Reproduktionsmedizin gepriesen, so blendet das all die vielen Paare aus, denen ein Kind trotz vieler Technik versagt bleibt. Statistisch gesehen muss jedes Paar fünf bis sechs Versuche unternommen haben, bis sich der Erfolg einstellt (84% der Versuche bleiben zunächst erfolglos). Aber oft bleiben alle Versuche erfolglos.

→ Infoblatt „unerfüllter Kinderwunsch" Rohde/Dorn/Hocke: Psychosomatik in der Gynäkologie © Schattauer Verlag 2017

→ Ethikrat stellungnahme-praeimplantationsdiagnostik

→ Informationen zur Positionen zu „Künstlicher Befruchtung" aus katholischer, evangelischer, jüdischer und muslimischer Sicht:
- Künstliche Befruchtung aus katholischer und evangelischer Sicht
- https://weltkirche.katholisch.de/Portals/0/Dokumente/ZdK_Aktuelle-Probleme-am-Anfang des Lebens: Hanspeter Heinz und Werner Trutwin (Hrsg.) Juden und Christen im Dialog mit Ethik, Recht und Medizin
    - ➢ S. 59 Hans G. Ulrich: Wortmeldung eines evangelischen Theologen
    - ➢ S. 83 Julien Chaim Soussan: Jüdische Überlegungen zur Reproduktionsmedizin. Ein Interview
    - ➢ S. 89 Sarah Werren: „Brave New Israel". Rechtliche und religiöse Aspekte medizinisch assistierter Reproduktion in Israel
- 2 Infoblätter zu Embryonenschutz im Islam:
    - ➢ Präimplantationsdiagnostik (PID) aus islamischer Sicht
    - ➢ zellux.net_ Der Islam

3. Präimplantationsdiagnostik

Nach einer In-Vitro-Fertilisation besteht die Möglichkeit der sogenannten Präimplantationsdiagnostik (PID): „Die Präimplantationsdiagnostik [...] umfasst Untersuchungen am Embryo vor der Übertragung in die Gebärmutter. Mit diesen Untersuchungen wird gezielt nach genetischen Auffälligkeiten oder einer Chromosomenstörung gesucht. Eine PID kommt in Deutschland nur dann infrage, wenn ein hohes Risiko für eine schwere Schädigung des Embryos besteht, die mit hoher Wahrscheinlichkeit zu einer Fehl- oder Totgeburt führen würde“ (bzga Präimplantationsdiagnostik).
→ Infoblatt der BZgA: Präimplantationsdiagnostik

Bei einer PID werden zunächst bei der Frau reife Eizellen entnommen und im Labor mit den Spermien des Partners befruchtet; wenn sich Embryonen entwickeln, werden diese nach dem 8-Zell-Stadium am 4./5. Tag nach der Befruchtung Zellen entnommen, um die Erbanlagen zu untersuchen. Die Embryonen dürfen nach dem deutschen Embryonenschutzgesetz nicht mehr undifferenziert sein. Embryonen, die erkennbar keine Schädigung haben, werden eingepflanzt. Geschädigte Embryonen werden aus der Embryokultur entnommen und gehen zugrunde oder werden vernichtet.

Das Grundproblem der Präimplantationsdiagnostik liegt darin, dass ein Embryo zwar gezeugt, aber erst unter der Bedingung, dass er nicht Träger eines bestimmten Gendefekts ist, am Leben erhalten wird. Der Embryo darf nur leben, wenn er eine Prüfung besteht. Hinzu kommt, dass menschliches Leben auf Probe gezeugt und in Bezug auf seine genetische Ausstattung nicht bedingungslos akzeptiert wird. Im Zuge einer solchen Denkweise verändert sich unsere Einstellung zu den ungeborenen Kindern und zugleich unsere Einstellung zu uns selbst. Kinder werden dann als Produkte begriffen, die man bestellt, nach Qualitätskriterien untersucht und wieder abbestellt, wenn sie nicht den vorgegebenen Ansprüchen und Qualitätsstandards entsprechen. So geht das Gefühl der Dankbarkeit für das entstandene individuelle Kind verloren.

Der Medizinethiker Giovanni Maio (2014) verdeutlicht das Dilemma, indem er aufzeigt, dass es zunächst als eine Zunahme an Freiheit erscheine, wählen zu können, anstatt ein nicht gewähltes Schicksal akzeptieren zu müssen. Doch bei genauerer Betrachtung zeige sich, dass die Zunahme der Wahlfreiheit zugleich eine Zunahme an Unfreiheit bedeute. Das „Wählenkönnen“ wird dann zum „Wählenmüssen“. So entstehe, nach Maio, ein impliziter sozialer Druck, dass diese Möglichkeiten auch tatsächlich in Anspruch genommen werden. Mit den Entscheidungsmöglichkeiten wird der betroffenen Person eine große Verantwortung dafür aufgebürdet, dass dieses nicht gewollte Kind ausgesondert wird und jenes andere sich weiterentwickeln kann. Der nicht verworfene Embryo lebt zwar, aber nicht, weil er einzigartig ist, sondern weil er eine Prüfung bestanden hat. Die Vorstellung, seinen Eltern irgendwann möglicherweise nicht mehr zu genügen, kann für das Kind im Lauf seines Lebens zu unübersehbaren Problemen führen.

Am 7. Juli 2011 hat der Deutsche Bundestag mit deutlicher Mehrheit beschlossen, die Präimplantationsdiagnostik zwar im Grundsatz verboten sein zu lassen, sie aber in Ausnahmefällen für zulässig zu erklären. Diese Ausnahmefälle sind dann gegeben, wenn eine hohe Wahrscheinlichkeit für eine schwerwiegende Erbkrankheit besteht oder die Gefahr gegeben ist, dass die Schwangerschaft mit einer Fehl- oder Totgeburt endet. Voraussetzungen für eine Präimplantationsdiagnostik sind eine vorherige Beratung und die Zustimmung einer Ethikkommission.

4. Pränataldiagnostik

Unter der Bezeichnung Pränataldiagnostik (PND) versteht man die „vorgeburtliche Diagnostik“ mit dem Ziel, körperliche Fehlentwicklungen oder Chromosomenabweichungen zu identifizieren. Durch verschiedene Techniken wie Ultraschall, Bluttests und Zellentnahmen mittels Amniozentese, Chorionzottenbiopsie oder Nabelschnurpunktion lässt sich das noch ungeborene Kind untersuchen. Die Testergebnisse der PND sind jedoch nicht immer eindeutig zu beurteilen. Wenn Fehlbildungen festgestellt werden, ist eine Behandlung selten in der Schwangerschaft möglich und Testergebnisse sagen in der Regel wenig über den Schweregrad einer Krankheit oder Fehlbildung aus. In der Diskussion um die Pränataldiagnostik wird oft suggeriert, als wäre es das Selbstverständlichste, ein menschliches Leben, das man sich nicht in der entsprechenden Art gewünscht hat, im Vorhinein auszumustern.

Eine vielfach angewandte Methode der Pränataldiagnostik ist der Bluttest auf die Chromosomenaberration Trisomie 21 (Praena-Test). Im Gegensatz zu den herkömmlichen, in den Körper direkt eingreifenden Methoden (invasiv: z.B. Fruchtwasseruntersuchung), bei denen immer ein Risiko besteht, stellt der nicht-invasive Bluttest zunächst einen Fortschritt dar. Allerdings wird der Praena-Test gerade dadurch gefährlich, weil er so einfach zu handhaben ist. Denn er verspricht Sicherheit und Gewissheit, solange von einem negativen Befund ausgegangen werden kann. Aber der Test sagt nicht, dass das Kind gesund ist. Er schließt lediglich eine bestimmte Form der Behinderung aus. Bei einem positiven Befund dagegen sieht sich die Schwangere oft unvorbereitet mit der Situation konfrontiert, in der sie plötzlich eine Frage zu Leben oder Tod zu beantworten hat. Die Gefahr dieses Testes besteht demzufolge darin, dass die volle Tragweite der vermeintlich harmlosen Blutuntersuchung der Schwangeren erst dann bewusst wird, wenn sie das Ergebnis nicht mehr ignorieren kann. Der Praena-Test suggeriert, dass vor der Entscheidung zur Durchführung wegen des geringen Risikos keine ausführliche Beratung notwendig sei. Die Gefährlichkeit am Test liegt nicht im Test selbst, sondern an der Beratung, die bei seinem automatischen Einsatz zu kurz kommen könnte. Zudem könnte bei einer flächendeckenden Verbreitung auch in gesellschaftlicher Hinsicht enorme Auswirkungen haben. Markus Dederich warnt als Soziologe und habilitierter Heilpädagoge: „Je risikoloser die Untersuchungsverfahren werden, desto größer ist die Wahrscheinlichkeit, dass sie routinemäßig eingesetzt werden" (Dederich 2000, S. 264).

→ Lit.: Dederich, Markus (2000): Behinderung, Medizin, Ethik, Bad Heilbrunn: Klinkhardt.

Das würde bedeuten, dass der Test als ein Instrument verstanden werden könnte, womit die Geburt von Kindern mit „Down-Syndrom" (Trisomie 21) möglichst umfassend „verhindert" werden kann. Auf diese Weise wäre das Down-Syndrom die erste Behinderungsform, die durch systematische Erkennung und Abtreibung aus der Gesellschaft verschwindet. Wenn es generell gut wäre, diesen Test zu machen, dann wird damit zum Ausdruck gebracht, dass es gut und richtig wäre, sich vor einem Kind mit Trisomie 21 zu schützen. Diese Botschaft suggeriert, dass es der Medizin gar nicht mehr primär um die Hilfe für in Bedrängnis geratene Menschen ginge, sondern um eine Fahndung nach vermeintlich normabweichendem Leben. Gerade deswegen ist es Ausdruck ärztlicher Verantwortung, schon im Vorhinein darüber nachzudenken, welche sozialen Auswirkungen bestimmte medizinische Interventionen und Diagnostiken nach sich ziehen, um durch eine sorgsame Anwendung dieser Angebote das Schlimmste zu verhindern.

Hinter der Ausweitung der vorgeburtlichen Untersuchungen steckt letzten Endes die Vorstellung, dass man ja immer noch die Schwangerschaft unterbrechen könne. Ohne diese Prämisse wäre die Pränataldiagnostik mit all ihren Konsequenzen nicht so verbreitet (Maio 2014, S. 70). Diese Möglichkeiten, etwas über das Kind zu erfahren, haben zwei Seiten: Zum einen können sie dabei helfen, auf diese Weise die Befürchtungen und Sorgen der Schwangeren abzubauen sowie Erkrankungen des Kindes frühzeitig zu erkennen und gegebenenfalls eine frühe Therapie einzuleiten. Andererseits bleiben die Paare mit dem ethischen Konflikt zurück, die Schwangerschaft unter der erschwerten Bedingung einer erkannten Anomalie fortzusetzen oder aber sie „abzubrechen" = d.h. über Leben oder Tod ihres Kindes zu entscheiden. Dazu kommt, dass die Möglichkeit, eine nicht behandelbare Krankheit oder Behinderung bereits beim ungeborenen Kind aufzudecken, den Paaren zugleich eine gesellschaftliche Erwartung auferlegt, denn die Akzeptanz eines „behinderten" Kindes sinkt. Je mehr allerdings das „Durchmustern" des Ungeborenen zur Routine wird und je detaillierter die Informationen sind, die man über das Kind bekommt, desto eher wird das Gegenteil dessen erreicht, was eine gute Pränataldiagnostik bewirken sollte. Denn bei einer unreflektierten Handhabung führt die Pränataldiagnostik allzu oft dazu, dass die Schwangeren verunsichert werden (Studie der BZgA 2004). Wenn auffallende Befunde beim Kind auftreten, wird es nahezu rechtfertigungsbedürftig, wenn ein Elternpaar Ja zum Leben sagt. Die Frage lautet immer: „Nehmen wir unser Kind so an, wie es ist, oder wollen wir die Schwangerschaft abbrechen?" Darüber hinaus hat die Liberalisierung des Schwangerschaftsabbruchs dazu geführt, dass gerade das soziale Umfeld der Schwangeren, in erster Linie jedoch der Partner, großen Einfluss auf die Frau ausübt.

→ Was ist Pränataldiagnostik (familienplanung.de)
→ Hey, Monika: Pränataldiagnostik, Ich wollte nicht abtreiben, Aktuell FAZ
→ Käßmann, Margot: theologische Perspektive zu Gentechnik
→ Hey, Monika: Mein gläserner Bauch. Wie die Pränataldiagnostik unser Verhältnis zum Leben verändert.
→ Maio, Giovanni (2014): Medizin ohne Maß?

5. Samenspende, Eizellspende und Leihmutterschaft

5.1 Samenspende

Die Technisierung der Fortpflanzung klammert ausdrücklich den Beziehungscharakter der Fortpflanzung aus. Die Zeugung wird so weit versachlicht, dass schließlich der Entstehungsprozess eines Menschen völlig beziehungslos erscheint. Der Samenspender kann ein Fremder sein und muss nicht automatisch der Partner der Frau sein. Er beteiligt sich hier an einem künstlichen Zeugungsakt, ohne für diesen irgendeine Beziehung einzugehen. Weder kennt die Frau, die seinen Samen erhält, den, der ihn spendet, noch kennt der Spender umgekehrt die Mutter seines zukünftigen Kindes oder gar dieses selbst. Die Versachlichung der Beziehung ist eine ausdrückliche Voraussetzung für diese Art der künstlichen Befruchtung. Dabei wird ausgeblendet, was es für das so entstandene Kind zukünftig bedeutet, nicht aus einer zwischenmenschlichen Beziehung heraus entstanden, sondern lediglich produziert worden zu sein. Bei der Fremd-Samenspende wird ein genetischer Vater für das zukünftige Kind ausgesucht, bei dem von vornherein sicher ist, dass er nicht Bestandteil der Lebenswelt des Kindes sein wird. Dem Kind wird bewusst eine fremde Herkunft zugemutet, die zu bewältigen eine besondere Herausforderung bedeuten kann (Böckle 1979). Durch entsprechend frühe Aufklärung und sensible Aufarbeitung des Themas kann einer Schädigung des Kindes entgegengewirkt werden.

5.2 Eizellspende

Wie bei der Samenspende ist auch bei der Eizellspende, die in Deutschland derzeit noch verboten ist, die Ausblendung der Beziehung vorgesehen. Da sie jedoch in anderen europäischen Ländern (Frankreich, Spanien, Tschechien oder den Niederlanden) durchgeführt wird, reisen manche Paare mit Kinderwunsch ins Ausland, um dort Behandlungen in Anspruch zu nehmen, die in Deutschland aufgrund des Embryonenschutzgesetzes nicht erlaubt sind (= „Fortpflanzungstourismus“).

Bei der Eizellspende werden einer Spenderin hormonell stimulierte Eizellen entnommen, durch die In-vitro-Fertilisation mit Sperma befruchtet und anschließend in die Gebärmutter der Empfängerin eingesetzt. Das Kind, das auf diese Weise zur Welt kommt, stammt somit von zwei Müttern ab: Es trägt die Gene der Eizellspenderin in sich, wurde jedoch von der Eizellempfängerin als Auftraggeberin ausgetragen. Man kann hier von „dissoziierter“, d.h. aufgespaltener Mutterschaft sprechen. Die Eizellspenderin hat ihre Gene weitergegeben, aber die austragende Mutter hat die Persönlichkeit des Kindes durch das Austragen mitbestimmt. Diese Einflussnahme geschieht nicht nur durch den regen Austausch zwischen Mutter und Kind während der Schwangerschaft über die Placenta (= embryo-maternaler Dialog), sondern auch weil die Gene durch das direkte Umfeld des mütterlichen Organismus (Epigenetik) geprägt werden. Bei der Eizellspende ist es nicht nur die Fremdheit der Eizellspenderin, sondern auch die Gleichzeitigkeit der Abstammung von zwei Frauen, die eine Herausforderung für das Kind bedeutet. Damit wird ein Verwandtschaftsverhältnis geschaffen, das es in dieser Form bislang nicht gegeben hat. Rechtlich ist das in der Bundesrepublik gelöst – es gilt der Grundsatz, dass das Kind nur der austragenden Frau „gehört“.

5.3 Leihmutterschaft

Das Embryonenschutzgesetz (§ 1) untersagt ärztliche Leistungen im Rahmen einer Leihmutterschaft (Stand 2022). Bei einem Verstoß gegen das Embryonenschutzgesetz werden nicht die Leihmutter oder die Wunscheltern bestraft, sondern die Mediziner:innen, die in Deutschland verbotene Fortpflanzungstechniken missbräuchlich anwenden bzw. menschliche Embryonen missbräuchlich verwenden. Sie können mit einer Freiheitsstrafe von bis zu drei Jahren oder einer Geldstrafe belangt werden. Entsprechend ist auch die Vermittlung von Leihmüttern unter Strafe gestellt. In § 13a–d des Adoptionsvermittlungsgesetzes (AdVermiG) wird der Begriff der Leih- oder Ersatzmutter definiert und die Vermittlung einer Ersatzmutter untersagt (Stand: 2019); § 14b regelt die Strafvorschriften.

Das Verbot in Deutschland führt dazu, dass manche deutsche Paare ihren Kinderwunsch mittels einer Leihmutter im Ausland verwirklichen. Offizielle Zahlen gibt es nicht, denn die Rechtslage ist schwierig. Bis die „Ehe für alle“ erlaubt wurde, betraf das vor allem homosexuelle Paare. Aber auch manche Singles mit Kinderwunsch und Paare, die keine Aussicht auf ein Adoptivkind haben, erwägen die Beauftragung einer ausländischen Leihmutter.

Leihmutterschaft besteht im medizinischen Sinne dann, wenn die Leihmutter mit dem Kind genetisch nicht verwandt ist, das heißt, wenn sie durch künstliche Befruchtung, zum Beispiel einer In-vitro-Fertilisation (IVF), schwanger geworden ist. Verschiedene Modelle einer Leihmutterschaft sind denkbar:

- Bei der *homologen* IVF bleibt die genetische Elternschaft gewahrt, stammen Eizelle und Samenzelle von den Eltern, zum Beispiel wenn die genetische Mutter keine Gebärmutter mehr hat.
- Bei *einseitiger heterologer* IVF stammen Eizelle oder Samenzelle von einer fremden Eizellenspenderin beziehungsweise einem fremden Samenspender. Hierbei werden zwei Formen unterschieden:
- Bei der *traditionellen* Leihmutterschaft wird die Eizelle der Leihmutter verwendet. Die Leihmutter ist also auch die genetische Mutter des Kindes. Die Schwangerschaft kommt entweder durch eine Insemination mit den Samenzellen des Wunschvaters, durch gespendeten Samenzellen oder durch Geschlechtsverkehr mit dem Wunschvater oder einem anderen Mann zustande.
- Bei der *gestationellen* Vorgehensweise wird nicht die Eizelle der Leihmutter verwendet. Die Eizelle stammt von der Wunschmutter oder einer dritten Eizellspenderin.
- Bei der *beidseitigen* heterologen IVF ist die genetische Elternschaft schließlich vollständig aufgehoben: Sowohl Ei- als auch Samenzelle stammen von Fremdspendern.

Ein Vertrag über Leihmutterschaft begründet nach deutschem Recht keine rechtswirksame Elternschaft, denn das Gesetz sieht vor, dass diejenige Frau, die ein Kind ausgetragen und zur Welt gebracht hat, auch die rechtmäßige Mutter des Kindes ist. Deutsche Paare, die ihr Kind von einer Leihmutter im Ausland austragen lassen, können Probleme bei der Einreise mit dem Baby nach Deutschland bekommen. Auch wenn die Paare die genetischen Eltern des Kindes sind, sind sie nach deutschem Gesetz nicht die rechtmäßigen Eltern. Ihre Staatsbürgerschaft überträgt sich also nicht auf das Kind. Ein ausländisches Urteil über die rechtmäßige Elternschaft der Wunscheltern bedarf der Anerkennung durch deutsche Behörden.

Die deutsche Rechtsordnung steht hier vor einem Konflikt: Um das Verbot der Leihmutterschaft in Deutschland effektiv durchzusetzen, müsste der Staat den deutschen Wunscheltern die Anerkennung der rechtlichen Elternschaft verweigern. Andererseits spricht der Schutz des Kindeswohls, also der Schutz der faktischen und sozialen Familieneinheit von Kind und Wunscheltern, meistens für die Anerkennung der im Ausland festgestellten rechtlichen Elternschaft.

Paare sollten befähigt werden, in Alternativen zu denken und sich nicht zu sehr auf die technischen Lösungen zu versteifen. Die innere Einstellung zum Kinderwunsch könnte als ein Ausdruck des Hoffens verstanden werden und nicht als die Haltung, alles selbst machen zu können, alles restlos in der eigenen Hand zu haben.

→ Reflexionsfragen und Impulse s. S. 91.

6. In Würde geboren werden

Weltweit finden jährlich geschätzt etwa 140 Millionen Geburten statt. Davon verlaufen die meisten ohne weitere Komplikationen für Frauen und ihre neugeborenen Kinder. Ein Kind zu bekommen gehört für viele Eltern zur schönsten Erfahrung im Leben. Mutter und Kind sind in der Zeit vor, während und nach der Geburt eine sensible und eine besonders schützenswerte Einheit innerhalb unserer Gesellschaft. Eine respektvolle Geburt sei ein Menschenrecht, erklärt eine Sprecherin der Elterninitiative „Mother Hood". Frauen müssen über alle Belange der Geburt richtig aufgeklärt, ernst genommen und in Entscheidungen einbezogen werden. Das fängt schon in der Schwangerschaft an.

→ Mother Hood Infoblatt Geburtshilfe

Das Image des Gebärens ist schlecht. Schon in der Bibel ist zu lesen, dass die Frauen verdammt seien, ihre Kinder unter Schmerzen zu gebären. Diese Vorprogrammierung könnte den Geburtsverlauf beeinflussen. Fragt man Frauen, was ihnen bei der Geburt geholfen hat, nennen viele die Begleitung durch ihren Partner und die Hebamme, die für sie da war und die sie schon während der Schwangerschaft kennengelernt haben.

Hebammen sehen das Gebären als natürlichen Vorgang, auf den der weibliche Körper in der Regel gut vorbereitet ist. Sie sind dafür ausgebildet, Frauen bei der Geburt zu begleiten und ihnen Mut zuzusprechen. Inzwischen haben sich jedoch auch in Deutschland die Hebammenwissenschaften etabliert, die Erfahrungswissen um die physiologische Geburt wissenschaftlich betrachten und so den fachlichen Diskurs mitgestalten. Ärztliche Geburtshelfer:innen dagegen lernen vor allem, Risiken und Komplikationen frühzeitig zu erkennen. Die ärztliche Sichtweise prägt heute die klinische Praxis, wodurch eine naturgemäße Geburt oft unterbunden wird.

Laut dem Institut für Qualität und Transparenz im Gesundheitswesen (IQTIG) laufen nur acht Prozent der Klinikgeburten ohne jegliche Interventionen ab. Meist wird die Geburt medikamentös eingeleitet, die Wehen werden verstärkt oder gehemmt, eine Betäubung der Rückenmarksnerven (PDA) gegen die Schmerzen gesetzt, ein Dammschnitt oder ein Kaiserschnitt gemacht. Bereits im Jahr 2014 forderte die US-amerikanische gynäkologische Fachgesellschaft (ACOG) mehr Gelassenheit in der Geburtshilfe. Die professionelle Nicht-Intervention bedeutet, nur in den Geburtsablauf einzugreifen, wenn der Vorteil für Mutter und Kind belegt ist. Doch da liegt das Problem: Es gibt zu wenig gesichertes Wissen darüber, was bei einer Geburt noch normal ist oder schon pathologisch. Es gibt keine wissenschaftlich untermauerte Norm, wie lange eine Geburt dauern darf. Solange es Mutter und Kind gut geht, ist alles normal.

Gebären bringt viele Frauen an ihre Grenzen. Manche fühlen sich ausgeliefert, fühlen Ekel und Scham – während andere Frauen die Herausforderungen betonen. Wie Frauen über Geburten denken, hat womöglich Einfluss auf den Geburtsverlauf. Schwangere, die den Prozess als riskant einstufen, erhalten häufig mehr Schmerzmittel als andere und bringen ihr Kind öfter mit einem Kaiserschnitt zur Welt. Wissenschaftlich gut belegt hat die „Couchrane Collaboration" dass eine kontinuierliche und kompetente Eins-zu-Eins-Begleitung durch eine Hebamme eine Geburt günstig beeinflussen kann. Die Frauen brauchen weniger Schmerzmittel, haben weniger medizinische Interventionen und operative Entbindungen. Sie sind insgesamt zufriedener mit dem Ablauf der Geburt, was sich positiv auf das Stillen und die Beziehung zum Kind auswirkt.

→ https://www.cochrane.de/de/ueber-uns

Zunehmend sprechen Frauen von Gewalt bei der Geburt, z.B. in sozialen Medien wie in der Gruppe des „Roses Revolution", die sich seit 2013 als „Initiative für eine gerechte Geburtshilfe in Deutschland" versteht. Auf ihrer Website ist von Demütigungen und Beleidigungen zu lesen.

Unter Gewalt während der Geburt versteht man „eine geringschätzende Betreuung und Behandlung" (Deutscher Hebammenverband). „Misshandlung, Demütigung und Beleidigung, aufgezwungene oder ohne ausdrückliche Einwilligung vorgenommene medizinische Eingriffe und

eine Verletzung der Intimsphäre" schreibt dazu die Weltgesundheitsorganisation in einer Stellungnahme von 2015. Gewalt im Kreißsaal beginnt also dort, wo die Gebärende nicht mehr über sich selbst entscheiden kann. Viele der medizinischen Maßnahmen während des Geburtsvorgangs empfinden viele Frauen als übergriffig.
In fast allen Fällen spielt dabei Gewalt und Rücksichtslosigkeit gegenüber der Gebärenden eine Rolle. Die meisten Frauen beschreiben dabei ein Gefühl der Hilflosigkeit, des Ausgeliefertsein – sie fühlen sich nicht ernst genommen und nicht gehört. Oft wird während der Geburt über den Kopf der Frau hinweg entschieden als wäre sie gar nicht anwesend, hätte kein Mitspracherecht oder könne nicht richtig urteilen. Viele Frauen berichten im Zusammenhang mit ihrem Geburtstrauma, dass ihnen genau dieses Recht genommen wurde. Sie wurden nicht gefragt, bevor irgendwelche Maßnahmen ergriffen wurden, teilweise wurden sie sogar absichtlich überhört oder gar in aggressiver Weise zurechtgewiesen.
Natürlich kann es bei Geburten immer zu Notfallsituationen kommen, in denen schnelles Handeln durch Hebammen und Geburtshelfer:innen nötig ist, um das Leben von Mutter und Kind nicht zu gefährden. Aber auch in solchen Momenten sollten die Frauen immer über die notwendigen folgenden Schritte aufgeklärt werden. Alles andere kann zu einem Geburtstrauma führen. Geburtshelfer:innen sollte bewusst sein, dass eine Geburt für jede Frau ein besonderes, einmaliges und auch intimes Ereignis ist, das nach einem achtsamen Umgang verlangt.
→ Reflexionsfragen und Impulse s. S. 91.

7. Schwangerschaftsabbruch[1]

Das durch äußere Einwirkung herbeigeführte vorzeitige Beenden einer Schwangerschaft kann in der deutschen Sprache mit verschiedenen Begriffen bezeichnet werden. Medizinisch werden beispielsweise die Begriffe „Abruptio" oder „Interruptio" sowie „induzierter Abort" verwendet. Umgangssprachlich und auch innerhalb politischer Debatten über diesen Vorgang werden vor allem die Begriffe „Schwangerschaftsabbruch" und „Abtreibung" verwendet (Digitales Wörterbuch der deutschen Sprache).

Ein Schwangerschaftsabbruch ist in Deutschland gemäß § 218 Strafgesetzbuch (StGB) grundsätzlich für alle Beteiligten strafbar. Auch wenn es sich um den eigenen Körper und das eigene Leben der Frau handelt – eine Abtreibung lässt sich nicht ohne Weiteres durchführen. Der Schwangerschaftsabbruch wird nur unter bestimmten Voraussetzungen nicht strafrechtlich verfolgt:
a) Nach bescheinigter Schwangerschaftskonfliktberatung: Besteht der Wunsch eine Schwangerschaft zu beenden, muss ein Beratungsgespräch in einer entsprechenden Einrichtung stattfinden (Beratungsregelung nach § 218a Abs. 1 StGB). Ziel soll es hierbei sein, Optionen und Entscheidungsmöglichkeiten sowie Hilfeleistungen darzustellen und nicht, der Schwangeren ein schlechtes Gefühl zu vermitteln oder sie zu belehren. Etwa 96,4 Prozent der Schwangerschaftsabbrüche in Deutschland finden nach dieser Regelung statt. Für einen Schwangerschaftsabbruch nach der Beratungsregel müssen folgende Voraussetzungen erfüllt sein:
- Seit der Befruchtung dürfen nicht mehr als zwölf Wochen vergangen sein,
- die gesetzlich vorgeschriebene Beratung wurde durchgeführt und
- die entsprechende Beratungsbescheinigung liegt vor.
- Der Abbruch erfolgt frühestens am vierten Tag nach Abschluss der Beratung und
- wird von Ärzt:innen durchgeführt, die nicht an der Beratung beteiligt waren.

Die Beratungen werden in anerkannten Schwangerschaftskonfliktberatungsstellen durchgeführt, die die Schwangere nach eigenem Ermessen in Anspruch nehmen kann.
b) Medizinische Indikation: Muss eine Schwangerschaft aus medizinischen Gründen abgebrochen werden, stellt der/die diagnostizierende Arzt/Ärztin sowohl einen Überweisungsschein als auch eine Indikationsbescheinigung aus. Die tatsächliche Abtreibung darf aber nicht von der gleichen Person durchgeführt werden. Bei einem medizinisch bedingten Schwangerschaftsabbruch gibt es keine Fristen; daher sind auch Spätabbrüche (Fetozid) erlaubt. Entscheidend hierbei ist, dass ohne einen Abbruch Lebensgefahr oder schwere körperliche und seelische Beeinträchtigungen bei der Schwangeren befürchtet werden.
c) Kriminologische Indikation: Eine kriminologische Indikation ist gegeben, wenn die Schwangerschaft auf einem

1 Artikel 10 der UN-Behindertenrechtskonvention bekräftigt das angeborene Recht eines jeden Menschen auf Leben. Damit greift die UN-Behindertenrechtskonvention Artikel 6 des UN-Zivilpakt und Artikel 3 der Allgemeinen Erklärung der Menschenrechte auf und bekräftigt diese. Ausdrücklich fordert Artikel 10 der UN-Behindertenrechtskonvention seine Unterzeichnerstaaten auf, alle erforderlichen Maßnahmen zu treffen, um den wirksamen Genuss dieses Rechts durch Menschen mit Behinderungen gleichberechtigt mit anderen zu gewährleisten.
Artikel 10 – Recht auf Leben: Die Vertragsstaaten bekräftigen, dass jeder Mensch ein angeborenes Recht auf Leben hat, und treffen alle erforderlichen Maßnahmen, um den wirksamen und gleichberechtigten Genuss dieses Rechts durch Menschen mit Behinderungen zu gewährleisten. Nach dem geltenden deutschen Recht ist dieser Schutz schon auf verfassungsrechtlicher Ebene durch Artikel 2 Abs. 2 GG umfassend gewährleistet. Strafrechtlich ist das Recht auf Leben durch die §§ 211ff StGB geschützt. https://www.behindertenrechtskonvention.info/recht-auf-leben-3796/

Sexualdelikt, also zum Beispiel einer Vergewaltigung, beruht (Indikationen nach §218a Absatz 2 und 3 StGB). Genau wie bei der medizinischen Indikation, ist die Diagnose nach einer ersten ärztlichen Untersuchung inklusive der Indikationsbescheinigung und des Überweisungsscheins notwendig, bevor eine zweite Ärztin/Arzt schließlich die Behandlung durchführt.

Bei einer medizinischen und kriminologischen Indikation ist eine Beratung keine zwingende Voraussetzung für eine Abtreibung. Trotzdem wird jeder betroffenen Frau geraten, psychologische und praktische Hilfe in Anspruch zu nehmen.

Welches Verfahren für das Beenden einer Schwangerschaft verwendet wird, kann nicht pauschal bestimmt werden. Abhängig vom fortgeschrittenen Zeitpunkt der Schwangerschaft, Gesundheitszustand und den Wünschen der Frau können unterschiedliche Methoden zum Einsatz kommen:

- Bei der Absaugmethode werden der Embryo/Fötus, das Fruchtwasser und die Schleimhaut mit Hilfe eines schmalen Schlauchs aus der Gebärmutter abgesaugt. Diese Form des Schwangerschaftsabbruches wird im Normalfall ambulant und unter örtlicher Betäubung bis zur 12. Woche durchgeführt. Durch eine anschließende Ausschabung (Curettage) werden mögliche Gewebereste von Kind und Plazenta vollständig aus der Gebärmutter entfernt, um Entzündungen zu verhindern.
- Mit der sogenannten Abtreibungspille (Mifegyne®) werden ca. ein Fünftel der Schwangerschaftsabbrüche in Deutschland durchgeführt. Dabei wird der Tod des Kindes im Mutterleib und eine anschließende Fehlgeburt initiiert. Diese Form des Abbruchs wird typischerweise in der siebten bis zur neunten Schwangerschaftswoche durchgeführt.
- Durch eine medikamentöse Verzögerung des Eisprungs mit der „Pille danach" kann nach einem ungeschützten Geschlechtsverkehr rund um den Termin des Eisprungs eine Befruchtung verhindert werden. Männliche Samenzellen können bis zu 5 Tage in der Gebärmutter der Frau überleben, daher besteht die Möglichkeit schwanger zu werden, auch bei Geschlechtsverkehr ein paar Tage vor dem eigentlichen Eisprung. Damit das Medikament sicher wirkt, sollte es möglichst innerhalb der ersten 12 Stunden nach dem Geschlechtsverkehr eingenommen werden.
- Ein Spätabbruch beendet eine Schwangerschaft nach der zwölften Woche. Derart späte Abbrüche werden bei einer schweren Erkrankung von Mutter oder Kind oder bei einer Fehlbildung des Kindes durchgeführt. Für einen Spätabbruch wird die Geburt medikamentös mit Wehen auslösenden Medikamenten eingeleitet.

Neben den körperlichen Belastungen muss eine Frau sich auch mit den seelischen Anforderungen eines Schwangerschaftsabbruches konfrontieren. Schuld, Wut und Trauer sind normale Reaktionen, die auf einen derartigen Eingriff in den eigenen Körper und das eigene Leben folgen. Auch der Partner oder der Vater des Kindes müssen sich mit dieser Flut an Emotionen auseinandersetzen, sowohl mit den eigenen als auch mit denen der Mutter. Der Schritt zu dieser Entscheidung ist groß und damit auch die emotionale Last. Frauen sollten sich immer Beratung und Gesprächspartner:innen suchen und sich niemals schämen, um Hilfestellung zu bitten. Beratungsstellen und auch Vereine sind immer ansprechbar und bieten Unterstützung und Informationen bis hin zu Gruppensitzungen, in denen der gleiche Erfahrungshorizont besteht.

Im Wesentlichen treffen im gesellschaftlichen Kontext zwei Positionen aufeinander (vgl. Krolzik-Matthei 2015):

- Die eine stellt den Embryo bzw. den Fötus ins Zentrum ihrer Betrachtung und Argumentation. Die Anhänger:innen sind in der Regel gegen Abtreibung, fordern strenge Restriktionen bis hin zum vollständigen Verbot. Vertreter:innen dieser Position finden sich eher im konservativen oder rechten politischen Lager und sind häufig religiös geprägt.
- Die Vertreter:innen der anderen Position, die die schwangere Frau in den Mittelpunkt rückt, sprechen sich in der Regel für ein Recht auf Abtreibung aus und finden sich eher im liberalen und linken politischen Lager und sind häufig feministisch motiviert.

Verfechter:innen der selbstbestimmten Schwangerschaftsunterbrechung haben die Hoffnung, dass es eines Tages in Europa oder sogar weltweit zu einer „vollständigen Entkriminalisierung" von Schwangerschaftsabbrüchen kommt – legal, sicher, mit medizinischer und psychologischer Unterstützung. Eine von mehreren diesbezüglich engagierten Gruppen ist die Berliner Organisation „Clocia Basia" (polnisch: Tante Barbara). Die ehrenamtlich Mitarbeitenden helfen Frauen aus Polen, die eine Schwangerschaft abbrechen wollen und aufgrund des dortigen restriktiven Abtreibungsgesetzes allein gelassen werden. In mehreren Zehntausend Fällen pro Jahr suchen Schwangere aus Polen Hilfe im Ausland. Als Alternative zur Reise nach Deutschland gelten die Slowakei, Tschechien, die Niederlande und Großbritannien. Genaue Zahlen gibt es nicht. Die offizielle Statistik weist für 2019 gerade einmal 1100 Abtreibungen in Polen auf. Im Oktober 2020 verwarf das polnische Verfassungstribunal das geltende Abtreibungsrecht und verlangte eine Verschärfung. Daraufhin kam es zu Demonstrationen der „schwarzen Protestierenden" gegen diese Pläne. Damit wurde bislang (Dezember 2020) erreicht, dass die Regierung das Urteil des Verfassungsgerichts noch nicht veröffentlicht hat (Badische Zeitung, 18.12.2020). Zur aktuellen Situation in Polen: https://www.mdr.de/nachrichten/welt/osteuropa/politik/polen-abtreibung-schwangerschaftsabbruch-100.html

→ Reflexionsfragen und Impulse s. S. 91.

8. Schwangerschaftsabbruch aus islamischer Perspektive (Sadik Hassan)

Um dieses Thema nach islamischer Sicht zu behandeln, muss man zuerst wissen, dass es niemals zulässig ist, das Leben des Ungeborenen zu verletzen, nachdem die Seele im fünften Monat eingeatmet wurde, es sei denn, es bestünde eine Gefahr für das Leben der Mutter.
Was bedeutet hier „nachdem die Seele in den fünften Monat eingeatmet wurde"?
Die Muslime glauben, dass das Leben im Fötus erst beginnt, nachdem Gott die Seele in den Körper des Fötus eingeatmet hat. Vor dieser Zeit befindet sich im Mutterleib ein Fötus ohne Seele, also kein Leben im Sinne des Lebewesens. Aus islamischer Sicht ist es deshalb total verboten, dieses Leben nach dieser Zeit zu beenden.
Die Ausnahmen, die die islamischen Gelehrten festgelegt haben, beschäftigen sich zunächst mit dem Leben der Mutter.
Es ist zu beachten, dass sich eine induzierte Abtreibung von einem Schwangerschaftsabbruch unterscheidet. Fälle der Zulässigkeit einer Abtreibung für die Notwendigkeit: Bevor die erforderlichen Fälle ermittelt werden, für die eine Abtreibung zulässig ist, muss auf die Regel der Notwendigkeit Bezug genommen und ihre Kontrollen geklärt werden, einschließlich der Ausschöpfung aller zulässigen Handlungsoptionen.
Der Fall, in dem ein Schwangerschaftsabbruch aus notwendigen Gründen zulässig ist, fußt auf der Angst um das Leben der Mutter. Die islamische Wissenschaft hat festgelegt, dass es zulässig sei, den Fötus im ersten Stadium der Schwangerschaft vor Ablauf der 40 Tage Frist für den Fall, dass die Abtreibung in einem berechtigten Interesse liegt, sofern ein zuverlässiger Bericht des medizinischen Ausschusses vorliegt, der bestätigt, dass die Fortsetzung der Schwangerschaft eine Gefahr für das Leben der Mutter darstellt, nachdem alle verfügbaren Mittel zur Vermeidung der Gefahren ausgeschöpft wurden.
Was das Einatmen der Seele in den Fötus angeht, so unterscheiden sich die Gelehrten hinsichtlich der Meinung über die Abtreibung aufgrund der Notwendigkeit. Die Mehrheit der Juristen der islamischen Rechtsschulen von Hanafi, Maliki, Shafi und Hanbali ging über das offensichtliche Abtreibungsverbot hinaus, wenn die Seele aus irgendeinem Grund doch „eingeatmet" worden war. In der Scharia gibt es keine Bestimmung, die es erlaubt, eine Seele zu töten, um eine andere wiederzubeleben.
Aufgrund der oben genannten Regeln ist es zulässig, den Fötus aufzugeben, um das Leben der Mutter zu retten. Sie ist die Säule der Familie, sie hat Rechte und sie hat Pflichten. Es ist nicht angemessen, das Leben der Mutter aufs Spiel zu setzen, um einen Fötus zu erhalten, dessen Leben zwar begonnen hat, aber noch nicht bestätigt wurde. Das Leben der Mutter zu retten, ist zwingend und das Leben des ungeborenen Kindes ist nur wahrscheinlich. Zwei wissenschaftliche Gutachten müssen bestätigen, dass das Leben der Mutter gefährdet ist, wenn die Schwangerschaft ausgetragen werden sollte, um einen Schwangerschaftsabbruch zu legitimieren.
Weitere Positionen:
Die Islamische Fiqh-Akademie in Mekka erklärt, dass es zulässig ist, den Fötus abzubrechen, falls er schwere, unbehandelbare Missbildungen erleidet, die ihn daran hindern, sein normales Leben zu führen, was ihm und seiner Familie zusätzlich zu den Belastungen, sich um ihn zu kümmern und sich um ihn zu kümmern, Traurigkeit und Schmerzen bereitet.
In der Entscheidung der Islamic Fiqh Academy heißt es: „Vor dem Ablauf von 120 Tagen nach der Schwangerschaft, wenn dies durch den Bericht eines medizinischen Komitees vertrauenswürdiger Spezialisten nachgewiesen und bestätigt wird und auf technischen Untersuchungen mit Laborgeräten beruht und bedeutet, dass der deformierte Fötus ernsthaft deformiert ist und nicht behandelt werden kann oder wird, dann ist es zulässig, ihn auf Wunsch der Eltern abzutreiben. Die Gegenposition argumentiert, dass in der Schwangerschaft zwar Deformationen festgestellt werden können, manchmal aber auch relativiert werden müssen.
In unserer heutigen Zeit hat das jordanische Fatwa-Ministerium das Verbot der Abtreibung in all seinen Stadien und Phasen erklärt, aber das Ausmaß des Verbots und der daraus resultierenden Sünde variiert in verschiedenen Stadien, zumal der Schwangerschaftsabbruch ein Angriff auf ein Lebewesen ist, das zu einer gläubigen Seele heranwächst, so Gott will.

Quellen:
1. https://mawdoo3.com
2. Die Islamische Fiqh-Akademie in Mekka.
3. Das jordanische Fatwa-Ministerium.

9. Sternenkinder

Begriffsklärung

In heutiger Zeit werden Kinder, die vor, während oder nach der Geburt versterben, also bildlich gesprochen, den „Himmel" erreicht haben, noch bevor sie das Licht der Welt wirklich erblickt haben, als Sternenkinder bezeichnet. Ursprünglich wurde der Begriff noch enger gefasst und nur verwendet, wenn Babys bei der Geburt weniger als 500 Gramm wogen. Mittlerweile wird er allerdings immer häufiger auch für Kinder verwendet, die zum Teil wesentlich mehr wiegen. Der Begriff Sternenkinder richtet den Fokus auf das Kind selbst und berücksichtigt die intensive Bindung, die Mütter und Väter bereits zum ungeborenen Kind entwickeln und die damit verbundene oft intensive und langanhaltende Trauer, die ein solcher Tod verursacht. Auch die Begriffe „Engelskind" und „Schmetterlingskind" bzw. die Bezeichnung „Stille Geburt" ist für Sternenkinder weit verbreitet. Allerdings wird der Begriff Sternenkind inzwischen ebenso für Kinder verwendet, die noch im ersten Lebensjahr versterben.

Im Jahr 2021 wurden nach Angaben des Bundesamtes für Statistik (Destatis) 3420 Sternenkinder mit einem Gewicht von mindestens 500 Gramm in Deutschland geboren. Da Sternenkinder mit einem Gewicht unter 500 Gramm nicht beim Standesamt registriert werden, ist die Dunkelziffer natürlich ebenfalls hoch (vgl. Destatis 2021).

Gesetzliche Rahmenbedingungen

Eltern von sogenannten Sternenkindern können seit dem 15. Mai 2013 im Zuge der Neuregelung des Personenstandsrechtsänderungsgesetzes (PStRÄndG) von § 31 der Personenstandsverordnung die Geburt ihres Kindes beim Standesamt anzeigen und ihrem Kind damit offiziell eine Existenz geben (bmfsfj.de). Zuvor war eine solche Dokumentation bei Kindern, die mit unter 500 Gramm tot geboren wurden, nicht möglich. Die Änderung des Personenstandsrechts ermöglicht damit einen würdigen Umgang mit Sternenkindern. Somit wird das Sternenkind mit einem Namen im Personenstandsregister verzeichnet – und kann auf einem Friedhof bestattet werden. In die Bescheinigung können Angaben zum Kind, das heißt der vorgesehene Vor- und Familienname, Geschlecht, Geburtstag und Geburtsort aufgenommen werden. Auch Angaben zu Mutter und Vater, wie Vor- und Familienname, gegebenenfalls Geburtsname, sowie Religion können in der Bescheinigung enthalten sein. Diese Eintragung ist auch rückwirkend und unabhängig vom Geburtsgewicht des Kindes möglich (vgl. Aeternitas e.V.).

Die Anerkennung als Person ihres Sternenkindes ist für viele Eltern so wichtig, weil damit das Kind im Familienstammbuch eingetragen werden kann und eine Sterbeurkunde ausgestellt wird. Denn die Friedhofsordnungen schreiben vor, dass nur Personen beigesetzt werden dürfen, die als Person eingetragen wurden.

Umsetzung der rechtlichen Bestimmungen

Da das Bestattungsrecht in Deutschland Sache der Bundesländer ist, regeln 16 Bestattungsgesetze die Materie – und das mit teilweise deutlichen Abweichungen. Es werden unterschiedliche Begrifflichkeiten verwendet, die leider oft nicht klar definiert werden: Leibesfrucht, Fetus, Embryo, Ungeborenes, Fehlgeborenes, Fehlgeburt, Totgeborenes, Totgeburt, Neugeborenes, Lebendgeburt. Teilweise werden diese Begriffe im Gesetz definiert, teilweise wird eine Definition vorausgesetzt (vgl. Deutsche Hebammenenzeitung 1/2021).

Gemäß der deutschen Verordnung zur Ausführung des Personenstandsgesetzes werden folgende Definitionen bei der Zuordnung der Sternenkinder verwendet:

Das Fehlgeborene: vom „Zellklumpen" bis 500g oder mit 1000g Geburtsgewicht und ohne Lebenszeichen geboren. Ein fehlgeborenes Kind ist vor dem Gesetz noch keine Person, keine Leiche und damit auch nicht bestattungspflichtig. Es muss aber zumindest „ethisch einwandfrei und dem sittlichen Empfinden entsprechend entsorgt" werden (BestattG BW § 30, Stand 10.05.2012). Da Fehlgeborene nicht als Leichen gelten, dürfen Eltern sie in manchen Bundesländern selbst transportieren, aufbewahren und eigenständig beisetzen, wo immer sie möchten.

Die Leibesfrucht aus einem Schwangerschaftsabbruch oder das Ungeborene: oft einem Fehlgeborenen gleichgestellt. Man kann davon ausgehen, dass meist eher ein früherer Abbruch gemeint ist und kein Spätabbruch. Späte Abbrüche werden eher den Totgeburten gleichgesetzt.

Die Totgeburt: ab 500g oder 1000g Geburtsgewicht und ohne Lebenszeichen geboren. Ein totgeborenes Kind über 500g ist eine Person, bekommt einen Eintrag ins Personenstandsregister des Standesamtes und eine Geburtsurkunde.

Lebendgeborene: Kinder, die mit Lebenszeichen geboren wurden, unabhängig vom Geburtsgewicht. Dieses Kind bekommt somit sowohl eine Geburtsurkunde als auch eine Sterbeurkunde und ist in jedem Fall bestattungspflichtig. (DHZ 1/2021 Rubrik: Beruf & Praxis)

Wenn eine Schwangerschaft früh ein glückloses Ende nimmt, hat dieser Verlust eine schmerzhafte Bedeutung für ein Paar. (Vgl. chrismon plus 1/2018) Viele Eltern können ihre Trauer besser bewältigen, wenn sie erfahren, dass sie nicht allein sind. In Selbsthilfegruppen oder diversen Internetforen können die Eltern sich austauschen und gegenseitig Kraft geben. In vielen Regionen gibt es Sternenkindervereine, die die Familien ehrenamtlich unterstützen und oft auch praktisch bei der Bestattung helfen. (Vgl. BZ-Artikel vom 20.08.2022 „Sternenkindfotografie")

„Wenn du bei Nacht den Himmel anschaust, wird es sein, als lachten alle Sterne, weil ich auf einem von ihnen wohne, weil ich auf einem von ihnen lache." Antoine de Saint-Exupéry, 1943 in „Le Petit Prince"

Literatur

Aeternitas e.V. Verbraucherinitiative Bestattungskultur, Königswinter: https://www.aeternitas.de/inhalt/kind_tod_trauer/sternenkinder/sternenkinder_rechtliches (Abruf 25.09.2022)

Badische Zeitung 20.08.2022, Ressort: Liebe & Familie „Sternenkindfotografie“ Mirjam Stöckel: https://www.badische-zeitung.de/wenn-ein-kind-tot-geboren-wird-koennen-fotos-bei-der-trauerarbeit-helfen#embedcode (Abruf 25.09.2022)

Bargenda, Hildegard / Lammer, Kerstin / Terjung, Jens (Hg) (2013): Kostbare Zeit – Was Eltern erleben, wenn ihr Kind stirbt. V&R unipress, Freiburg.

Bundesministerium für Familie, Senioren, Frauen und Jugend: https://www.bmfsfj.de/bmfsfj/aktuelles/alle-meldungen/neuregelung-im-umgang-mit-sternenkindern-tritt-in-kraft-75366 (Abruf 25.09.2022)

ChrismonPlus 1/2018: https://chrismon.evangelisch.de/artikel/2017/37071/sternenkinder-ein-vater-trauert-um-sein-totes-kind (Abfrage 25.09.2022)

Deutsche Hebammenzeitschrift: DHZ 1/2021 Rubrik: Beruf & Praxis: https://www.dhz-online.de/ (Abruf 25.09.2022)

Kiechle, Marion (2011): Gynäkologie und Geburtshilfe, Urban & Fischer Verlag, 2. Auflage.

Verordnung des Sozialministeriums zur Durchführung des Bestattungsgesetzes (Bestattungsverordnung – BestattVO) BestattG BW § 30: https://www.landesrecht-bw.de/jportal/?quelle=jlink&docid=jlr-BestattVBW2015pG3&psml=bsbawueprod.psml&max=true (Abruf 25.09.2022)

Reflexionsfragen und Impulse

zu 5. Leihmutterschaft

Impuls:

→ Was heißt es, wenn für die ungewollte Kinderlosigkeit einseitig die Technik als Lösung propagiert wird?

→ Das Kind ist nicht gemacht, sondern etwas Gegebenes.

Diskussion Pro und Kontra:

Pro: Der technische Imperativ der Medizin kennt keine Grenzen. Die Technik kennt keine Scheu vor dem Neuen. Sie ist stets auf Veränderung und Dynamik ausgerichtet. Alles was ist, könnte noch besser gemacht werden. Kontra: Bedeutet das zugleich, dass alles technisch Machbare auch sein soll? Welche Grenzen gibt es, die sich aus anderen Zusammenhängen herleiten als denen der Machbarkeit? Durch das technisch Machbare werden Begehrlichkeiten geweckt = das bestellbare Kind.

Beispiele: Mutter werden im Alter von 64 Jahren; Mutter werden mithilfe der Samenspende des verstorbenen Ehemannes; Mutter werden mithilfe der Samenspende eines fremden Mannes; Mutter werden ohne das Kind austragen zu müssen (Leihmutterschaft); Mutter werden mithilfe einer Eizellspende (derzeit in Deutschland verboten, aber in vielen europäischen Ländern gestattet → „Fortpflanzungstourismus").

Reflexionsfragen:

- Recherchieren Sie zum Stichwort „Kinderwunsch" und stellen Sie die gefundenen Informationen im Plenum vor.
- Ist Kinderlosigkeit für Sie schicksalhaft oder eine Krankheit?
- Diskutieren Sie die Anschauung, dass für die ungewollte Kinderlosigkeit einseitig die Technik als Lösung propagiert wird.
- Bedeutet das zugleich, dass alles technisch Machbare auch sein soll?
- Sammeln Sie Argumente für Pro- und Kontrastellungnahmen zu:
  a) Mutter werden als 64-jährige Frau,
  b) Mutter werden mithilfe der Samenspende des verstorbenen Ehemannes,
  c) Mutter werden mithilfe der Samenspende eines unbekannten Mannes,
  d) Mutter werden, ohne das Kind austragen zu müssen (Leihmutterschaft),
  e) Mutter werden mithilfe einer Eizellspende (da derzeit in Deutschland verboten, kommt es zum „Fortpflanzungstourismus").
- In welchem Ausmaß spielt der ökonomische Faktor bei der künstlichen Befruchtung eine Rolle?
- Kann die Medizin die Rolle der „Lifestyle-Garantie" in Hinblick auf den Kinderwunsch übernehmen?
- Ist der Kinderwunsch im Alter der Eltern über 35 Jahre sozialverträglich?
- Diskutieren Sie Alternativen zur Reproduktionsmedizin (Adoption, Pflegekind).
- Erarbeiten Sie Argumente und finden Sie Erklärungen, warum in Deutschland die Leihmutterschaft verboten ist (ethische, sittliche und moralische Gründe).
- Finden Sie Antworten aus Ihrem Alltagsleben und persönlichen Erfahrungen zu den Fragen Kants: Wer bin ich, was soll ich tun, was darf ich hoffen – was ist der Mensch?

zu 6. In Würde geboren werden

Reflexionsfragen:

→ Gibt es in Ihrer Familie Geschichten über Erlebnisse bei der Geburt? Beschreiben Sie die Begebenheiten und Gefühle, die geschildert werden.

→ In welcher Form wird in den Medien über Geburt und Geburtserlebnisse berichtet? Gibt es Parallelen zu den familiären Erfahrungen? Welche Unterschiede bzw. Gemeinsamkeiten können Sie feststellen?

→ Sammeln Sie auf Moderationskarten Adjektive, die positive und negative Geburtserfahrungen ausdrücken. Gestalten Sie mit ihnen ein „Stimmungsbild", das a) einen würdevollen Ablauf der Geburt zum Ausdruck bringt b) einen reglementierten und unpersönlich geleiteten Geburtsvorgang dokumentiert.

zu 7. Schwangerschaftsabbruch

Reflexionsfragen:

- Gibt es Gründe für Sie, die einen Schwangerschaftsabbruch rechtfertigen würden?
- Vergleichen Sie in den Informationsbroschüren der verschiedenen Beratungsstellen die Aussagen in Bezug auf Menschenrecht, Würde und Selbstbestimmung.
- Was hat das Abtreibungsrecht mit der gesellschaftlichen Rolle der Frau zu tun?
- Im Statement „Mein Bauch gehört mir!" können sehr unterschiedliche Aspekte ausgedrückt werden. Beschriften Sie „Sprechblasen" und gestalten Sie ein „Meinungsbild". (Selbstbestimmte Zustimmung zum Kind bzw. Ablehnung des Kindes ohne gesellschaftlichen Druck.)

Unterrichtsentwurf: Würde im Beginn des Lebens

„Denn du hast meine Nieren bereitet und hast mich gebildet im Mutterleibe. Ich danke dir dafür, dass ich wunderbar gemacht bin; wunderbar sind deine Werke; das erkennt meine Seele.“ (Psalm 139,13–14).

Stundenziel: Schüler:innen erarbeiten sich ein Verständnis von den komplexen Fragestellungen, die sich aus der Präimplantationsdiagnostik ergeben. Sie setzen sich mit modernen, medizintechnischen Errungenschaften im Zusammenhang mit ihren persönlichen anthropologischen Normen, wie perfekte und gesunde Menschen sein sollten, auseinander. Sie erleben sich in der Norm.

Zeit	Lernphasen	Lernziele	Kompetenzen	Lehrer:in/Schüler:in-Interaktion // Inhalte // Impulse	Sozialform	Methoden	Medien
20′	Einstieg	S:S setzen sich mit ihren individuellen Vorstellungen bzw. Projektionen des gesunden und perfekten Menschen auseinander. Schüler:innen legen daraus Normen fest.	kreative K. kommunikative K. ethische K.	Sie erhalten nun Merkmale von potentiellen Eizellen- und Samenspendern. Konstruieren Sie daraus einen Menschen. Stellen Sie diesen später im Plenum vor. Legen Sie dann gemeinsam Merkmale fest und kreieren daraus Normen für einen Menschen. Die Lehrperson bündelt gemeinsam mit den S:S die Arbeitsergebnisse und versucht Häufigkeiten in den Vordergrund zu stellen, woraus sich die Normen ergeben. Diese werden schriftlich fixiert. Der Mensch soll …	Gruppenarbeit und Plenum	Puzzeln	**M 1** AB: Menschen nach Maß?
10′	Erarbeitung 1	S:S reflektieren über ihre im Plenum verfassten Norm. Sie leisten einen Transfer zu ihrem Selbstbild, ob es der Gruppennorm entsprich. S:S lesen dazu einen Text und beantworten Fragen.	personale K. ethische K. kommunikative K.	Gehen Sie nun in eine kurze Einzelarbeit und denken Sie über die Norm anhand folgender Reflexionsfrage nach. ➢ Inwieweit entsprechen meine persönlichen Eigenschaften der Gruppennorm? ➢ Was könnte es für mich heißen, wenn ich der Norm nicht entspräche? ➢ Sind sie dadurch schlechtere oder bessere Menschen und inwieweit ist dadurch ihr Leben lebenswert?	Einzelarbeit	Schreiben Reflektieren	Reflexionsfragen
20′	Erarbeitung 2	S:S lesen einen Text und beantworten Fragen. Sie diskutieren mit den anderen S:S	Sachkompetenz ethische K. kommunikative K.	Suchen Sie sich nun eine/n Partner:in zum Lesen. Bearbeiten Sie gemeinsam direkt auftretende Fragen. Stellen Sie heraus, wer über perfektes und gesundes Leben entscheidet. Nennen Sie Gründe dafür, wer das Recht hat, Normen festzulegen.	Lernduos 2er Team	Lesen und Schreiben	**M 2** Ein Designerbaby nach Bauplan – für 140.000 Dollar

15′	Vertiefung 1	S:S diskutieren über verschiedene Ansichten und kreieren vertiefende Fragen.	kommunikative K. Sachkompetenz	Kommen Sie zurück in das Plenum. Diskutieren Sie Ihre Arbeitsergebnisse mit den anderen S:S. Was bedeutet die uneingeschränkte Möglichkeit, ein Designerbaby zu kreieren für das menschliche Leben? Ist es legitim, dem konstruierten Menschen eine solche Vergangenheit zuzumuten? Inwieweit sollten die Fragen nach vorgeburtlichem Leben im Zusammenhang individueller Selbstverwirklichung von Eltern verhandelt werden?			
15′	Vertiefung 2 (optional)	S:S schauen einen Film.	Medienkompetenz Sachkompetenz	Im Anschluss an Ihre Fragen und Statements schauen wir einen Film. (Der Film kann nach Bedarf vor der Vertiefung 1 geschaut werden. Die hängt vom Lernniveau der S:S ab). https://www.planet-schule.de/sf/filme-online.php?film=9319 (Film kann heruntergeladen werden; letzter Aufruf: 8.5.2023)	Plenum	Film schauen	Film: Die überwachte Schwangerschaft
10′	Offene Ergebnissicherung	S:S leisten einen Transfer und vernetzen die Arbeitsergebnisse. Sie erörtern Perspektiven für eine Gesellschaft und ihre Form der Gerechtigkeit. S:S erleben die Unabgeschlossenheit einer solchen Diskussion.	kommunikative K. ethische K.	Diskutieren Sie die Frage: Was bedeutet es für eine Gesellschaft und deren Gerechtigkeitsverständnis, sich am Perfekten und Gesunden zu orientieren? Welche Bedeutung haben die vielfältigen Entscheidungsmöglichkeiten für das noch ungeborene Leben?	Gruppenarbeit	Diskussion	Fragen

Ergänzende Materialien:

Interview zur Leihmutterschaft mit Katharina Horn
https://pthorn.de/inteview-mit-katharina-horn-mitautoring-des-kinderbuches-fuer-solomuetter/

Leihmutterschaft: ein transnationales Phänomen
https://www.studienstiftung.ch/blog/2021/08/25/leihmutterschaft-ein-transnationales-phaenomen/

M 1 Menschen nach Maß?

Aufgabe:
Konstruieren Sie einen Menschen nach Ihrer Vorstellung. Welche Merkmale sind Ihnen besonders wichtig, die der Mensch von Beginn an auf seinem Weg in das Leben von Ihnen erhält? Was soll diesen Menschen später auszeichnen, was denken Sie, ist für sein Leben besonders elementar? Berücksichtigen Sie dabei die verschiedenen gentechnisch-medizinischen Möglichkeiten.
Im Folgenden sind Merkmale von Frauen und Männern genannt, wie sie u.a. auf Samenbanken angegeben werden. Diese Merkmale differenzieren sich weit aus. Es ist Ihnen überlassen, inwieweit Sie diskutieren und konstruieren möchten. Achten Sie lediglich darauf, dass die fett markierten Hauptmerkmale festgelegt sind. Suchen Sie Ihren geeigneten Eizellen- oder Samenspender für Ihr Konstrukt. Stellen Sie Ihr Konstrukt im Plenum vor.

Genetische Beschaffenheit
- Erblich bedingte Krankheiten
  - ○ Demenz
  - ○ Alzheimer
  - ○ Krebs
    - Lunge
    - Brust
    - ...
- Behinderung
  - ○ körperlich
  - ○ ...
  - ○ geistig
- Blutgruppe A / B / AB / 0
- ...

Geschlecht
- weiblich
- männlich
- transgender
- geschlechtslos

Musische Fähigkeiten
- handwerklich
- künstlerisch
- musikalisch
- sportlich
- kreativ
- ...

Psychische Beschaffenheit
- intelligent
- selbstbewust
- narzisstisch
- manisch
- depressiv
- neugierig
- ...

Ethnische Herkunft
- Asien
  - ○ ...
- Europa
  - ○ ...
- Afrika
- Nordamerika
- Südamerika
- Australien

Soziale Fähigkeiten
- egoistisch
- kontaktfreudig
- emphatisch
- liebevoll
- Einzelgänger:in
- kriminell
- ...

Physische Attraktivität
- Körpergröße
- Haarfarbe
  - ○ Haarform
  - ○ Haarstärke
- Augenfarbe
  - ○ Augenform
- Hautfarbe
- Körperbau
  - ○ sportlich
  - ○ mollig
  - ○ stämmig
  - ○ dünn
  - ○ ...
- ...

Physische Fähigkeiten
- athletisch
- feinmotorisch
  - ○ Handschrift
  - ○ ...
- grobmotorisch
- Leistungsfähig
  - ○ ausdauernd
- dynamisch
- lethargisch
- ...

Beruf
- Handwerker:in
- Akademiker:in
  - ○ Geisteswissenschaftler:in
  - ○ Physiker:in
  - ○ ...
- Manager:in
- Verkäufer:in
- Lehrer:in
- Sozialer Beruf
  - ○ Pfleger:in
- Unternehmer:in
- Selbstständige
- ...

Religionszugehörigkeit
- evangelisch
- katholisch
- muslimisch
- jüdisch
- buddhistisch
- hinduistisch
- konfessionslos
- ...

Finanzieller Status
- arm
- reich

Eigene Ideen
- ...

Silke Trillhaas, nach Anregung in planet schule, Heft 3, Schuljahr 2014/2015. © www.planet-schule.de

M 2 Ein Designerbaby nach Bauplan – für 140.000 Dollar

Während in Deutschland sogar die Pränataldiagnostik in der Kritik steht, können Paare in den USA Babys im Labor züchten und von Leihmüttern austragen lassen. Es ist ein Milliarden-Geschäft.

Mason ist ein Musterkind. Aufgeweckt und mit ansteckendem Lachen, braunem Wuschelhaar und hellwachen Augen. Kein Wunder, schließlich war Mason ein A-Grade-Embryo, ein Embryo der besten genetischen Güteklasse. Mason hat vier Eltern: Jay, seinen biologischen Vater, Luke, seinen sozialen Vater, Zoe, seine genetische Mutter, und seine Tragemutter Elaine.

Wenn er groß ist, wird er seine Mütter vielleicht kennenlernen, aber im Moment lebt Mason mit seinen beiden Vätern Jay und Luke, einem Arzt und einem Anwalt, in einem schicken Brownstone-Stadthaus in New York Citys Upper West Side.

Vor zweieinhalb Jahren entstand das Kind in einer Petrischale im Labor einer Reproduktionsklinik, aus dem Samen von Jay und einer Eizelle von Zoe, einer schönen und schlauen Studentin der renommierten Columbia University. Mason war ein Designerbaby. „Unser Wunschkind", sagt Luke. „Deshalb wollten wir ihn mit dem besten genetischen Ausgangsmaterial auf seinen Lebensweg schicken."

Die Reproduktionsmedizin ist ein boomendes Geschäft in den USA, ein Milliarden-Dollar-Markt. Vor allem sogenannte nicht traditionelle Familien – homosexuelle Paare und Singles – heizen die Nachfrage an. Viele von ihnen kommen aus dem Ausland, wo die Rechtslage nicht so freizügig ist wie in den USA.

53 Kunden aus Deutschland

„Ein beachtlicher Teil unserer Patienten kommt aus Europa", sagt Dr. Michael Doyle, Gründer von CT Fertility, einer Fortpflanzungsklinik mit Sitz in Bridgeport (Connecticut). Patienten aus 31 Ländern kamen 2015 zu ihm. Derzeit betreut er 53 Kunden aus Deutschland, 45 homosexuelle und heterosexuelle Paare und acht alleinstehende Männer. In Deutschland ist nur die Samenspende unter Auflagen erlaubt. Eizellspende und Leihmutterschaft sind verboten. Sogar die Beihilfe zur Eizellspende, also zum Beispiel die Empfehlung einer Klinik im Ausland, ist nach dem Embryonenschutzgesetz von 1991 streng untersagt.

Die meisten seiner Patienten kämen mit dem gleichen Problem wie vor 25 Jahren, als er CT Fertility gründete, sagt Doyle: weil sie unfruchtbar sind. Und auch die Behandlungsmethoden hätten sich kaum verändert. Manchen Patienten raten die Ärzte, ihre Lebensgewohnheiten umzustellen, andere bekommen Massagen oder Akupunktur. Bei einigen Patientinnen wird der Eisprung hormonell stimuliert.

Es gebe aber immer mehr Menschen, die keine Kandidaten für solche Behandlungen seien, sagt Doyle. Homosexuelle Paare wie Jay und Luke zum Beispiel. Doyle nennt sie mal Kunden, mal Patienten. Sie kommen, weil bei CT Fertility – anders als in vielen anderen Reproduktionskliniken in den USA – die Eizellspenderinnen nicht anonym bleiben. In einem Katalog und in Videos kann man sich über ihre Herkunft, Ausbildung, Talente und Krankheiten informieren. Die Frauen sind jung, gesund und klug, meist auch sportlich und musisch begabt. So wie Zoe, Masons genetische Mutter. Die Spenderinnen bekommen rund 8000 Dollar für ihre Eizellen.

„Wir spielen hier nicht Gott"

Bevor CT Fertility aus einer Samen- und einer Eizellspende neues Leben kreiert, unterzieht die Klinik ihre Kunden einem medizinischen, sozialen und manchmal auch polizeilichen Screening, sagt Doyle: „Wir durchleuchten die künftigen Eltern gründlich." Genauso wie die Embryos. Deren Klassifizierung und Selektion ist der Schlüssel zum Erfolg der modernen Reproduktionsmedizin.

Nach der Befruchtung der Eizellen wachsen die Embryos knapp eine Woche lang im Labor. Anschließend untersuchen Wissenschaftler sie unter dem Mikroskop, bewerten sie nach Kriterien wie Zellteilung und Zellsymmetrie und teilen sie in verschiedene Klassen ein: „A", „B plus" oder „C minus". „Wir spielen hier aber nicht Gott, wir sichten nur das Material", sagt Doyle.

Dieses Kleinkind ist ein medizinisches Wunder

Mit Hilfe einer neuen Methode aus England können Eltern schon vor der Geburt testen, ob der Embryo an einer Erbkrankheit leidet. Doch dabei gibt es auch moralische Bedenken.

Etwa 20 Prozent der Kunden von CT Fertility wählen zusätzlich zur Sichtung per Mikroskop ein DNA-Screening der embryonalen Zellen. Dabei geht es vor allem darum, Erbkrankheiten und genetische Defekte auszuschließen – wie das Downsyndrom, Mukoviszidose oder eine Sichelzellanämie, die zu einer Zerstörung der roten Blutkörperchen und zu Blutarmut führt. Vor allem wenn die Frauen älter sind oder es Krankheiten in der Familie gibt, entscheiden sich die Patienten für ein solches Screening, sagt Doyle.

Nur etwa zwei Prozent seiner Kunden hätten Präferenzen beim Geschlecht des Kindes. Dinge wie Augen- und Haarfarbe ließen sich – anders als häufig angenommen

– ohnehin mit den derzeitigen Methoden nicht sicher bestimmen. „Darauf lassen wir uns auch gar nicht ein", sagt Doyle. „Wir fertigen keine Kinder nach Maß."

Das Erfolgsrezept der Reproduktionsmedizin

Zumindest nicht, wenn es um ästhetische Gesichtspunkte geht. Das genetische Material soll aber möglichst ideal sein. Der Tragemutter wird nach der Selektion nur das beste Material eingesetzt. Das soll auch den Erfolg der Behandlung garantieren. Die Wahrscheinlichkeit einer Schwangerschaft durch künstliche Befruchtung liegt in Doyles Klinik bei 95 bis 99 Prozent. „Wenn die Kunden auch nach mehreren Versuchen kein Baby bekommen, erhalten sie ihr Geld zurück", sagt Doyle. CT Fertility sei ein seriöses Unternehmen. „Wir stehen zu unserem Produkt."

Das Konzept der genetischen Selektion von Embryonen entfacht heftige ethische Debatten. Vor allem in Deutschland assoziieren viele die Idee, aus dem besten genetischen Material einen Menschen zu kreieren, mit dem Nationalsozialismus – mit Schlagworten wie Eugenik und Zwangssterilisation.

Allerdings hätten die Nazis negative Eugenik betrieben, betont der Kulturwissenschaftler Andreas Bernard, Autor des Buches „Kinder machen. Neue Reproduktionstechnologien und die Ordnung der Familie", im „Spiegel". Sie verhinderten auf grausame Art, dass einzelne Bevölkerungsgruppen Kinder bekamen. Eine künstliche Befruchtung, zur damaligen Zeit eine Samenspende, sei bei den NS-Ärzten hingegen verpönt gewesen. „Deutsche Kinder sollten aus Geschlechtsverkehr hervorgehen."

Die Frage, wie weit genetische Selektion bei Embryonen gehen darf, stand im Dezember [2015] auch im Mittelpunkt eines Treffens von Forschern und Ethikexperten aus aller Welt in Washington. Sie diskutierten, ob genchirurgische Verfahren auch an Embryonen angewendet werden soll-ten. Beim sogenannten Genom-Editing wird die DNA mit molekularen Verfahren an einer bestimmten Stelle zerschnitten. So kann man etwa ein defektes Gen austauschen oder reparieren.

Forscher hoffen, Krankheiten auf diese Weise einfach ausschalten zu können. Eine Veränderung des Erbguts von Embryonen hielten beim Weltkongress der Nationalen Akademien der Wissenschaften und Medizin aber fast alle Teilnehmer für problematisch. Die Folgen für künftige Generationen seien nicht absehbar.

Kinder nach Plan

Davon, dass das technisch bald möglich sein wird, ist Jamie Metzl allerdings überzeugt. Der Biotechnologie-Experte am „Atlantic Council" rechnet damit, dass Wissenschaftler schon bald Eier aus Stammzellen generieren können. Damit würden Eizellen zu einer unbegrenzten Ressource und stünden in riesiger Auswahl zur Verfügung. „Mithilfe genetischer Schnitttechniken könnte man das Erbgut der Embryonen dann manipulieren." Es wäre der entscheidende Schritt zur Schaffung eines Supermenschen.

Fortpflanzungsmediziner Doyle kann die ethischen Bedenken verstehen, teilt sie aber nicht. Er hat eine andere Vision. Künftig, so glaubt er, werden sich Frauen routinemäßig mit 22 oder 23 Jahren ihre Eizellen entnehmen, genetisch untersuchen und einfrieren lassen.

„Dann leben sie ihr Leben, ohne das ständige Ticken der biologischen Uhr im Hinterkopf. Und bekommen ihre Kinder – selbst oder über eine Leihmutter – wenn es in ihren Plan passt." Unternehmen wie Apple und Facebook traten 2014 eine weltweite Debatte los, als sie ihren Mitarbeiterinnen anboten, die Kosten für das Einfrieren ihrer Eizellen zu übernehmen.

Auch werde das Screening der Eizellen und der embryonalen Zellen immer feiner und zuverlässiger werden, sagt Doyle. Immer mehr Erbkrankheiten könnten so eliminiert werden – ein Prozess, der bereits vor Jahrzehnten mit der Pränatal-Diagnostik begann und sich heute in der Präimplantations- und Präfertilisations-Diagnostik fortsetzt.

Wenn künftig zum Beispiel eine Frau, die wie ihre Mutter und Großmutter eine BRCA-Mutation in sich trage und damit ein erhöhtes Risiko, an Brust- und Eierstockkrebs zu erkranken, ein Kind bekommen wolle – dann sei das genetische Screening der Eizellen eine Möglichkeit, dieses Risiko für die nächste Generation auszuschließen, sagt Doyle: „Ich finde, das ist keine schlechte Sache."

Ein Kind für 140.000 Dollar

Natürliche Schwangerschaften sind für den Mediziner ohnehin ein Auslaufmodell. „Wenn man auf natürlichem Wege schwanger wird, ist das wie ein Würfelspiel. Die Eltern können nur hoffen, dass am Ende ein gesundes Baby geboren wird." Dafür kann sich so ein Baby jeder leisten. Designerbabys sind dagegen teuer. Jay und Luke haben für Mason 140.000 Dollar bezahlt.

Die beiden Väter haben genug Geld, gemeinsam verdienen sie 1,5 Millionen Dollar im Jahr. „Wir hätten auch das Zehnfache auf den Tisch gelegt", sagt Luke und streicht seinem Sohn durch das Haar. „Mason ist jeden Penny wert." Demnächst soll er eine kleine Schwester bekommen.

* Alle Namen wurden aus persönlichen Gründen geändert

Quelle: www.welt.de/wissenschaft. Abdruck mit freundlicher Genehmigung der Autorin © Katja Ridderbusch.

Unterrichtsentwurf zum Thema Pränataldiagnostik

„Gott der Herr machte den Menschen aus einem Erdenkloß, und blies ihm ein den lebendigen Odem in seine Nase. Und also ward der Mensch eine lebendige Seele“ (Gen 2,7).

Thema der Stunde: Die Schüler:innen entwickeln ein Problembewusstsein für die ethischen Aspekte der vorgeburtlichen Diagnostik (pränatale Diagnostik = PND) und reflektieren die eigene Haltung zu Inklusion und Leben mit einer Behinderung.

Stundenziel: Die Schüler:innen nehmen Stellung zu der Frage, in welcher Weise pränatale Diagnoseverfahren ethische Dilemmasituationen bewirken, indem sie dieses Problem im Rahmen eines Rollenspiels erörtern und die verschiedenen Argumente auf ihre Wertigkeit hin überprüfen.

Zeit	Lernphasen	Lernziele	Kompetenzen	Lehrer:in/Schüler:in-Interaktion // Inhalte // Impulse	Sozialform	Methoden	Medien
15′	Einstieg	Die S:S reflektieren das Dilemma einer schwangeren Frau in Bezug auf die PND.	soziale K. reflexive K.	Stellen Sie sich vor, Sie sind eng befreundet mit dieser jungen Frau. Können Sie ihr antworten? Welche weiteren Fragen haben Sie? Schreiben Sie Ihre Ideen auf die Karten.	Stehkreis	Blitzlicht Moderation	Beamer, Laptop Folie: **M 1** Entscheidungsfindung zum Schwangerschaftsabbruch Tafel, Karten, Stifte, Magnete
20′	Erarbeitung	Die S:S kennen die nicht-invasiven und invasiven Diagnosemethoden, benennen deren Vor- und Nachteile.	reflexive K. Medienkompetenz Sachkompetenz kommunikative K.	Im Film wird genauer auf die Fragen der jungen Frau eingegangen und verschiedene Diagnoseverfahren vorgestellt. Notieren Sie die Informationen dazu auf dem AB. Nach dem Film werden die Antworten verglichen und noch offene Fragen geklärt.	Frontal Einzelarbeit	Mitschrift L-S-Gespräch	Film „Die überwachte Schwangerschaft“ **M 2** AB Methoden der pränatalen Diagnostik **M 2a** Lösungen
35′	Vertiefung	Die S:S argumentieren im Rahmen des Rollenspiels kriteriengeleitet zum Thema PND und beteiligen sich konstruktiv an der Abschlussdiskussion.	soziale K. kreative K. Sachkompetenz kommunikative K.	Auf den Rollenkarten sind jeweils 2 Argumente für die verschiedenen Personen vorgegeben, es ist aber auch Platz für selbst formulierte Argumente. Bei der Abschlussdiskussion äußern Sie Ihre persönliche Meinung.	Gr.-Arbeit (mind. 5 S:S/Gr.)	Rollenspiel	**M 3** Rollenkarten „Talkshow“
15′	Ergebnissicherung I	Die S:S reflektieren verantwortliches Handeln und ethische Werte am Beispiel der PND und treffen begründet eine Entscheidung in einer gegebenen Dilemmasituation.	soziale K. Medienkompetenz personenbezogene K. Sachkompetenz		Einzelarbeit Plenum	L-S-Gespräch Präsentation	**M 4** AB: Flussdiagramm Tafel mit Moderationskarten (Einstieg)
5′	Ergebnissicherung II (evtl. HA)	Die S:S bewerten die Statements aus einer anderen Perspektive neu.	reflexive K. kreative K.	Beschreiben Sie in einem Zuschauerbrief die Meinung zum Thema „Pränatale Diagnostik“ eines Menschen mit Trisomie 21, der Ihre Talkshow gesehen hat.	Einzelarbeit	Differenzierung	Zusatzaufgabe zum AB „Talkshow“ (**M 3**)

M 1 Entscheidungsfindung zum Schwangerschaftsabbruch

Sind vorgeburtliche Untersuchungen gefährlich?

Wie würde für mich ein Leben mit einem behinderten Kind aussehen?

Kann ich über ein Leben entscheiden?

Bin ich schuld, wenn mein Kind behindert ist?

... und jetzt ...?

Mit dem Vater bin ich nicht mehr zusammen ...

Ich liebe meinen Beruf ...

Will ich ein Kind?

Was ist, wenn mein Kind behindert ist?

Möchte ich wissen, ob mein Ungeborenes krank ist?

Foto: © Hootie2710 | Dreamstime.com

M 2 Methoden der pränatalen Diagnostik

Methoden	Prinzip der Untersuchung	Nachweis	Nachteile	Vorteile
	nicht-invasiv			
Hormon-untersuchung				
Gen-Check				
Nackentrans-parenzmessung				
Humangenetische Beratung				
	invasiv			
Fruchtwasseruntersuchung (Amniozentese)				
Chorionzotten-biopsie				

M 2a Methoden der pränatalen Diagnostik – Lösungsvorschlag

Methoden	Prinzip der Untersuchung	Nachweis	Nachteile	Vorteile
	nicht-invasiv			
Hormon-untersuchung	Hormonkonzentration im mütterlichen Blut wird gemessen	unsicher	unsicher	unsicher
Gen-Check	Bruchstücke des Erbgutes eines Ungeborenen im Blut der Mutter werden untersucht	sicher	macht alle Eigenschaften des Ungeborenen transparent	ungefährlich und sicher
Nackentransparenzmessung	Untersuchung einer Flüssigkeitsansammlung im Nackenbereich eines Ungeborenen	unsicher	unsicher	ungefährlich
Humangenetische Beratung	Anamnese von Vorerkrankungen im Stammbaum des Ungeborenen	unsicher	unsicher	ungefährlich
	invasiv			
Fruchtwasseruntersuchung (Amniozentese)	Fruchtwasser aus der Fruchtblase wird untersucht	sicher	gefährlich, z.B. Fehlgeburten und Infektionen	sicher
Chorionzotten-biopsie	Gewebe, welches später zur Plazenta wird und mit dem Ungeborenen übereinstimmt, wird untersucht	sicher	gefährlich, z.B. Fehlgeburten und Infektionen	sicher

M 3 Rollenspiel: Pränatale Diagnostik – eine Talkshow

Aufgabe:

a) Bilden Sie Gruppen mit mindestens 5 Mitgliedern und verteilen Sie die Rollen (s.u.). Die Rollen können ggf. doppelt besetzt werden.
b) Lesen Sie die Argumente auf den Rollenkarten und ergänzen Sie diese mit eigenen Ideen.
c) Üben Sie die Talkshow zunächst kurz in Ihrer Gruppe.
d) Präsentieren Sie Ihrer Lerngruppe eine Talkshow zum Thema „Pränatale Diagnostik".
e) Diskutieren Sie nach der Vorführung der Rollenspiele Ihre persönliche Meinung zum Thema mit Ihrer Lerngruppe.

Differenzierung / Hausaufgabe:

Beschreiben Sie in einem Zuschauerbrief die Meinung zum Thema „Pränatale Diagnostik" eines Menschen mit Trisomie 21, der Ihre Talkshow gesehen hat.

Rollenkarte: **Werdende Mutter/Werdender Vater**

Argumente:

- „Meine Karriere ist mir wichtiger als ein Kind."
- „Ich möchte kein behindertes Kind und werde in dem Fall abtreiben."
- ______
- ______

Rollenkarte: **Geistliche/Geistlicher**

Argumente:

- „Eine Abtreibung, ungeborenes Leben beenden, ist eine Sünde."
- „Niemand darf über das Leben eines anderen Menschen verfügen."
- ______
- ______

Rollenkarte: **Fachärztin/Facharzt für pränatale Diagnostik**

Argumente:

- „Mein wissenschaftliches Interesse muss ich mit meinen ethischen Grundsätzen abwägen."
- „Eltern haben das Recht zu einem Schwangerschaftsabbruch, um ihr eigenes Leben zu bewahren."
- ______
- ______

Rollenkarte: **Mutter/Vater eines Kindes mit Down-Syndrom**

Argumente:

- „Ich genieße jeden Tag mit meinem Kind. Sein Leben ist lebenswert."
- „Mein Kind sagt, dass es glücklich ist und nicht unter seiner Behinderung leidet."
- ______
- ______

Rollenkarte: **Moderatorin/Moderator**

Argumente:

- „Ich muss dafür sorgen, dass meine Sendung spannend wird."
- „Jeder meiner Gäste muss zu Wort kommen."
- ______
- ______

M 4 Entscheidungsfindung Flussdiagramm

Sina ist ungewollt schwanger, hat keinen Partner, möchte beruflich Karriere machen, hat Angst ein behindertes Kind zu bekommen und denkt über die Anwendung der pränatalen Diagnostik nach (siehe Sammlung der Moderationskarten am Stundenbeginn).
Aufgabe: Beschreiben Sie anhand von Sinas Problem sechs mögliche Schritte und versuchen Sie, eine Entscheidung zu treffen.

1. **Schritt: Problemfindung** Beschreiben Sie genau, was den Sachverhalt zum Problem macht. ↓	
2. **Schritt: Möglichkeiten finden** Nennen Sie verschiedene Möglichkeiten, die es zur Lösung des Problems gibt. ↓	
3. **Schritt: Möglichkeiten bewerten** Ordnen Sie die Möglichkeiten Ihren Werten zu. ↓	
4. **Schritt: Folgen bedenken** Notieren Sie die Folgen, welche die verschiedenen Möglichkeiten haben können. ↓	
5. **Schritt: Entscheidungen fällen** Wägen Sie die Möglichkeiten der Lösung des Problems und deren Folgen ab. Entscheiden Sie sich! ↓	
6. **Schritt: Mit der Entscheidung leben** Beschreiben Sie in Stichworten, wie Sie mit der getroffenen Entscheidung zurechtkommen können. ↓	

Unterrichtsentwurf zum Thema „Sternenkinder“

Thema der Stunde: Die Schüler:innen befassen sich mit der Problematik der „Sternenkinder“ bzw. der „Stillen Geburt“.

Stundenziel: Die Schüler:innen definieren die Begriffe „Sternenkinder“ und „Stille Geburt“ und erarbeiten Trauerrituale für betroffene Familien.

Zeit	Lernphasen	Lernziele	Kompetenzen	Lehrer:in/Schüler:in-Interaktion // Inhalte // Impulse	Sozialform	Methoden	Medien
10′	Einstieg	Die S:S erstellen Listen mit aussagekräftigen Stichworten zu den Themenblöcken der Informationsblätter.	Sachkompetenz kommunikative K. Methodenkompetenz soziale K.	Aus dem Fließtext des Info-Blattes extrahieren Sie stichwortartig die relevanten Angaben zum Gruppenthema und schreiben sie auf Moderationskarten. Jede Gruppe bekommt eine andere Farbe ausgeteilt.	Gruppenarbeit (3–4er Gruppe) zu 3 verschiedenen Themen	L-S-Gespräch Informations-sammlung	**M 1a–c** Infoblätter „Begriffserklärungen“/„ gesetzliche Rahmenbedingungen“/ „Umsetzung der Bestimmungen“ Karten (3 versch. Farben), dicke Filzstifte
20′	Erarbeitung	Die S:S definieren die Begriffe „Sternenkinder“ bzw. „Stille Geburt“ und formulieren den rechtlichen Rahmen in Bezug auf das Personenstandsrecht und Bestattung von Sternenkindern.	Medienkompetenz Sachkompetenz kommunikative K.	Die Gruppen stellen die Informationssammlung vor und befestigen die Karten nach Themen geordnet an der Tafel. Offene Fragen werden geklärt.	Gruppenrbeit Plenum	Präsentation Diskussion L-S-Gespräch	**M 2** AB zum Notieren der Ergebnisse Tafel bzw. Pinnwand Magnete/ Nadeln
30′	Vertiefung	Die S:S reflektieren die Ausnahmesituation des unerwarteten intrauterinen Sterbens des Kindes für alle Betroffenen.	reflexive K. soziale K. personenbezogene K. kommunikative K.	Bei dem Film werden verstorbene Föten gezeigt. Es steht Ihnen frei, für diese Zeit den Klassenraum zu verlassen. Bei der Abschlussdiskussion äußern Sie Ihre persönliche Meinung.	Stuhlkreis	 Diskussion	Film A: Der Tod meines ungeborenen Babys (15:34) Film B: Sternenkind-Fotografin (13:13)
15′	Ergebnissicherung I	Die S:S formulieren Lösungsstrategien, um mit der Trauer über das verlorene Kind umgehen zu können.	kreative K. soziale K. kommunikative K.	Überlegen Sie in den Gruppen, wie die Familie sich vom Baby verabschieden und das Erlebte verarbeiten kann. Stellen Sie Ihre Ergebnisse im Plenum vor.	Gruppenarbeit/ Einzelarbeit	Mindmap bzw. „Platzdeckchen“	pro Gr. 1 blanko DIN A3 Blatt dicke Filzstifte
15′	Ergebnissicherung II (evtl. HA)	Die S:S gestalten Karten zum Gedenken an den Geburtsund Todestag des Kindes.	Medienkompetenz kreative K.	Entwerfen Sie eine Karte zum Gedenken an den Geburts- und Todestag des Kindes, die Ihre persönlichen Empfindungen zum Ausdruck bringt.	Einzelarbeit	Differenzierung	pro SuS weißes oder pastellfarbiges Tonpapier in DIN A5

M 1a Informationsblatt: Begriffserklärungen „Sternenkinder"

In heutiger Zeit werden Kinder, die vor, während oder nach der Geburt versterben, also bildlich gesprochen, den „Himmel" erreicht haben, noch bevor sie das Licht der Welt wirklich erblickt haben, als Sternenkinder bezeichnet. Ursprünglich wurde der Begriff noch enger gefasst und nur für Babys verwendet, die bei der Geburt weniger als 500 Gramm wogen. Mittlerweile wird er allerdings immer häufiger auch für Kinder verwendet, die zum Teil wesentlich mehr wiegen. Der Begriff Sternenkinder richtet den Fokus auf das Kind selbst und berücksichtigt die intensive Bindung, die Mütter und Väter bereits zum ungeborenen Kind entwickeln und die damit verbundene oft intensive und langanhaltende Trauer, die ein solcher Tod verursacht. Auch die Begriffe „Engelskind" und „Schmetterlingskind" bzw. die Bezeichnung „Stille Geburt" ist für Sternenkinder weit verbreitet. Allerdings wird der Begriff Sternenkind inzwischen ebenso für Kinder verwendet, die noch im ersten Lebensjahr versterben.

Im Jahr 2021 wurden nach Angaben des Bundesamtes für Statistik (Destatis) 3420 Sternenkinder mit einem Gewicht von mindestens 500 Gramm in Deutschland geboren. Da Sternenkinder mit einem Gewicht unter 500 Gramm nicht beim Standesamt registriert werden, ist die Dunkelziffer natürlich ebenfalls hoch (vgl. Destatis 2021).

Silke Trillhaas

M 1b Informationsblatt: Gesetzliche Rahmenbedingungen zu „Sternenkindern"

Eltern von sogenannten Sternenkindern können seit dem 15. Mai 2013 im Zuge der Neuregelung des Personenstandsrechtsänderungsgesetzes (PStRÄndG) von § 31 der Personenstandsverordnung die Geburt ihres Kindes beim Standesamt anzeigen und ihrem Kind damit offiziell eine Existenz geben (bmfsfj.de). Zuvor war eine solche Dokumentation bei Kindern, die mit unter 500 Gramm tot geboren wurden, nicht möglich. Die Änderung des Personenstandsrechts ermöglicht damit einen würdigen Umgang mit Sternenkindern. Somit wird das Sternenkind mit einem Namen im Personenstandsregister verzeichnet – und kann auf einem Friedhof bestattet werden. In die Bescheinigung können Angaben zum Kind, das heißt der vorgesehene Vor- und Familienname, Geschlecht, Geburtstag und Geburtsort aufgenommen werden. Auch Angaben zu Mutter und Vater, wie Vor- und Familienname, gegebenenfalls Geburtsname, sowie Religion können in der Bescheinigung enthalten sein. Diese Eintragung ist auch rückwirkend und unabhängig vom Geburtsgewicht des Kindes möglich (vgl. Aeternitas e.V.).

Die Anerkennung als Person ihres Sternenkindes ist für viele Eltern so wichtig, weil damit das Kind im Familienstammbuch eingetragen werden kann und eine Sterbeurkunde ausgestellt wird. Denn die Friedhofsordnungen schreiben vor, dass nur Personen beigesetzt werden dürfen, die als Person eingetragen wurden.

Silke Trillhaas

M 1c

Informationsblatt:
Umsetzung der rechtlichen Bestimmungen bezüglich „Sternenkinder“

Da das Bestattungsrecht in Deutschland Sache der Bundesländer ist, regeln 16 Bestattungsgesetze die Materie – und das mit teilweise deutlichen Abweichungen. Es werden unterschiedliche Begrifflichkeiten verwendet, die leider oft nicht klar definiert werden: Leibesfrucht, Fetus, Embryo, Ungeborenes, Fehlgeborenes, Fehlgeburt, Totgeborenes, Totgeburt, Neugeborenes, Lebendgeburt. Teilweise werden diese Begriffe im Gesetz definiert, teilweise wird eine Definition vorausgesetzt (vgl. Deutsche Hebammenzeitung 1/2021).

Gemäß der deutschen Verordnung zur Ausführung des Personenstandsgesetzes werden folgende Definitionen bei der Zuordnung der Sternenkinder verwendet: Das Fehlgeborene: vom „Zellklumpen“ bis 500 g oder mit 1000 g Geburtsgewicht und ohne Lebenszeichen geboren. Ein fehlgeborenes Kind ist vor dem Gesetz noch keine Person, keine Leiche und damit auch nicht bestattungspflichtig. Es muss aber zumindest „ethisch einwandfrei und dem sittlichen Empfinden entsprechend entsorgt“ werden (BestattG BW § 30, Stand 10.05.2012). Da Fehlgeborene nicht als Leichen gelten, dürfen Eltern sie in manchen Bundesländern selbst transportieren, aufbewahren und eigenständig beisetzen, wo immer sie möchten.

Die Leibesfrucht aus einem Schwangerschaftsabbruch oder das Ungeborene: oft einem Fehlgeborenen gleichgestellt. Man kann davon ausgehen, dass meist eher ein früherer Abbruch gemeint ist und kein Spätabbruch. Späte Abbrüche werden eher den Totgeburten gleichgesetzt.

Die Totgeburt: ab 500 g oder 1000 g Geburtsgewicht und ohne Lebenszeichen geboren. Ein totgeborenes Kind über 500 g ist eine Person, bekommt einen Eintrag ins Personenstandsregister des Standesamtes und eine Geburtsurkunde.

Lebendgeborene: Kinder, die mit Lebenszeichen geboren wurden, unabhängig vom Geburtsgewicht. Dieses Kind bekommt somit sowohl eine Geburtsurkunde als auch eine Sterbeurkunde und ist in jedem Fall bestattungspflichtig.

Silke Trillhaas
(nach: Deutsche Hebammenzeitung 1/2021)

M 2 Arbeitsblatt: Notizen zum Thema „Sternenkinder“

Begriffserklärungen:

Gesetzliche Rahmenbedingungen:

Umsetzung der rechtlichen Bestimmungen:

Sternenkinder

Filme:

Sternenkinder: Der Tod meines ungeborenen Babys / 37 Grad
https://www.google.com/search?client=firefox-b-d&q=Der+tod+meines+ungebo renen+babys#fpstate=ive&vld=cid:336161ff,vid:nApRzLHWq-g

Berührende Fotos von gestorbenen Babys: Sternenkind-Fotografin / report
https://www.youtube.com/watch?v=iSeXHL5YwM0&t=20s

Materialien:

Keine Herztöne – das Baby war tot
https://chrismon.evangelisch.de/artikel/2017/37071/sternenkinder-ein-vater-trauert-um-sein-totes-kind

Wenn ein Kind tot geboren wird, können Fotos bei der Trauerarbeit helfen
https://www.badische-zeitung.de/wenn-ein-kind-tot-geboren-wird-koennen-fotos-bei-der-trauerarbeit-helfen--216337519.html

Bestattungsgesetz Baden-Württemberg, § 30
https://dejure.org/gesetze/BestattG/30.html

Reflexionsfragen:

- Sammeln Sie anhand einer Mindmap oder mit einer Collage weitere Metaphern für den Begriff „Sternenkind".
- Überlegen Sie, welche Angaben zum Kind für die Anerkennung als Person den Eltern eines Sternenkindes besonders wichtig sein könnte. Erstellen Sie eine hierarchisch geordnete Liste.
- Konzipieren Sie bei einem Rollenspiel Vorschläge, in welcher Form sich Eltern von Sternenkindern in Selbsthilfegruppen oder Internetforen gegenseitig Kraft geben können.

4 Inklusion und Behinderung

© Jürgen Marose | Download in Farbe s. S. 4

1. Inklusion

In diesem Abschnitt geht es darum, Grundlagen vorzustellen, wie die Themen Inklusion und Behinderungen in der Sekundarstufe I + II unterrichtet werden können, und nicht, wie eine inklusive Pädagogik in Schule gelingen kann.

1.1 Annäherung an das Inklusionsverständnis

Inklusion ist prominent, allgegenwärtig, sie wird eingefordert, als unentbehrlich eingeschätzt, als nicht realisierbar instrumentalisiert, manchmal fälschlicherweise als ein Menschenrecht[1] bezeichnet, in den Medien thematisiert und diskutiert. Und: Inklusion wird gegenwärtig in der Bundesrepublik Deutschland fast nur im Zusammenhang mit Behinderung und dort eingeengt auf den schulischen Bereich diskutiert. Kurz: Inklusion wird zwar gewollt, aber kontrovers diskutiert. Sie wird gefordert und im Grundsatz befürwortet (dies allerdings nur unter je spezifischen und zu konkretisierenden Rahmenbedingungen).

1.2 Das sozialwissenschaftliche Verständnis von Inklusion

Der Inklusionsdiskurs im Rahmen der wissenschaftlichen Auseinandersetzung in Deutschland ist vielfältig und uneindeutig[2]. Er ist abhängig von der jeweils gewählten wissenschaftlichen Disziplin, mit deren Perspektive Inklusion und Behinderung thematisiert wird.

Inklusion kann in einer ersten Annäherung als eine soziale Beziehung und soziale Handlung beschrieben werden, die sich auf gesellschaftlicher, organisationsbezogener und individueller Ebene als ein wechselseitig anerkennendes, wahrnehmbares, selbstwirksames und ergebnisoffenes Handeln zeigt. Inklusion beschreibt hier einen eröffnenden Prozess, auf welchem Weg Teilhabe, Zugehörigkeit sowie eigene Ideen einbringendes und aktives selbstwirksames Handeln ermöglicht und eingefordert werden kann. Es geht von der Diversität moderner Gesellschaften und der Verschiedenheit der Menschen aus[3].

Der soziologische Blick auf die Inklusion ist zunächst in seiner Analysekraft auf der Beobachtungsebene rein deskriptiv, frei von jeglicher normativer Präskription. Dieser Blick zeigt zunächst, wie in funktional differenzierten Gesellschaften die institutionellen Zugänge zu sozialen Positionen und sozialen Rollen in sozialen Funktionssystemen geregelt wird. Menschen werden in ihrer sozialen Rolle von sozialen Systemen adressiert, an den für das jeweilige Funktionssystem signifikanten Kommunikationsprozessen teilzunehmen: Im Bildungssystem werden Kinder in ihrer Rolle als Schüler:innen adressiert, im Wirtschaftssystem als Kund:in, im Mediensystem als Rezipient:in, im Rechtssystem als Klient:in und im Gesundheitssystem als Patient:in. In dieser Perspektive regelt Inklusion zunächst, vermittelt über verschiedene Inklusionsmechanismen, beobachtbar nur den Zugang zu den einzelnen Funktions-

1 Dazu Kastl Michael 2012:. https://www.imew.de/fileadmin/Dokumente/Volltexte/FriedrichshainerKolloquien/Kastl_Inklusion_und_Integration_IMEW_Okt2012_END.pdf Online-Zugriff am 7.01.2020).
2 Vgl. hierzu beispielhaft Noss 2019, S. 13.
3 Vgl. hierzu Hartmut Rosa: Unverfügbarkeit. 2020.

systemen. Wie dann innerhalb dieser sozialen Systeme die Qualität sozialer Beziehungen und der sozialen Teilhabe nachhaltig gewährleistet werden kann, ist die Frage nach den Integrationsleistungen sozialer Systeme. Wie können in der Interaktion unter Anwesenden[4] Kommunikationen qualitätsvoll gestaltet und gewährleistet werden? Wie wird Zugehörigkeit und Anerkennung ermöglicht und kommuniziert? Soziale Funktionssysteme müssen durch das Bereitstellen ressourcenorientierter Inklusionsbedingungen von Strukturen auf überindividueller institutioneller Einheiten Spielräume schaffen, damit Menschen in einer für sie wichtigen Kommunikation am Spiel der jeweiligen Gesellschaft teilnehmen können, dass sie sich als wichtige Spieler ernst genommen fühlen. Es geht somit um die Wahrnehmung und den Abbau von institutionellen Zugangsbarrieren (wenn Personen nicht sozial adressiert werden) zu gesellschaftlich relevanten Räumen (z.B. System der Behindertenhilfe). Soziale Funktionssysteme müssen immer auch Personen in deren spezifischen Funktionsrolle zur Kommunikation auffordern (Schule auf den/ die Schüler:in, Banken auf die Kund:innen, Religion auf die Gläubigen etc.). Diese Perspektive verdeutlicht, dass Inklusion voller Voraussetzungen ist und dass die entsprechenden Rahmenbedingen zur Verfügung gestellt werden müssen. Auch sind immer die spezifischen Kontexte mit zu bedenken, innerhalb dessen Inklusion möglich ist und ermöglicht wird. Gelingende Inklusion in der Schule (vgl. Kocaj u.a. 2014, S. 165ff) stellt andere Anforderungen als eine Inklusion im Sportverein oder Chor. Der Grad der Ermöglichung von sozialer Teilhabe ist der Qualitätsprüfstein, inwiefern und in welchem Umfang Inklusion gelingt. Menschen sind gleichzeitig immer über ihre verschiedenen Rollen – Eltern, Käufer:innen, Arbeitnehmer:innen, Patient:innen und Rezipient:innen – zeitgleich in verschiedene soziale Funktionssysteme in Form signifikanter Kommunikationen eingebunden. Gleichzeitig sind Menschen mal mehr, mal weniger inkludiert. In diesem Sinne ist der Gegenbegriff zu Inklusion nicht Exklusion, sondern zunächst Nicht-Inklusion. Von Exklusion kann dann gesprochen werden, wenn eine Kumulation von Nicht-Adressierungen in sozialen Systemen stattfindet. Ein Mensch wird arbeitslos (Verlust der Rolle als Arbeitnehmer:in), hat weniger finanzielle Ressourcen zur Verfügung (Schwächung der Rolle als Käufer:in), zieht sich zurück und erfährt somit einen Statusverlust, der zur familiären Isolation führen kann. Erst dann, wenn man an den signifikanten Kommunikationen mehrerer für die eigene Lebensführung wichtigen Funktionssystemen nicht mehr teilnehmen kann, kann von Exklusion gesprochen werden. Inklusion und Exklusion können somit als Formen gesellschaftlicher Vergemeinschaftung bezeichnet werden, „in der Sozialsysteme sich auf die personale Umwelt beziehen (Stichweh 2013, S. 2). Diese Formen der Vergemeinschaftung können auf der personalen Ebene der sozialen Interaktion, auf Ebene der Organisation und auf der Ebene des Funktionssystems beobachtet werden. Das Inklusionsverständnis[5] und die begrifflich-analytische Bestimmung haben signifikante Auswirkungen darauf, wie Inklusion im gesellschaftlichen und kirchlich-diakonischen Kontext umgesetzt werden kann, was dabei konkret zu tun ist, wie inklusive Prozesse initiiert sowie welche Strategien der Umsetzung zu wählen sind. Das Inklusionsverständnis bestimmt darüber, welche gesellschaftliche und kirchliche Wirklichkeit den Diskurs prägt. Diese Konturierung des Inklusionsverständnisses bestimmt, wie die Idee und der Anspruch auf Inklusion umgesetzt werden kann.

Auf der personalen interaktiven Ebene geht es darum, Menschen zu befähigen, ihre Interessen wahrzunehmen und zu artikulieren. Es geht dabei darum, Menschen Partizipationsmöglichkeiten zu schaffen und Handlungsspielräume zu eröffnen. Auf dieser Ebene gilt es Menschen zu beteiligen und zu integrieren. Auf der Organisationsebene gilt es, die jeweiligen Kulturen und Spezifika von Kirchengemeinden zu berücksichtigen. Es gilt, mögliche Formen der Überforderung zu verhin-

4 Goffmann (1986) als exzellenter Analytiker und Beobachter der Situationen direkter sozialer Interaktion von Anwesenden bietet ein breites Repertoire an methodischen Ansätzen, die Kommunikation von Menschen ohne Behinderungen mit Menschen mit Behinderungen zu beobachten und zu analysieren. Der sogenannte „Goffmensch" ist ständig dabei herauszufinden, in welcher Situation er sich gerade befindet, wie die Erwartungen an die eigene Person sind, welches Verhalten er an den Tag zu legen hat und was die geltenden Regeln sind. Wie kann Interkation und Kommunikation von verschiedenen Menschen erklärt und beschrieben werden? Auch ermöglicht das Rahmenkonzept mit seiner Differenzierung zwischen Vorder- und Hinterbühne eine Analyse des jeweiligen öffentlichen Diskurses um Inklusion.

5 In dieser Lesart liegt Inklusion immer dann vor, wenn unter fördernden Rahmenbedingungen, Menschen eine selbstbestimmte Entscheidung treffen können, dabei zu sein, dazu zu gehören, mitzumachen, teilzunehmen oder mit kommunizieren zu können oder eben auch nicht. Zu prüfen ist allerdings, ob ein Prozess der Meinungsbildung vorausgegangen ist, der barrierefrei ist, also die spezifischen Bedingungen und Bedürfnisse behinderter/ benachteiligter/ ausgeschlossener Menschen berücksichtigt und ausgleicht. Was bedeutet dies? Ein Mitglied einer Kirchengemeinde ist in der Lage, sich mit seinen Behinderungen zu entscheiden, ob es sich zur Wahl für den Kirchengemeinderat stellt oder auch nicht. Es hat die Wahl und die Möglichkeit, weil die Rahmenbedingungen förderlich sind: Menschen mit Behinderung werden ermutigt und entsprechend ihres Unterstützungsbedarfs gefördert. Inklusion beginnt also dort, wo Menschen Kommunikationsmöglichkeiten und Teilhabemöglichkeiten angeboten werden. Solche förderlichen Rahmenbedingungen sind in der Kirche zu schaffen. Menschen sollen in die Lage versetzt werden, wählen zu können.

dern und die Angst vor Veränderungen ernst zu nehmen (Beharrungsvermögen sozialer Organisationen, Angst vor Wandel). Zu berücksichtigen sind die spezifischen Rahmenbedingungen der Kirchengemeinden, die immer den Ausgangspunkt für inklusive Entwicklungen bilden. Auf der Mesoebene des Funktionssystems geht es darum, gesellschaftliche und politische Entwicklungen zu berücksichtigen, den öffentlichen Diskurs in das Projektgeschehen miteinzubeziehen und vor dem Hintergrund der eigenen Werte zu reflektieren. Wichtig ist, die unterschiedlichen Interessen im Inklusionsdiskurs wahrzunehmen und sich der Interessenorientierung[6] inklusiver Prozesse bewusst zu sein.

1.3 Das theologische Verständnis von Inklusion

Der Weg zu einer inklusiven Kirche ergibt sich zum einen aus der theologischen Bestimmung, das eigene Handeln am Evangelium auszurichten und mit Freude zusammen mit all den unterschiedlichen Menschen mit ihren jeweiligen Begabungen und Grenzen „eine Gemeinschaft der Getauften zu bauen, in der Anerkennung und Teilhabe für alle erfahrbar wird" (Sendler-Koschel, in EKD 2019, S. 6). Inklusion und Teilhabe sind Ausdruck des ethischen und christlichen Menschenbildes von Kirche und Diakonie. Sie verstehen Inklusion und Teilhabe im Horizont der biblischen Botschaft und des Bekenntnisses zum christlichen Glauben. Inklusion ist ein Wesenszug von Kirche.
Seit Beginn der Kirche gehört Inklusion zu ihrem Wesenszug im Sinne der gegenseitigen Anerkennung und Teilhabe aller Menschen. Dies als Aufgabe zu verstehen, Bewusstsein zu bilden, Zugänge zu schaffen und Teilhabe zu gestalten ist Ausdruck des biblischen Auftrags, sich allen Menschen zuzuwenden. Es ist der geistliche Auftrag der Kirche, in den eigenen Strukturen und Angeboten Barrieren zu erkennen, diese abzubauen und dadurch die Teilhabe aller zu ermöglichen. In dieser Perspektive ist eine ernstzunehmende Umsetzung der Idee der Inklusion sowohl eine inklusive Haltung und eine inklusive Praxis, die sich in der Frage zusammenführen lässt, was wir als Kirche und Diakonie tun müssen, damit Menschen mit ihren je unterschiedlichen Bedürfnissen und Bedarfe sich in unserer Kirche willkommen fühlen. Inklusion stellt damit nur ihre je spezifische Fragen, damit ein gleichberechtigtes Miteinander aller möglich ist. In diesem Sinn ist Inklusion nichts Zusätzliches, sondern wir fragen, was kommt in den Blick, wenn wir das, was wir ohnehin tun (Gottesdienste feiern, Gemeindefeste, Konfi-Unterricht, Seelsorge, Chorarbeit und vieles mehr), unter dem Blickwinkel der Inklusion tun?
Inklusion kann als die Kunst des selbstverständlichen Zusammenlebens von verschiedenen Menschen verstanden werden, die gleichwertig und selbstbestimmt miteinander leben, wohnen, arbeiten, spielen, sprechen, lernen, beten und feiern. Inklusion ist ein kontinuierlicher Prozess, der das Wahrnehmen, Denken und Handeln in den unterschiedlichsten kirchlichen Arbeits- und Lebenszusammenhängen mitbestimmt und verändert[7].
Die Inklusionsausrichtung des kirchlichen Handelns ergibt sich zum anderen aus dem Auftrag, die menschenrechtsbasierte UN-Behindertenrechtskonvention im eigenen Verantwortungsbereich umzusetzen und zu gewährleisten. Als wichtige gesellschaftliche Akteurin kommt der Kirche eine besondere Rolle und Bedeutung zu, zusammen mit anderen gesellschaftlichen, kommunalen und politischen Akteuren, einen inklusiven Sozialraum für alle mitzugestalten.
Inklusion ist sozusagen von außen an die Kirche herangetragen worden. Eine solche Kirche wird sich dadurch ihrer eigenen Bestimmung und Qualität bewusst. Sie erkennt, was sie zur gleichberechtigen Teilhabe, zur gegenseitigen Wertschätzung und Anerkennung der unterschiedlichen Talente der Menschen in Gesellschaft und Kirche beitragen kann, bereits beiträgt und beitragen muss (vgl. Schweikert 2017).
Ein konkretes kirchliches Beispiel: Der Aktionsplan Inklusion[8] der Evangelischen Landeskirche in Baden, der nachhaltige und inklusive Impulse setzen will.
2018 wurde von der Evangelischen Landeskirche und vom Diakonischen Werk in Baden ein gemeinsamer Aktionsplan Inklusion erarbeitet, der in der Frühjahrstagung der Landessynode 2019 als Weiterentwicklung der Eckpunkte Inklusion beschlossen wurde. Mit diesem Aktionsplan wurden die Erwartungen verbunden, politisch sprachfähig zu sein, Hilfe zur Reflektion des eigenen kirchlich-diakonischen Handelns anzubieten und Impulse zur Umsetzung neuer und kreativen Ideen zu geben, die an die örtlichen Rahmenbedingungen und Möglichkeiten angepasst sind. Kirchenbezirke und Kirchengemeinden können eigenständig entscheiden, was sie tun. Hauptsache, sie beginnen über Inklusion nachzudenken und erste bzw. weitere Schritte in diese Richtung zu gehen. Eigene kreative Vorschläge sind hier besonders erwünscht, niemand erwartet ein völliges Umkrempeln von Strukturen.

6 Es ist Kastl zustimmen, der konstatiert, dass wer über Inklusion redet sich folgende Frage stellen muss „Wer wird auf welche Weise worin mit welchem Status und mit welchen (intendierten und nicht intendierten) Folgeeffekten inkludiert" (Kastl 2012, 12). Bezug darauf nimmt auch der Band von Dorrance und Dannbeck 2013.

7 Evangelische Kirche im Rheinland 2014.

8 Der Aktionsplan ist auf der Internetseite www.ekiba.de/inklusion abrufbar.

Mit dem Aktionsplan ist ein zielführendes und schlankes Instrument entwickelt worden, das die kirchenspezifische Umsetzung der UN-Behindertenrechtskonvention in der Evangelischen Landeskirche in Baden ermöglicht. Es werden Wege und Prozesse hin zu einer nachhaltigen inklusiven Kirche initiiert sowie die barrierefreie Ausrichtung der Angebote und Dienste. Der Aufbau des Aktionsplans orientiert sich einerseits an bestehenden Aktionsplänen von Kommunen (Definition von Handlungsfeldern, Formulierung von dazugehörigen Zielen und Festlegung von überprüfbaren Messgrößen) und andererseits an den spezifischen Bedingungen vor Ort in Diakonie und Kirche (durch Erarbeitung von Modellen, durch Beratung und Unterstützung).

Die Evangelische Landeskirche in Baden und das Diakonische Werk Baden verfolgen mit dem Aktionsplan das Ziel, Inklusion und Teilhabe für alle Menschen, entsprechend ihren individuellen Voraussetzungen, Möglichkeiten, Einschränkungen und Bedürfnissen, in ihrem Verantwortungsbereich umzusetzen. Es werden daher die für den kirchlichen und diakonischen Bereich wichtigen Handlungsfelder beschrieben sowie hinsichtlich von Zielen und möglichen Maßnahmen konkretisiert. Die ausgewählten Handlungsfelder orientieren sich an der UN-Behindertenrechtskonvention und sind für den kirchlichen Verantwortungsbereich wie folgt formuliert[9]: Bewusstseinsbildung, Beteiligung und Teilhabe, Verankerung von Inklusion als Querschnittsthema in der inhaltlichen Arbeit, Arbeit und Beschäftigung, Barrierefreiheit und Interessensvertretung. Diesen Handlungsfeldern sind 13 Ziele und 64 mögliche Maßnahmen, verbunden mit einer zeitlichen Umsetzung, zugeordnet.

Mit dem gemeinsamen Aktionsplan werden deutliche Schritte hin zu einer inklusiven Kirche und Diakonie in Baden gegangen. Zentrale Aufgabe ist, die Idee und den Anspruch von Inklusion in Kirche, Diakonie und Gesellschaft ins Bewusstsein zu bringen. Diese Bewusstseinsbildung ist als Querschnittsaufgabe in allen Handlungsfeldern des Aktionsplans mitformuliert[10].

1.4 Inklusion in der UN-Behindertenrechtskonvention[11]

Seit mehr als zehn Jahren ist die UN-Behindertenrechtskonvention mit ihrem menschenrechtlichen Begründungszusammenhang geltendes Recht in Deutschland. Seit der Ratifizierung ist einiges in Deutschland in Bewegung gekommen. Vor allem der rechtlich geprägte Diskurs hat zur Konjunktur des Inklusionsthemas wesentlich beigetragen.

Die UN-Behindertenrechtskonvention aus dem Jahr 2006 (2009 von der Bundesrepublik Deutschland ratifiziert) die Verwirklichung der Menschenrechte besonders für Menschen mit Behinderungen und psychischen Erkrankungen. Der menschrechtlich begründete Imperativ, Teilhabe von Menschen durch Inklusion zu ermöglichen, setzt a priori voraus, dass dies normativ geboten und gewollt wird. Es fehlt eine ethische Begründung, warum eine inklusive Gestaltung von Gesellschaft moralisch als gut zu bezeichnen ist[12].

1.5 Zweck der Konvention

Der Zweck der UN-BKR ist es, „den vollen und gleichberechtigten Genuss aller Menschenrechte und Grundfreiheiten durch alle Menschen mit Behinderungen zu fördern, zu schützen und zu gewährleisten und die Achtung der ihnen innewohnenden Würde zu fördern“ (Artikel 3). Dies bedeutet: Alle Menschen haben von Geburt an ohne Vorleistung teil an den Menschenrechten. Menschrechte werden nicht verliehen, man hat sie und sie können auch nicht wieder abgenommen werden. Gerade Menschen mit Behinderungen mit ihrer hohen Verletzlichkeit wird der Genuss der Menschrechte oftmals vorbehalten oder nur in Teilen zugebilligt. Behindertes Leben galt und gilt auch heute noch als weniger wertvoll als nicht behindertes Leben. Die Verletzlichkeit zeigt sich auch besonders darin, dass die Menschenrechtsfähigkeit grundsätzlich für Menschen mit Behinderung in Frage gestellt wird, also behinderte Menschen Menschrech-

9 Der Aufbau des Aktionsplans.

10 So heißt es im Aktionsplan Inklusion dazu „Ziel 2: Inklusion als Bewusstseinsbildung: In Diakonie und Kirche ist das Bewusstsein für die Belange aller Menschen, entsprechend ihrer individuellen Voraussetzungen, Möglichkeiten, Einschränkungen und Bedürfnissen, geschaffen. Besonders geachtet wird dabei auf die vorbehaltlose Gleichberechtigung und Gleichbehandlung bisher ausgegrenzter Personengruppen.“
Ausgewählte vorgeschlagene Maßnahmen: Die Mitarbeitenden des Evangelischen Oberkirchenrats (besonders die Führungskräfte) werden zu den Themen Inklusion, Teilhabe und Barrierefreiheit geschult. Bei der Öffentlichkeitsarbeit wird darauf geachtet, das Bewusstsein für die Bedeutung von Inklusion und Teilhabe zu stärken. Für Kirchenbezirke, Kirchengemeinden und in den diakonischen Arbeitsfeldern der verfassten Kirche werden Fortbildungen, Workshops und Beratungen angeboten. Auf der Homepage www.ekiba.de/inklusion werden aktuelle Informationen über inklusive Entwicklungen (u.a. fachliche Impulse, Best-Practice-Beispiele, Bedingungen gelingender Inklusion,) bereitgestellt. Wichtige Informationen zur Inklusion werden in einfacher/Leichter Sprache zur Verfügung gestellt.

11 Vgl. hierzu Bundesministerium: https://www.bmas.de/DE/Service/Medien/Publikationen/a729-un-konvention.html /auch: Degener und Diehl (Hg.) Handbuch Behindertenrechtskonvention. Teilhabe als Menschenrecht- Inklusion als gesellschaftliche Aufgabe, Bonn 2015.

12 Eine ethische Begründung kann im jeweiligen Handlungsbereichs durch die Anwendung des ethischen Dreischritts: Sehen, Bewerten, Handeln, vorgenommen werden.

te nicht in Anspruch nehmen können, weil ihnen die Fähigkeit hierzu fehlt. Hier hat der Staat Achtungs-, Schutz und Gewährleistungsverpflichtungen. Es geht um die Garantie der Inanspruchnahme der vollen, ganzen und gleichberechtigten Menschenrechte. Nur ein bisschen Menschenrecht gibt es nicht. Dies zeigt sich auch gerade an den materiellen Normen der UN-Behindertenrechtskonvention.

1.6 Die Grundsätze und Querschnittsaufgaben

Die UN-Behindertenrechtskonvention formuliert zu den einzelnen Menschenrechten übergreifende, grundlegende Anliegen, die bei deren Verwirklichung von wesentlicher Bedeutung sind und die in allen Politikbereichen Gültigkeit haben: Die Achtung der Menschenwürde, die Nichtdiskriminierung, die volle und wirksame Teilhabe, die Achtung von Unterschiedlichkeiten, die Chancengleichheit, die Zugänglichkeit, die Gleichberechtigung von Frau und Mann sowie die Achtung gegenüber den sich entwickelnden Fähigkeiten von Kindern mit Behinderungen.
Um was geht es bei diesen Grundsätzen und Querschnittsaufgaben, die hier in Artikel 3 der UN-Konvention beschrieben sind?
Es geht um Diskriminierungsschutz: Dieser dient dazu, den gleichberechtigten Gebrauch der Freiheit von Menschen mit Behinderung abzusichern.
Es geht um Barrierefreiheit: Es geht darum, Barrieren in der Umwelt systematisch zu identifizieren und schrittweise abzubauen, damit eine selbständige Lebensführung aller möglich wird.
Es geht um Partizipation: Politik kann nur gelingen, wenn Menschen mit Behinderung direkt mitwirken, wenn deren Perspektiven in politische und gesellschaftliche Prozesse eingebracht werden.
Es geht um Ausbau von Kenntnissen: Die Lebenslagen von behinderten Menschen müssen gekannt und ermittelt werden, Informationen müssen zusammengetragen werden, damit diese in Programme und Konzepte einfließen können.
Es geht um Inklusion: Dieser Leitgedanken ist ein tragender Grundsatz und steht für die Offenheit eines Gemeinwesens für Vielfalt, die alle Menschen einschließt. Es geht anders wie bei der Integration – innerhalb bestehender Strukturen – um die Veränderung und Gestaltung gesellschaftlicher Strukturen.
Es geht um Bewusstseinsbildung: Es geht um individuelle und allgemeine Bewusstseinsbildung mit dem Ziel, ein an Defiziten orientiertes Denken zu überwinden, es geht um einen gesellschaftlichen Bewusstseinswandel in der Einstellung von Normalität und Behinderung.

2. Inklusion und Behinderung

Die UN-Behindertenrechtskonvention nimmt einen Paradigmenwechsel vor, weg von einem medizinisch-pflegerischen Verständnis hin zu einem sozialen (sozialwissenschaftlichen) Verständnis von Behinderung. „Eine Behinderung wird als Folge einer Wechselwirkung (...) zwischen Menschen mit Beeinträchtigungen und einstellungs- und umweltbedingten Barrieren entsteht, die sie an der vollen, wirksamen und gleich berechtigten Teilhabe an der Gesellschaft hindern“ gesehen (UN-BRK Artikel 1). Dieses menschenrechtlich orientierte Verständnis von Behinderung ist auch in die Begriffsbestimmung des SGB IX normiert worden: § 1, Abs. 1 SGB IX: „Menschen mit Behinderungen sind Menschen, die körperliche, seelische, geistige oder Sinnesbeeinträchtigungen haben, die sie in Wechselwirkung mit einstellungs- und umweltbedingten Barrieren an der gleichberechtigten Teilhabe an der Gesellschaft mit hoher Wahrscheinlichkeit länger als sechs Monate hindern können“.
Im sozialen Modell von Behinderungen geht es um das Verständnis von Behinderung als soziale Konstruktion, als Ergebnis einer Aushandlung, als ein relationales Geschehen, das sich aus der konkreten Interaktion ergibt. Das Verhältnis von Inklusion und Behinderung ist also von den gesellschaftlich akzeptierten Vorstellungen von Normalität und Ästhetik geprägt.

2.1 Ein filmisches Beispiel

„Stellen Sie sich einen Menschen vor, der mit einer sehr großen Bärenverkleidung in der Fußgängerzone unterwegs ist. Die Szene wird mit beginnender Musik begleitet. Der Bär breitet seine Arme aus, um zu zeigen, dass er gerne umarmt werden will oder selber gerne umarmen möchte. Die vorbeigehenden Passanten sind unsicher, wie sie sich dieser einladenden Geste gegenüber verhalten sollen, bleiben kurz stehen, gehen weiter. Es ist ein kleines Kind, das ohne Vorurteile auf den Bären zugeht und herzlich umarmt. Immer mehr Menschen kommen auf den Bären zu, umarmen ihn, machen ein Bild mit ihm. Lachen, Freude und Glück spiegeln sich in den Gesichtern der Menschen. Die Szene wechselt. Der als Bär verkleidete Mensch zieht seine Maske ab. Ein Mensch mit einer sichtbaren Behinderung wird erkennbar. Allein geht (tapst) er mit der Maske im Arm eine Pflasterstraße entlang. Es erscheint ein Text: Müssen wir uns verkleiden, damit wir uns näherkommen? Kommen Sie näher![13]
Wie es in der eben beschriebenen Szene filmisch ausgedrückt wird, genau darum geht es bei Inklusion und Teil-

13 Quelle Pro: Infirmis, Schweiz. Link zum Film: https://www.youtube.com/watch?v=ocBh9bgph_g. Weitere filmische Beipieisle sind: Y-Kollektiv (Hubertus Koch): Wer ist hier behindert: https://www.youtube.com/watch?v=I1ePOHgz64c

habe. Sich nicht verkleiden müssen, um dazu zu gehören. Es geht darum, einander wahrzunehmen wie wir als Menschen sind ohne uns gleich zu bewerten. Es geht darum, einander wertzuschätzen, uns achtsam zu begegnen, auf Augenhöhe anzuerkennen und sich gegenseitig zu vertrauen. Es geht bei Inklusion darum, Mut zu haben, Neues zu wagen, sich auf Neues einzustellen und einander etwas zuzutrauen. Es geht darum, dass sich jeder und jede zugehörig fühlt, teilnehmen und seine Begabungen einbringen kann. Überall: In den Nachbarschaften, Quartieren, Dörfern und Städten. Und in Kirchengemeinden und diakonischen Einrichtungen. Das ist Inklusion.

3. Andere Aspekte von Behinderung

3. 1 Begriffsklärung

Der Begriff Behinderung ist relativ jung und wurde erst im 20. Jahrhundert in einer ähnlichen Bedeutung wie heute verwendet. Es existieren verschiedene sinnverwandte Termini, wie z.B. Einschränkung, Hindernis, Barriere, Hemmung oder Hürde (Dederich 2009, S. 15). Alle diese Synonyme haben gemeinsam, dass sie auf negative, unerwünschte Phänomene verweisen. Ganz allgemein werden mit „Behinderung" Einschränkungen des Wahrnehmungs-, Denk-, Sprach-, Lern- und Verhaltensvermögens bezeichnet. Diese sind jedoch genau so schwer begrifflich zu fassen wie die Begriffe „Gesundheit" und „Krankheit". Erschwerend kommt hinzu, dass der Begriff in verschiedenen Kontexten benutzt wird und dort unterschiedlich verstanden wird, z.B. in Medizin, Psychologie, Recht, Soziologie und Pädagogik.
Von Richard von Weizäcker (1993) stammt die Feststellung „Behinderung ist Verschiedenheit, die benachteiligt wird."

3.2 WHO-Definitionen von 1980 und 2001

Die Weltgesundheitsorganisation (WHO) klassifiziert Behinderung zur Abgrenzung von Krankheit seit 1980, weil zunehmend deutlich wurde, dass diese nicht mit dem Konzept von Krankheit gleichzusetzen ist. Um zwischen Krankheit und Behinderung klar zu differenzieren, erschien es dabei angebracht, Schädigung und Behinderung zu trennen und Behinderung insbesondere um die Dimension der sozialen Benachteiligung zu erweitern. Die ICIDH beschreibt drei Ebenen, wobei im internationalen Sprachkontext deutlich wird, dass die englischen Bezeichnungen in der deutschen Fachliteratur sehr unterschiedlich wiedergegeben wurden, wie die in Klammer gesetzten Übersetzungen zeigen:

- *Impairment* (Schaden bzw. Schädigung): dem ärztlich festgestellten objektiven Schaden und der damit verbundenen direkten Einschränkung bzw. dem völligen Verlust der bei Gesunden vorhandenen körperlichen oder geistigen Organstrukturen und Funktionen, die durch diese Strukturen gewährleistet werden.
- *Disability* (Behinderung bzw. Leistungsminderung oder funktionelle Störung): die funktionelle Einschränkung, d.h. die aus dem ursprünglichen Schadensbild resultierenden Einschränkungen von Funktionen und Fähigkeiten.
- *Handicap* (soziale Beeinträchtigung bzw. Benachteiligung oder Behinderung): die sozialen Benachteiligungen, die sich aus den körperlichen Schäden und den hieraus folgenden funktionellen Einschränkungen im beruflichen und privaten Alltag ergibt.

Ein Beispiel: Ein Kind wird mit einer medizinisch diagnostizierten Hörschädigung geboren (Impairment). Diese Hörschädigung kann mehr oder minder den Erwerb einer hinreichenden Lautsprachkompetenz erschweren, die benötigt wird, um lautsprachlich kommunizieren zu können (Disability). Dies wiederum kann unter Umständen zur Folge haben, dass der oder die Betroffene am politischen, wirtschaftlichen und kulturellen Leben der Gesellschaft nicht oder nur eingeschränkt teilhaben kann (Handicap).
1997 wurde von der WHO die zweite Fassung der „Dimensions of Disablement and Health" (ICIDH II) veröffentlicht und 2001 unter der Bezeichnung „International Classification of Functioning, Disability and Health" (ICF) verabschiedet. Die deutschsprachige Fassung der ICF lautet „Internationale Klassifikation der Funktionsfähigkeit, Behinderung und Gesundheit".
Die Beeinträchtigung einer Körperstruktur oder -funktion im Sinne des Impairments blieb als Kategorie erhalten. Hinzu kamen „Activity", „Participation" und Kontextfaktoren. Dadurch sollte einerseits die gesellschaftliche Dimension deutlicher hervorgehoben und andererseits das lineare Modell der ICIDH durch ein komplexes ersetzt werden (Hirschberg 2003). Die ICF sieht Behinderung aber ebenso wie die ICIDH als Normabweichung. Auch die revidierte Fassung beschreibt „Komponenten der Gesundheit" (DIMDI 2012), woraus sich am negativen Pol bzw. im Falle einer Störung Behinderungen ableiten lassen.

„Funktionsfähigkeit" umfasst in diesem Modell
- eine körperliche Dimension (Körperfunktionen und -strukturen)
- eine individuelle Dimension (Aktivität)
- eine gesellschaftliche Dimension (Partizipation).

Behinderung wird diesen Dimensionen entsprechend differenziert als
- körperliche Schädigung
- individuelle Aktivitätsbeeinträchtigung
- gesellschaftliche Partizipationseinschränkung.

Die grundlegende Struktur gegenüber der IDIDH 1980 wurde also nicht verändert (Hirschberg 2003), jedoch wird darauf verwiesen, dass es nicht um Zustände von Personen, sondern um Situationen geht und dass es auf die Interaktionen zwischen den Dimensionen ankomme.
Anders als im Vorgängermodell der ICIDH von 1980 handelt es sich bei diesem Modell um einen Kompromiss zwischen medizinischem und sozialem Modell (s.u.). Behinderung kann sowohl aus einer Schädigung als auch aus Barrieren in der Umwelt resultieren. Die ICF, der demnach ein biopsychosoziales Modell zugrunde liegt, kann trotz einiger Kritikpunkte bis heute als „Minimalkonsens" in der Sonderpädagogik und den angrenzenden Disziplinen verstanden werden (Dederich 2009). In Deutschland wurden mit dem Neunten Buch des Sozialgesetzbuches (SGB IX) – Rehabilitation und Teilhabe behinderter Menschen – wesentliche Aspekte der ICF unter Berücksichtigung der historisch gewachsenen Besonderheiten aufgenommen.

3.3 Begriffserklärungen der UN-Behindertenrechtskonvention (UN-BRK)

Im Dezember 2006 wurde die UN-Behindertenrechtskonvention (UN-BRK) durch die UN-Generalversammlung in New York verabschiedet und trat 2008 schließlich auch in Deutschland in Kraft. Laut UN-BRK entsteht „Behinderung aus der Wechselwirkung zwischen Menschen mit Beeinträchtigungen und einstellungs- und umweltbedingten Barrieren [...], die sie [Menschen mit Behinderung] an der vollen, wirksamen und gleichberechtigten Teilhabe an der Gesellschaft hindern" (BMAS 2011, Präambel der UN-BRK Buchstabe e; Kreutz et al. 2012). Behinderung wird demnach nicht als individuelle Eigenschaft einer Person betrachtet.
In Art. 1 UN-BRK heißt es: „Zu den Menschen mit Behinderungen zählen Menschen, die langfristige körperliche, seelische, geistige oder Sinnesbeeinträchtigungen haben, welche sie in Wechselwirkung mit verschiedenen Barrieren an der vollen, wirksamen und gleichberechtigten Teilhabe an der Gesellschaft hindern können" (BMAS 2011). Die UN-BRK unterscheidet also zwischen „Beeinträchtigung" und „Behinderung".

- Beeinträchtigt ist jemand, dem „bestimmte Funktionen fehlen (z.B. die Seh- oder Hörfähigkeit) oder bestimmte Funktionen eingeschränkt sind (z.B. die Gehfähigkeit oder Kommunikationsfähigkeit)" (Kreutz et al. 2013, S. 69).
- Behinderung wird in Anknüpfung an die ICF als „Wechselwirkung" zwischen Beeinträchtigung und Barrieren verstanden.

Dass Behinderungsmodelle nicht statisch sein können, zeigt die UN-BRK auf, wenn es in der Präambel heißt, „dass das Verständnis von Behinderung sich ständig weiterentwickelt" (BMAS 2011, Präambel der UN-BRK Buchstabe e). Dementsprechend definiert die UN-BRK Behinderung auch nicht endgültig, sondern bleibt offen für sozialen und kulturellen Wandel.

3.4 Rechtsgrundlage im Sozialgesetzbuch (SGB) IX

Das SGB IX hat den Zweck, Leistungen zur Teilhabe behinderter Menschen zuzuweisen und zu definieren. Deshalb ist die dem Neunten Sozialgesetzbuch voranstehende Definition zentral. Sie fand außerdem Eingang in die meisten Ländergleichstellungsgesetze.
Vom Zeitpunkt des Inkrafttretens im Jahr 2001 bis 2017 definierte das SGB IX Behinderung folgendermaßen: „Menschen sind behindert, wenn ihre körperliche Funktion, geistige Fähigkeit oder seelische Gesundheit mit hoher Wahrscheinlichkeit länger als sechs Monate von dem für das Lebensalter typischen Zustand abweichen und daher ihre Teilhabe am Leben in der Gesellschaft beeinträchtigt ist. Sie sind von Behinderung bedroht, wenn die Beeinträchtigung zu erwarten ist." (§ 2 Abs. 1 SGB IX; Fassung bis Ende 2017)
Diese Definition sollte sich am ICIHD der WHO von 2001 (ICF) orientieren, war aber deutlicher Kritik ausgesetzt – vor allem von Vertreter:innen der Behindertenbewegung – weil Schädigung und Behinderung im Sinne von Teilhabebeeinträchtigung anders als in der ICF in einen Kausalzusammenhang gestellt wurden. Kritisch hinterfragt wurde auch, was ein Zustand sei, der von dem für das Lebensalter typischen abweiche und wie dies gemessen werden solle. Abweichungen ließen sich nicht medizinisch oder pädagogisch begründen, sondern orientierten sich allein an den Bildungs- und Erwerbsanforderungen der Gesellschaft, so die Kritik (Welti 2005, S. 86ff).
Erst 2017 wurde die Definition von Behinderung im § 2 SGB IX an die der UN-BRK angepasst und seit Anfang des Jahres 2018 heißt es dort: „Menschen mit Behinderungen sind Menschen, die körperliche, seelische, geistige oder Sinnesbeeinträchtigungen haben, die sie in Wechselwirkung mit einstellungs- und umweltbedingten Barrieren an der gleichberechtigten Teilhabe an der Gesellschaft mit hoher Wahrscheinlichkeit länger als sechs Monate hindern können. Eine Beeinträchtigung nach Satz 1 liegt vor, wenn der Körper- und Gesundheitszustand von dem für das Lebensalter typischen Zustand abweicht. Menschen sind von Behinderung bedroht, wenn eine Beeinträchtigung nach Satz 1 zu erwarten ist."
Die Formulierung des vom Lebensalter typischen abweichenden Gesundheitszustands soll die Zielgruppe von Leistungen zur Eingliederungshilfe begrenzen (Welti 2018).
Nach § 99 SGB IX (seit 01.01.2020 in Kraft) erhalten Personen Eingliederungshilfe, „deren Beeinträchtigun-

gen die Folge einer Schädigung der Körperfunktion und -struktur einschließlich der geistigen und seelischen Funktionen sind und die dadurch in Wechselwirkung mit den Barrieren in erheblichem Maße in ihrer Fähigkeit zur Teilhabe an der Gesellschaft eingeschränkt sind". In dieser Formulierung findet sich das Modell der ICF wieder.

Die Rechte auf notwendige Hilfen zur Eingliederung und Wiedereingliederung jeder behinderten und von Behinderung bedrohten Person werden zusätzlich zum Sozialgesetzbuch und im Gesetz über die Angleichung der Leistungen zur Rehabilitation (RehaAnglG) konkretisiert. Für diese Maßnahmen sind auf der Grundlage des gegliederten Systems sozialer Sicherung in der Bundesrepublik Deutschland verschiedene Sozialleistungsträger zuständig und kostenpflichtig. Umfang und Art der Leistung sowie Voraussetzungen für die Leistungsgewährung richten sich im Einzelfall nach den speziellen gesetzlichen Vorschriften für die Sozialleistungsträger, die die Maßnahmen durchführen.

3.5 Funktionale Gesundheit

Das Kernkonzept des ICF von 2001 bildet die funktionale Gesundheit eines Menschen. Eine Person ist dann funktional gesund, wenn vor dem Hintergrund ihrer Kontextfaktoren (in den Klammern benannt)

- ihre körperlichen Strukturen und Funktionen (einschließlich des mentalen Bereichs) denen eines gesunden Menschen entsprechen (Konzepte der Körperfunktionen und -strukturen),
- sie all das tut oder tun kann, was von einem Menschen ohne Gesundheitsprobleme (ICD) erwartet wird (Konzept der Aktivitäten),
- sie ihr Dasein in allen wichtigen Lebensbereichen in der Weise und dem Umfang entfalten kann, wie es von einem Menschen ohne gesundheitsbedingte Beeinträchtigung der Körperfunktionen und -strukturen oder der Aktivitäten erwartet wird (Konzept der Partizipation an Lebensbereichen),

Außerdem werden zusätzlich Kontextfaktoren berücksichtigt:

- Umweltfaktoren (wie Arbeitsplatz, Schule, Gesundheitswesen, soziale Netzwerke, Gesetze usw.), die die materielle, soziale und einstellungsbezogene Umwelt abbilden, und
- personenbezogene Faktoren (wie Alter, ethnische Zugehörigkeit, Fitness, Lebensstil usw.), die die inneren Einflüsse auf Funktionsfähigkeit und Behinderung abbilden.
- Der Behinderungsbegriff der ICF ist der Oberbegriff zu jeder Beeinträchtigung der Funktionsfähigkeit eines Menschen. Er ist damit umfassender als der Behinderungsbegriff des SGB IX. Um Missverständnisse zu vermeiden, sollte im Sozialbereich in Deutschland nur der Behinderungsbegriff des SGB IX verwendet werden.

3.6 Modelle von Behinderung

Schon die wenigen gesetzlichen Definitionen zeigen unterschiedliche, sich wandelnde Verständnisse von dem, was als Behinderung definiert wird. Diese unterschiedlichen Sichtweisen werden als Modelle bezeichnet und im Folgenden vorgestellt.

3.7 Das individuelle oder medizinische Modell von Behinderung

Unter diesem Modell werden Denk- und Sichtweisen zusammengefasst, die Behinderung individuell, als Funktionseinschränkung oder Defizit und aus medizinischer Perspektive verstehen. Behinderung wird als Eigenschaft eines Individuums betrachtet und als persönliches Problem gesehen. Sie wird als geminderte Funktionsfähigkeit eines Individuums verstanden, die auf eine biologische Abweichung zurückzuführen ist. Aus medizinischer Sicht geht es darum, Behinderung zu heilen oder behinderte Menschen zu rehabilitieren (Hirschberg 2003; Waldschmidt 2005). Behinderung erscheint als Wesensmerkmal bzw. Eigenschaft oder Eigenheit des Menschen und geht in der Regel mit einer negativen Bewertung als Leid oder tragisches Schicksal einher.

Auf den grundsätzlich bedrohlichen ambivalenten Charakter medizinischer Deutungs- und Handlungsmacht hat Hans Jonas 1984 in seinem Hauptwerk „Das Prinzip Verantwortung" hingewiesen. So führt er aus, dass „die Befreiung geisteskranker Patienten von [offensichtlich] quälenden und funktionsstörenden Symptomen [...] eindeutig wohltätig zu sein [scheint]. Aber von der Erleichterung des Patienten [...] führt ein unauffälliger Übergang zu der Erleichterung der Gesellschaft von der Lästigkeit schwierigen individuellen Benehmens unter ihren Mitgliedern: das heißt der Übergang von ärztlicher zu sozialer Anwendung [...]" (Jonas 1984, S. 51). Die Ambivalenz medizinischer Interventionen besteht demnach grundsätzlich darin – und das gilt explizit in Bezug auf von Behinderung betroffene Menschen –, dass unter Umständen Menschen in ihrer Freiheit und Selbstbestimmung oder Selbstentfaltung eingeschränkt werden können – oder erst gar nicht mehr geboren werden. Damit aber gewinnt medizinisches Handeln Bedeutung in einer Dimension, die Klaus Dörner die „Soziale Frage" genannt hat: „Was machen wir [...] mit denen, die nicht so sind wie wir [...]; wofür sind sie da, und wie gehen wir mit ihnen um?" (Dörner 1993, S. 8).

Der Soziologe Jörg Michael Kastl wendet ein, dass es ein medizinisches Modell eigentlich gar nicht gebe, sondern dass es sich bei dieser Benennung „eher um einen (fach-)politischen Schachzug derer handelt, die das ‚soziale Modell' der Behinderung durchsetzen wollten" (Kastl 2010, S. 48).

3.8 Das soziale Modell von Behinderung

Unter anderem aus der Kritik Betroffener im Kontext der Behindertenbewegung (Köbsell 2012; Mürner und Sierck 2012) an defizitorientierten, pathologisierenden Zuschreibungen entwickelte sich in den 1980er Jahren das soziale Modell von Behinderung: Kritisiert wurde, dass der medizinische bzw. individuelle Behinderungsbegriff aus sozialen Phänomenen individuelle Probleme mache. Damit verschleiert er, dass Behinderung das Ergebnis gesellschaftlicher Erwartungen, sozialer Reaktionen oder misslingenden Umgangs mit Verschiedenheit ist. Im sozialen Modell „ist" man nicht behindert, sondern man „wird" behindert. Das kann u.a. durch räumliche Barrieren, Zugangschancen am Arbeitsmarkt oder Kommunikationsbarrieren geschehen.

Betrachtet man nicht das Individuum, sondern das Beziehungsgefüge oder die Institutionen, müsste es heißen, nicht der Mensch ist behindert, sondern „der Prozess seiner Erziehung, Bildung und sozialen Integration" (Gröschke 2007, S. 101). Im sozialen Modell wird Behinderung als Ergebnis von Diskriminierung und als soziales Problem betrachtet (Waldschmidt 2005): Statt individueller Anpassung ist dieses Modell auf den sozialen Wandel ausgerichtet. Das soziale Modell negiert zwar individuelle Beeinträchtigungen in der Regel nicht, geht aber davon aus, dass nicht jede Beeinträchtigung zu einer Behinderung führen muss.

Unterschieden wird häufig zwischen „impairment" und „disability". Während unter ersterem eine „objektive Schädigung" (Kastl 2010, S. 49) verstanden wird, bezeichnet „disability" die gesellschaftliche Benachteiligung und Teilhabeeinschränkung durch Barrieren. Meistens versuchen Vertreter:innen des sozialen Modells zwischen den Polen „Individuum und Gesellschaft" zu vermitteln, wobei in den unterschiedlichen Ansätzen verschiedene Gewichtungen vorgenommen werden (Gröschke 2007, S. 102). Dies zeigt sich z.B. in der Definition von Jörg Kastl: „Mit Behinderung wird bezeichnet eine nicht terminierbare, negativ bewertete, körpergebundene Abweichung von situativ, sachlich, sozial generalisierten Wahrnehmungs- und Verhaltensanforderungen, die das Ergebnis eines schädigenden (pathologischen) Prozesses bzw. schädigenden Einwirkung auf das Individuum und dessen/deren Interaktion mit sozialen und außersozialen Lebensbedingungen ist" (Kastl 2010, S. 108).

Die Ansätze unterscheiden sich auch in Bezug auf die Annahme oder Ablehnung von Kausalbeziehungen zwischen Schädigung und Behinderung gemäß der WHO-Klassifikationen.

Aus der Sicht der Befürworter:innen des sozialen Modells steht weniger Behinderung als vielmehr Normalität zur Disposition – es handelt sich also um einen wissenschaftlichen Ansatz, der ganz offen Partei ergreift für die Standpunkte und Interessen von Behinderung betroffener Menschen, ohne dadurch den eigenen wissenschaftlichen Geltungsanspruch aufzugeben. Parteilichkeit bedeutet in diesem Zusammenhang aber nicht, von Behinderung betroffenen Menschen unter allen Umständen und unhinterfragt in ihren Einstellungen und Meinungen Recht zu geben. Normalisierung wird nach Michael Oliver (1996), dem Begründer des sozialen Modells in Großbritannien, als Anpassung und Unterdrückung verstanden. In Deutschland sorgte vor allem die Behindertenbewegung dafür, dass das soziale Modell populär wurde. Behinderung ist demgemäß sozial konstruiert, eine Folge gesellschaftlich bedingter bzw. verursachter Umstände:

- Nicht der/die Rollstuhlfahrer:in ist behindert, weil er/sie nicht durch die Tür passt, sondern er/sie wird behindert, weil die Tür zu schmal gebaut ist!
- Nicht der von Sehbehinderung betroffene Mensch ist behindert, weil er den Weg nicht findet, sondern er wird behindert, weil es an entsprechenden Wegehinweisen und -markierungen mangelt, die es ihm ermöglichen, am gewünschten Ziel (unversehrt) anzukommen!
- Nicht der von Körperbehinderung betroffene Mensch ist behindert, weil er bestimmte Aufgaben, beispielsweise am Arbeitsplatz, nicht ausführen kann, sondern er wird behindert, weil ihm der Gebrauch der zur Verrichtung seiner Tätigkeiten erforderlichen Geräte aufgrund eines inadäquaten Designs versagt bleibt oder/und ihm notwendige Assistenz verweigert wird!

Auf theoretischer Ebene spielte neben Wolfgang Jantzens materialistischer Behindertenpädagogik (1976/1998) auf Grundlage der marxistischen Theorie vor allem die Stigmatheorie von Erwing Goffman (2012) eine zentrale Rolle bei der Entwicklung des sozialen Modells.

3.9 Das kulturelle Modell von Behinderung

Aus einer kritischen Betrachtung des sozialen Modells entwickelten Vertreter:innen der Disability Studies schließlich das sogenannte kulturelle Modell von Behinderung, das in Deutschland vor allem durch Anne Waldschmidt vertreten wird.

Die Kritik richtete sich in erster Linie gegen die kategorische Trennung von „impairment" und „disability" und die

– auch im sozialen Modell – enthaltene Betrachtung von Behinderung als Problem. Aus sozialkonstruktivistischer Perspektive entwickeln die Disability Studies deshalb das kulturelle Modell, das aufzeigt, dass es Behinderung per se nicht gibt, sondern dass sie kulturell, sozial, historisch produziert wird (Waldschmidt 2005). Statt der Fokussierung auf individuelle oder soziale Probleme fordert die kulturelle Perspektive die Auseinandersetzung mit der grundlegenden Frage: „Wie und warum wird – historisch, sozial und kulturell – eine Randgruppe wie die ‚der Behinderten' überhaupt hergestellt?" (ebd.).

3.10 Das menschenrechtliche Modell von Behinderung der UN-BRK

Mit Verabschiedung der UN-Behindertenrechtskonvention wurde, so Theresia Degener, auch ein neues Modell von Behinderung präsentiert: das menschenrechtliche Modell (Degener 2015). Dieses Modell geht davon aus, dass die Lage behinderter Menschen nicht durch individuelle Beeinträchtigungen, sondern durch vorenthaltene Rechte zu erklären ist. So hebt Degener hervor, dass im menschenrechtlichen Modell „Menschenrechtsfähigkeit nicht durch gesundheitliche Beeinträchtigungen beschränkt wird" (ebd., S. 64). Vor allem Art. 12 UN-BRK macht deutlich, dass alle Menschen rechts- und handlungsfähig sind.

Durch die formulierte Wertschätzung von Vielfalt, wie z.B. in Art. 3 UN-BRK, geht das menschenrechtliche Modell, so Theresia Degener (2015), über das soziale Modell hinaus und kann ebenso wie das kulturelle Modell als dessen Weiterentwicklung verstanden werden. Das menschenrechtliche Modell von Behinderung nimmt Staat und Zivilgesellschaft in die Verantwortung, die Rechte aller Menschen zu achten und Benachteiligungen und Diskriminierungen zu verhindern.

3.11 Gesellschaftliche Relevanz

Mittlerweile hat sich in vielen Bereichen der Gesellschaft eine Umorientierung in Hinblick auf die Wahrnehmung von Behinderung durchgesetzt. Man fragt nicht mehr danach, was Behinderte nicht können, sondern immer konsequenter danach, was sie können und wie sie den Alltag bewältigen. Aus diesen Überlegungen entstand auch das Normalisierungsprinzip. Ziel ist es dabei, den Behinderten ein weitestgehend normales Leben zu ermöglichen, zum Beispiel in den Bereichen Wohnbedingungen, Arbeit, Tagesrhythmus, wirtschaftlicher Standard und Lebensablauf. Parallel dazu wird meist eine möglichst umfassende Integration versucht. Die Verwendung dieses Begriffes zeigt eines sehr deutlich: es hat zuvor eine Separierung, eine Ausgrenzung der Behinderten aus sozialen Gruppen gegeben. Behinderung ist ein vieldimensionaler Begriff. Der Pädagoge Ulrich Bleidick (2006) hat die einzelnen Aspekte zu ordnen versucht: Behinderung kann bedeuten:

- eine medizinische Kategorie (medizinisch fassbarer Sachverhalt, wichtig vor allem bei organischen Behinderungen)
- ein Etikett (Zuschreibung von sozialen Erwartungshaltungen; zum Beispiel: „Dieser schlechte Schüler (Lernbehinderung) wird es im Leben nicht weit bringen …")
- eine Systemfolge (ist beispielsweise von Bedeutung im Schulsystem und im Arbeitsleben, Störfälle im System können als „Behinderte" aussortiert werden)
- ein Gesellschaftsprodukt (ist sicher nur in manchen Fällen von Behinderung wichtig, etwa beim gehäuften Vorkommen von Sehbehinderungen in unteren Sozialschichten).

Ob eine fehlende Fähigkeit oder abweichende körperliche Struktur als behindert bezeichnet wird, hängt von den gesellschaftlichen Erwartungen ab, was man in einer bestimmten Position, einem bestimmten Alter, einem bestimmten Geschlecht etc. können sollte. Behinderung ist daher immer in Bezug zu Normen und Normalität zu sehen:

- In Zusammenhang mit statistischen Normen lässt sich einerseits fragen: Wie sind Menschen durchschnittlich beschaffen?
- In Bezug auf Normen im Sinne von Geboten und Regeln andererseits: Welche gesellschaftlichen Erwartungen an Verhalten, Kommunikation etc. gibt es? Negative Abweichungen von diesen Normen, wie z.B. Linkshändigkeit oder Kurzsichtigkeit, können als Behinderung bezeichnet werden, müssen es aber nicht.

In den „Disability Studies", aber auch in der Inklusionsdebatte wird diskutiert, wie bzw. ob auf den Begriff als Kategorie im Sinne einer Dekategorisierung verzichtet werden kann oder muss. Beide Argumentationen liefern Gründe, die dafür und Gründe, die dagegen sprechen:

- Pro: Es gibt keinen adäquateren Begriff, bzw. bisher konnte sich kein anderer Begriff durchsetzen. Als Begriff ist Behinderung in der Sozialgesetzgebung und in der Rechtsprechung etabliert und eignet sich daher, um Rechte für benachteiligte Personen einzufordern.
- Kontra: Der Begriff enthalte negative Konnotationen, was sich u.a. daran zeigt, dass der Begriff auch als Schimpfwort gebraucht werden kann. Deshalb solle man ihn durch positiv besetzte Begriffe ersetzen oder als Kategorie ganz abschaffen.

Die Ambivalenz der Verwendung der Kategorie Behinderung bringt Ulrich Bleidick auf den Punkt: „Der Status der Behinderung verleiht Schutz und Hilfe; zugleich aber bedroht er mit Stigmatisierung und Aussonderung." (Bleidick 2006, S. 81).

Auch auf Ebene der Disziplinen und Professionen, die sich auf den Begriff Behinderung beziehen, muss dieser immer wieder kritisch reflektiert werden: „Begrifflichkeiten dienen dazu, das Feld zu ordnen, Kompetenzbereiche abzustecken, professionelle Ansprüche zu begründen und zu rechtfertigen“ (Schmuhl 2010, S. 30).
Als Fazit bleibt festzuhalten, dass es bis heute keine einheitliche Definition von Behinderung gibt. Deshalb gilt: „Es ist nicht möglich zu sagen, was Behinderung ist, sondern nur, was dafür gehalten wird“ (Bleidick und Ellger-Rüttgardt 2008, S. 97).

Material:

- Video: „Wenn Kinder auf Menschen mit Behinderung treffen“. https://www.stern.de/familie/leben/aktion-mensch-kampagne--wenn-kinder-auf-menschen-mit-behinderung-treffen-6882458.html
- Kampagnen der Aktion Mensch. https://www.aktion-mensch.de/dafuer-stehen-wir/das-bewirken-wir/kampagnen.html
- Kampagne der Caritas 2011 „Kein Mensch ist perfekt“. https://www.caritas.de/magazin/kampagne/keinmenschistperfekt/keinmenschistperfekt.aspx
- Kampagne der Lebenshilfe zum Thema Selbstvertretung. https://www.lebenshilfe.de/selbstvertretung/kampagne/
- Der Vater eines mehrfachbehinderten Jungen berichtet (mit Fotografien):
  Jaenicke, Florian (2020): Wer bist du? Unser Leben mit Friedrich. 1. Auflage. Aufbau Verlag, Berlin. https://www.florianjaenicke.de/fotokolumne-zeit-magazin
- Die Schweizer Behindertenorganisation Pro Infirmis stellt behinderte Schaufensterpuppen aus: https://rollingplanet.net/behinderte-schaufensterpuppen/
- Sebastian Urbanskis (Schauspieler mit Down-Syndrom) Statement zum Gedenktag für die Opfer des Nationalsozialismus am 27. Januar: https://rollingplanet.net/bundesvorstand-der-lebenshilfe-deutschland-darf-nie-wieder-so-werden-wie-es-bei-den-nazis-war/
- Lebenshilfe-Ratgebers „Recht auf Teilhabe“. https://rollingplanet.net/recht-auf-teilhabe-neu-erschienen/
- Anonyme Stellungnahme (webblog) zu „Würde bei Behinderung“: „Allein die Tatsache, dass es möglich ist, dass deine Würde so wertlos ist, dass man sagt:
  - ➢ Du, Du wohnst woanders!
  - ➢ Und zwar ich sage Dir wo Du wohnst!
  - ➢ Und ich sage Dir nicht nur das, ich sage Dir auch noch, wer Dir den Po abwischt.
  - ➢ Ich sage Dir, wann Du ins Bett gehst und wann Du wieder aufstehst.
  - ➢ Und ich sage Dir auch noch, was Du anziehst!
  - ➢ Weil, Du kriegst nämlich nur so viel Taschengeld, dass Du Dir gar nicht leisten kannst, an Kleidern, was Du haben möchtest.
  - ➢ Und dann bestimme ich auch noch, dass Du gar nicht Bio essen kannst, denn das ist nämlich teurer. Du kriegst nämlich nur die Einheitskost, die günstiger ist.
  - ➢ Und das finde ich, ist ein absoluter Eingriff in die Menschenwürde und ist ein Schlag ins Gesicht.“

Reflexionsfragen

zu Inklusion und Behinderung

- Stellen Sie die Abgrenzungen/Unterschiede der Behinderung von einer chronischen Erkrankung dar.
- Wie kann Autonomie, Selbstbestimmung und Lebensqualität mit Behinderung erhalten werden?
- Versuchen Sie im Rollenspiel nachzuempfinden, welche direkten Auswirkungen körperliche Einschränkungen auf alle anderen Lebensbereiche haben.
- Eine Behinderung kann die Teilhabe am öffentlichen Leben behindern. Ist es also die Gesellschaft, die behindert? (Beispiel: Ein blinder Mensch ist bzw. wird behindert, weil das öffentliche Leben auf Sehende ausgerichtet ist. Ein Rollstuhlfahrer/eine Rollstuhlfahrerin ist behindert, weil die Städte und Gemeinden, der öffentliche Nahverkehr nicht barrierefrei sind.)
- In welchen Alltagssituationen konnten Sie schon einmal erleben, dass Behinderung ein Ereignis, ein situatives Geschehen ist, das stattfindet und kein unabänderlicher Zustand eines Individuums sein muss?
- Informieren Sie sich über Möglichkeiten, wie Menschen, deren Leben durch eine Behinderung geprägt wird, in unterschiedlichen Lebensphasen Unterstützung geboten werden kann.
- In Deutschland sind im Grundgesetz die Persönlichkeitsrechte gleichermaßen für Behinderte und Nichtbehinderte festgelegt. Interpretieren und vergleichen Sie mit Beispielen, die beide Personengruppen betreffen, das Recht auf:
  - ➢ persönliche Entfaltung und Entwicklung,
  - ➢ das Recht auf Lernen,
  - ➢ Arbeit und
  - ➢ schöpferische Tätigkeit

Unterrichtsentwurf zum Thema Inklusion

Stundenziel: Die Schüler:innen bekommen eine Einführung in das Themenfeld der Inklusion. Ausgehend von Selbsterfahrungen näheren sie sich dem Verständnis von Inklusion an. Sie lernen beispielhaft die UN-Behindertenrechtskonvention kennen. Anhand von Übungen, Texten und Filmen können die Schüler:innen Inklusion beschreiben.

Zeit	Lernphase	Lehrer:in/Schüler:in-Interaktion // Inhalte // Impulse	Sozialform	Methode	Medien
5'	Einstieg	Die Lehrperson fragt, welche Assoziationen/Erfahrungen die S:S bisher mit dem Begriff der Inklusion verbinden.	Selbsterfahrung, Gruppengespräch	Dokumentation der Erfahrungen	Flipchart oder digitale Medien
15'		Die S:S erleben Verschiedenheit und erkennen Formen der Unterscheidung	Rollenspiel	Vier-Eckenspiel (Anleitung siehe S. 123)	Klassenraum
10'		Annäherung: Was ist Inklusion? Aktion Mensch: Was ist Inklusion? (in 80 Sekunden erklärt) (Audiodeskription) https://www.youtube.com/watch?v=05IP1vj7wNY Reflexion: Was fällt auf? Wie wird Inklusion beschrieben und in Bilder gefasst? Welche Dimensionen von Inklusion werden diskutiert? Welche Rolle spielt die Musik? Fühlen sich die S:S von diesem Film angesprochen? Wie gut gefällt den S:S der Film?	Interaktion		Film: Was ist Inklusion? (in 80 Sekunden erklärt)
10'	Erarbeitung	Die S:S lesen und erarbeiten einen Text, der Inklusion als die Kunst des selbstverständlichen Zusammenlebens von verschiedenen Menschen beschreibt (Quelle: Evangelische Kirche im Rheinland. Da kann ja jeder kommen. Inklusion und kirchliche Praxis. Eine Arbeitshilfe. Bonn 2014, S. 8 – 12, Download: https://www.ekir.de/pti/Downloads/Da-kann-ja-jeder-kommen.pdf (Zugriff am 13.02.2021). Alternativ: Recherche zu Inklusion im Internet. Reflexionsfragen zum Text: Der Paulusweg: Warum betrachtet Prantl Paulus als den Inklusionsapostel? Welche Funktion wir der Inklusion zugeschrieben? Welche Rolle spielt Inklusion bei der Gestaltung einer gerechten Gesellschaft?	Lerneinheit zu zweit, Gruppenarbeit Paararbeit		Text Internetrecherche **M 1** Text: Der Paulusweg
10'		Die UN-Behindertenrechtskonvention: S:S erfahren die menschrechtlich begründete Forderung nach Inklusion. Die S:S lesen exemplarisch einen Artikel der UN-Behindertenrechtskonvention und fassen diese in eigene Worte zusammen (z.B. Artikel 8 zur Bewusstseinsbildung). https://www.institut-fuer-menschenrechte.de/das-institut/monitoring-stelle-un-brk/die-un-brk	Gruppenarbeit und Paararbeit	Film Fragen zum Film Textarbeit	**M 2** Die UN-Behindertenrechtskonvention

Zeit	Lernphase	Lehrer:in/Schüler:in-Interaktion // Inhalte // Impulse	Sozialform	Methode	Medien
10′		S:S erkennen und nehmen Barrieren für Menschen mit Behinderungen wahr. Sie erkunden ihre Schule unter dem Aspekt der Barrierefreiheit. Sie berichten von der Begutachtung ihrer Schule unter dem Stichwort „Barrierefreiheit". Dafür kann folgende Checkliste zu Hilfe genommen werden: https://nullbarriere.de/inklusive-schule-planungsgrundlagen.htm	Dynamische Gruppeninteraktion	Erkundung/ Beobachtung	Checkliste zur Barrierefreiheit/ Inklusive Schule
15′	Vertiefung	Übung zur Diskriminierung. Die S:S lernen im Rollenspiel verschiedene Rollen zu übernehmen und erfahren dabei, welche Chancen und Hindernisse an der gesellschaftlichen Teilhabe dadurch entstehen. Sie reflektieren die ethische Bewertung von Diskriminierung und Benachteiligung. Spielanleitung mit dazugehörigen Rollenkarten und Reflexionsfragen: https://handicap-international.de/sites/de/files/pdf/s10_ein-schritt-nach-vorn_lk.pdf	Gruppeninteraktion, Selbst- und Fremdwahrnehmung	Rollenspiel	Großer Raum in der Schule/ Klassenraum Rollenspiel:
10′		Die S:S stellen Ihre Arbeitsergebnisse (Rechercheergebnisse) vor. Sie stellen einen Zusammenhang zwischen den Texten und den gezeigten Filmen her. Sie reflektieren den Begriff Inklusion und können kritisch Stellung beziehen.	Stellen Sie Ihre Ergebnisse anhand eines Plakats, das Sie erstellt haben, einander vor.	Gruppenarbeit	Stellwände, Moderationsmaterialien
5′	Ergebnissicherung	Die Plakate werden im Klassenraum aufgehängt. Sie werden fotografiert und den S:S zur Verfügung gestellt. Die verwendeten Texte und Ergebnisse werden in einem Ordner zusammengestellt und dokumentiert.		Die Plakate dienen der Visualisierung und Sensibilisierung für das Thema Inklusion	

Pädagogische Methode „Vier Ecken"

Zeit: 15–30 Minuten

Zielgruppe: Schüler/innen Sek. II / Schulklassen

Material: DIN A4-Blätter (farblich unterschieden) zum Beschreiben/Auslegen in den Ecken eines Raums (z.B. A, B, C, D oder Norden, Süden, Westen, Osten). Hinzu können noch Antworten zu den jeweiligen (inklusiven) Fragestellungen darauf notiert werden.

Lernziele (Wissen, Fertigkeiten, Kompetenzen):

- Einander Kennenlernen, Kennenlernen von individuellen Einstellungen und unterschiedlichen Hintergründen von Diversität und Inklusion, Erkennen von Gemeinsamkeiten und Unterschieden, Ideen für erste inklusive Handlungsansätze gewinnen.
- Die Schülerinnen und Schüler sollen erkennen, wie verschieden Menschen sind und die Erfahrung wahrnehmen, dass wenige Fragen ausreichen, um Menschen in verschiedene Kategorien einzuteilen.
- Anderen zuhören lernen, auf andere neugierig werden, von sich und den eigenen Erfahrungen erzählen können.
- Inklusive Fragestellungen und Herangehensweisen erlernen, Zusammenhänge von der Unterschiedlichkeit und Vielfalt in der Klasse/der Gesellschaft erkennen und herstellen können.

Anleitung:
Vier-Ecken ist eine Übung, in der die Schülerinnen und Schüler aufgefordert werden, sich der Position (einer der vier Ecken im Raum) zuzuordnen, die möglichst der eigenen Einstellung/Meinung/Haltung auf die gegebene Fragestellung entspricht.

Hierzu werden die die Schülerinnen und Schüler jeweils aufgefordert, sich bei der Beantwortung der Fragen z.B. den Himmelsrichtungen (Ost, Süd, West, Nord) (oder zu Einstellungen wie Lieblingssportarten) des Klassenraums zuzuordnen. Nachdem sich die Schülerinnen und Schüler zugeordnet haben, werden einzelne gebeten, die Entscheidung kurz zu erklären. So können die Schülerinnen und Schüler sich im Unterschied/in der Gemeinsamkeit zu anderen Mitschülerinnen und Mitschülern reflexiv erfahren.

Die Fragen können in vierfacher Form zu folgenden ausgewählten Dimensionen gestellt werden (diese können gerne auch erweitert werden, zum Thema in der Klasse, so dass diese zur jeweiligen Klasse passen):

> Lieblingsessen / Hobbys / Sport / Musik / Klima / Religion / Augenfarben / Behinderung / Körpergröße / Lieblingssportart / Herkunft der Eltern, Großeltern / Lieblings-Jahreszeiten / Berufswünsche / Kleidung ...

Die Vier-Ecken-Übung ist eine Form, in der persönliche Erfahrungen/Einstellungen angesprochen werden. Sie eignet sich vor allem zu Beginn eines Prozesses, um sich eines Themas anzunähern und dieses strukturiert weiter bearbeiten zu können.

M 1 Heribert Prantl: Der Paulusweg

„Pfingsten gilt als der Geburtstag der Kirche. Aber: Die Kirche ist nicht an einem Tag geboren. Sie war ein gewaltiges, ein mordsanstrengendes und ein konfliktreiches Inklusionsprojekt. Dieses Projekt verdankt sich einem Inklusions- und Integrationshelfer, ohne den die ganze Sache mit dem christlichen Abendland nichts geworden wäre: Es ist der Mann, der unter dem Aliasnamen Paulus berühmt wurde.

Paulus war Jude, ein Schriftgelehrter, Theologe und Jurist, ein brillanter dialektischer Denker, ein Mann mit römischem Bürgerrecht; er gehörte, bevor er sich der Bewegung der Jesusnachfolge anschloss, der glaubenstreuen jüdischen Gruppe der Pharisäer an. Er stammte aus angesehener Familie; seine Eltern hatten ihm den Königsnamen Saul gegeben, den er später änderte. Man weiß wenig Biografisches über ihn. Vieles ist Legende, dazu gehört sein sogenanntes Damaskuserlebnis, sein Sturz vom Pferd, seine zeitweise Erblindung. Ohne Paulus aber wäre der Glaube an Jesus Christus irgendeine Reformbewegung im Judentum geblieben und damit eine Episode der jüdischen Geschichte. Paulus war Apostel der Inklusion und damit der Geburtshelfer der Kirche.

Seine Überzeugung war: Die neue Gemeinde ist eine barrierefreie, eine für alle offene Gemeinschaft – oder sie ist gar nicht. Paulus sah und lehrte die Kirche als eine Gemeinschaft, die Aus- und Abgrenzung überwindet: die Abgrenzung zwischen dem einen Volk und dem anderen Volk, die zwischen der einen Klasse und der anderen, auch die zwischen den Geschlechtern. Paulus selbst sagte es in den Briefen an die ersten Messias-Jesus-Gemeinden so. Es gibt hier nicht Juden und Griechen, es gibt hier nicht Sklaven und Freie; es gibt hier auch nicht männlich und weiblich.

Das Soziale darf sich nicht darin erschöpfen, für alle Chancengleichheit herzustellen.

In den Gemeinden, die er gründete, trafen sich daher an einem Tisch Menschen aller Ethnien und Kulturen, es trafen sich Sklaven und Leute mit Bürgerrecht, Männer und Frauen, Gebildete und Ungebildete. Das war das Undenkbare, das war der Skandal, das war zugleich das unwiderstehlich Anziehende damals. In dieser christlichen Praxis waren die üblichen Exklusivitäten und Exklusionen, die Hierarchien und Grenzen aufgehoben. Das war, das ist der Geist von Pfingsten. Darum nannten sich die, die sich von diesem Geist ergriffen sahen, „Ekklesia", Herausgerufene: herausgerufen aus vermeintlich gottgegebenen Identitäten von Herkunft und Geschlecht, Stand und Klasse, Kultur und Volk. Das war kein Friede-Freude-Eierkuchen-Programm. Das wurde erstritten in harten Auseinandersetzungen.

Ein Beleg für die Härte ist das unheilvolle „Das Weib schweige in der Gemeinde", womöglich ein später frauenfeindlicher Einschub in einen seiner Briefe aus dem 2. Jahrhundert, vielleicht von einem, der so viel Verwegenheit nicht aushielt und korrigieren wollte. Bisweilen ging es aber Paulus selbst so, er wurde seinen Inklusionsansprüchen nicht immer gerecht. So ergeht es heute vielen Menschen, die eigentlich inklusiv leben wollen.

Die Briefe des Paulus sind Integrationsmanifeste und Inklusionsdokumente. Sie bezeugen, dass dieser Integrationshelfer sich zuallererst von eigenen Denkbarrieren frei machen musste. Als äußeren Ausdruck dafür legte er seinen großen Namen Saulus ab und nannte sich Paulus, „der Kleine". „Ich bin allen alles geworden", schreibt er, und er meint damit das Gegenteil von „Die sollen erst einmal so werden wie ich, wenn sie hier Platz haben wollen". Damit eckte er bei Petrus und den anderen Autoritäten in Jerusalem gewaltig an. Nach deren Ansicht sollten alle, die zur Gemeinde gehören wollen, erst einmal das ganze jüdische Gesetz befolgen und die Männer sich also auch beschneiden lassen. Es gab handfesten Streit, an dessen Ende Paulus sich durchsetzte mit seinem Programm der Inklusion. Das war die schwere Geburt, durch die die weltweite Kirche entstand.

Pfingsten als Fest des Geistes ist ein Feiertag nicht nur für die christliche Kirche, sondern für alle, die für ein komplexes Projekt von heute arbeiten: für Inklusion; gegen den Ungeist der Exklusion; gegen den Irrglauben, eine funktionierende Gesellschaft baue man mit dem Werkzeugkasten der Ausgrenzung. Pfingsten ist ein Inklusionsfeiertag. Pfingsten ist ein Feiertag, der der katholischen Kirche auch ihre eigenen Defizite vorhält.

Es ist ein Ungeist, der Menschsein am Lineal von Leistungsfähigkeit, Ökonomie und Nationalität misst.

Inklusion ist heute fast ein Modewort geworden. Es geht aber dabei nicht um Modisches, sondern um Wichtiges, um Demokratisches: Inklusion heißt Zugänglichkeit, nicht nur von Gebäuden und Omnibussen. Inklusion heißt Teilhabe. Inklusion heißt, dass die Gesellschaft nicht dadurch stark wird, dass man möglichst viele Menschen herausdefiniert und die Hürden möglichst hoch macht für die, die dazugehören wollen. Inklusion heißt: Gesellschaft entsteht durch die Überzeugung, dass alle teilhaben, dass sie Ressourcen, Eigentum und Entscheidungen teilen sollen. Da sitzt niemand am Katzentisch. Sozialstaatlichkeit darf darum nicht heißen, dass Menschen zu Objekten gemacht werden, auch nicht zu Objekten von Fürsorge.

Das Soziale darf sich nicht darin erschöpfen, Chancengleichheit für alle herzustellen. Die Rede von der Chancengleichheit ist beliebt, wenn man über Inklusion spricht. Man sollte das Wort von der Chancengleichheit aber mit Vorsicht genießen. Es verführt dazu, die Ausgeschlossenen zu individuellen Versagern zu stempeln und ihnen zu sagen: Chance verspielt – selber schuld! Aber selbst wenn: Auch die, die ihre Chancen verpasst haben, dürfen nicht ausgestoßen und wie gesellschaftlicher Müll behandelt werden. Hier beginnt erst die wirklich große Inklusionsaufgabe. Nicht einfach nur gleiche Chancen sind das Ziel, sondern gleiche Lebensverhältnisse, gleiche Rechte, gleiche Berücksichtigung von Lebensbedürfnissen. Das ist Inklusion; sie ist nie abgeschlossen.

Das seit der Wiedervereinigung größte Exklusionsprojekt trägt den Namen Hartz IV. Dieses Gesetz hat den Geist der Exklusion in die Mitte der Gesellschaft gepflanzt, es hat die rohe Bürgerlichkeit normalisiert, die die Existenzberechtigung von der Leistung abhängig macht. Es hat die Ideologien der Ungleichwertigkeit und des Hasses genährt. Das jüngste Exklusionsprojekt heißt „Geordnete-Rückkehr-Gesetz“; es wird dafür sorgen, dass viele Flüchtlinge von der Teilhabe am gesellschaftlichen Leben ausgegrenzt werden. Dieser Geist der Exklusion ist nicht nur moralisch schändlich, er ist auch politisch dumm. Es schließt Menschen von der Gestaltung der Zukunft aus, demütigt sie, raubt ihnen Selbstvertrauen, macht die einen lethargisch, die anderen aggressiv.

Es ist ein Ungeist, der Menschsein am Lineal von Leistungsfähigkeit, Ökonomie und Nationalität misst.

Der Inklusionsapostel Paulus war ein energischer und durchsetzungsfähiger Mann, der die Welt verändert hat. Und er war gehandicapt: Er war chronisch krank, von einem Anfallsleiden geplagt, vielleicht Epilepsie, und er litt wahrscheinlich unter einer Augenkrankheit. Diese Hinfälligkeit versteckte er nicht, er schrieb von ihr als dem Dorn im Fleisch. In seiner Aufzählung derer, die sich gleichwertig in den neuen Gemeinden treffen, fehlen Menschen mit Behinderungen. Vielleicht, weil für ihn selbstverständlich war, dass sie dazugehören; er war ja selbst betroffen. Paulus würde deshalb an Pfingsten 2019 das Jubiläum eines Satzes mitfeiern, der nun seit 25 Jahren im Grundgesetz steht: „Niemand darf wegen seiner Behinderung benachteiligt werden.“ Es ist ein kräftiger Satz. Er fordert, Menschen mit Behinderung nicht in eigens geschaffenen Einrichtungen zu verstecken und nicht am öffentlichen Leben zu hindern.

Inklusion ist eine Realvision. Sie hält an zu fragen, in welcher Gesellschaft wir leben wollen: in einer Gesellschaft, die zerfällt in „Normale“ und in solche, die „anders“ sind? In der die einen mit den anderen nichts zu tun haben wollen? Lieber nicht. Eine inklusive Gesellschaft wird nicht nur dadurch verhindert, dass, zumal an Schulen, zu wenig Geld dafür bereitgestellt wird. Sie wird verhindert von einem Ungeist, der das Menschsein am Lineal von Ökonomie, Leistungsfähigkeit und Nationalität misst. Dieser Ungeist meint, groß, great again, könne nur werden, wer die anderen möglichst kleinhält. Der Paulus-Weg zum christlichen Abendland ging anders, ganz anders.

M 2 Die UN-Behindertenrechtskonvention

Die Umsetzung der UN-Behindertenrechtskonvention (UN-BRK) durch die BAG SELBSTHILFE und den DBR
https://www.youtube.com/watch?v=EcI82FFBFp4

Fragen zum Erklärfilm:

1. Haben Sie schon einmal etwas von der UN-BRK gehört? In welchem Zusammenhang? Was ist Ihnen in Erinnerung geblieben?

2. Was ist die UN-Behindertenrechtskonvention? Welches Ziel verfolgt sie?

3. Welche Menschenrechte werden in der UN-BRK geschützt? Bitte recherchieren Sie dazu im Internet.

   UN-Behindertenrechtskonvention
   https://www.behindertenrechtskonvention.info/

4. Wie soll die UN-BRK in der Bundesrepublik Deutschland umgesetzt werden?

   Gemeinsam machen – Gemeinsam die UN-Behindertenrechtskonvention umsetzen
   https://www.gemeinsam-einfach-machen.de/GEM/DE/AS/Home/as_node.html

5. Was ist ein sehr wichtiger Grundsatz, der der UN-BRK zugrunde liegt?

   Deutsches Institut für Menschenrechte – Die UN-Behindertenrechtskonvention
   https://www.institut-fuer-menschenrechte.de/das-institut/monitoring-stelle-un-brk/die-un-brk

Gesetzestext: Die UN-Behindertenrechtskonvention
https://www.institut-fuer-menschenrechte.de/fileadmin/Redaktion/PDF/DB_Menschenrechtsschutz/CRPD/CRPD_Konvention_und_Fakultativprotokoll.pdf

Unterrichtsentwurf zum Thema Behinderung

Stundenziel: Die Schüler:innen nähern sich an den Begriff und das Konzept der Behinderung an. Sie lernen anhand von Selbstwahrnehmung und Fremdwahrnehmung das Thema Behinderung kennen. Die Schüler:innen reflektieren ihre Vorstellungen von Schönheit. Sie kennen Vorurteile und entwickeln ein kritisches Bewusstsein dazu.

Zeit	Lernphase	Lehrer:in/Schüler:in-Interaktion // Inhalte // Impulse	Sozialform	Methode	Medien
15′	Einstieg	Die Lehrperson begrüßt und nennt das Thema der heutigen Stunde: Behinderung. Zu Beginn des Unterrichts könnte eine kurze Andacht stehen, mit Lied, Gedanken zum Tag und mit dem Vaterunser. Die S:S singen nach der Begrüßung zusammen das Lied: Vergiß es nie. Dass Du lebst war keine eigene Idee. EG Erste Reflexion: Was ist das Besondere an jedem Menschen? Aussehen, Körper, Charakter, Herkunft, Beeinträchtigungen (. . .) Lehrperson fragt: Was verstehen die einzelnen S:S unter Verschiedenheit?	Singen Plenum	Impuls	Musik-instrument / CD-Player **M 1** Lied Flipchart zur Dokumentation
5′		S:S äußern eigene Gedanken zum Thema Behinderung: Alle S:S stellen sich im Kreis auf. S:S schreiben ihre Ideen/Assoziationen zu Behinderung auf und legen diese in die Mitte. Frage: Wer kennt in seinem Umfeld Menschen mit Behinderungen?	Gruppenarbeit		Plakat mit Aufschrift Behinderungen, Papierstreifen und Stifte
10′		S:S schreibt auf, was für sie/ihn schön oder Schönsein bedeutet? Die S:S sollen zu zweit die Fragen zu Schönheitsvorstellungen bearbeiten (**M 2**). Die S:S tauschen sich zu den gestellten Fragen aus. Es können auch Fotos von verschieden aussehenden Menschen betrachtet und besprochen werden. Auswertung: Besprechung der formulierten Aussagen und anschließendes Vergleichen. Wer bestimmt, was schön ist? Warum gibt es gegen Menschen Vorbehalte (u.a. mit Behinderungen, mit Tätowierungen, mit kräftigen/muskulösen Körper, auffälliger Kleidung)? Was sollte sich ändern?	Einzelarbeit	Arbeitsblatt	**M 2** Schönheits-vorstellungen

Zeit	Lernphase	Lehrer:in/Schüler:in-Interaktion // Inhalte // Impulse	Sozialform	Methode	Medien
15′	Erarbeitung	Film: Pro Infirmis „Wer ist schon perfekt?" (Youtube: Zugrifff am 8.5.2023, Dauer 4:28 https://www.youtube.com/watch?v=vf55LVk4ek4&feature=emb_logo Kurzbeschreibung: In der Vorweihnachtszeit ist die Zürcher Bahnhofstrasse hell erleuchtet. Schaufensterpuppen in einigen Geschäften sorgen für Aufsehen. Es sind besondere Schaufensterpuppen mit Behinderung im Einsatz. Die Models wurden maßstabgetreu als dreidimensionale Abbilder von Menschen mit Behinderungen abgenommen. Die Schaufensterpuppen sind den Körpern von Behinderten nachempfunden. Dadurch sollen Menschen dazu angeregt werden, über die Akzeptanz von Menschen mit Behinderung nachzudenken. Das Ziel wird erreicht: Menschen, die unverhofft mit diesem ernsten Thema konfrontiert werden, wirken nachdenklich und bleiben vor den Schaufenstern stehen. **Film:** file:///C:/Users/KLem/Downloads/APuZ_2019-06-07_online.pdf (Arbeitsblatt **M 3**) Lassen Sie die Jugendlichen mit ihren Sitznachbarinnen und Sitznachbarn zuerst notieren, welche Gefühle und Vorurteile während des Schauens aufkamen. Abschließend sollen sie über folgende Aussagen diskutieren: • Menschen mit Behinderungen sind seltsame Reaktionen gewohnt. • Es ist in Ordnung mein Gegenüber von Kopf bis Fuß zu scannen. • Einer blinden Person muss ich nicht in die Augen schauen. • Diskutieren Sie die Ergebnisse sowie Gründe und offene Fragen.	Dialog paarweise	Arbeitsblatt	Film **M 3** Schönheit und Behinderung
10′		S:S nähern sich an den Begriff der Behinderung an und formulieren eigene Vorstellungen von Behinderung an und reflektieren dies mit politischen/wissenschaftlichen Definitionen von Behinderung. Hintergrundinformationen: Aus Politik und Zeitgeschichte: Menschen mit Behinderungen 6/7 2019 https://www.bpb.de/apuz/284886/menschen-mit-behinderungen		Arbeitsblatt	Flipchart / Digitale Medien **M 4** Der Begriff der Behinderung
15′	Vertiefung	Film: Aktion Mensch „Das erste Mal" https://www.aktion-mensch.de/inklusion/bildung/impulse/inklusion-material/impulse-anderssein/u2-modul3-das-erste-mal.html Abspielen des Films in voller Länge. Fragestellungen während und zum Inhalt des Films (**M 5**) Abschließend sollen die SuS über folgende Aussagen diskutieren: ➢ Menschen mit Behinderungen sind seltsame Reaktionen gewohnt. ➢ Es ist in Ordnung mein Gegenüber von Kopf bis Fuß zu scannen. ➢ Einer blinden Person muss ich nicht in die Augen schauen. ➢ Diskutieren Sie die Ergebnisse sowie Gründe und offene Fragen.		Film Arbeitsblatt	**M 5** Vorurteile und Vielfalt

Zeit	Lernphase	Lehrer:in/Schüler:in-Interaktion // Inhalte // Impulse	Sozialform	Methode	Medien
10′	Vertiefung	S:S lernen den Anti-Bias-Ansatz und das Konzept des Ableismus kennen. Wie können Vorurteile erkannt und abgebaut werden? Wie kann sensibel und achtsam darauf aufmerksam gemacht werden? Anti-Bias-Ansatz: https://www.raa-brandenburg.de/Portals/4/media/UserDocs/RAA-Broschuere_Anti-Bias_grau.pdf (letzter Zugriff am 8.5.2023) Arbeitshilfe Ableismus: https://isl-ev.de/attachments/article/1687/Able-Ismus-bf_2018-bf.pdf (letzter Zugriff am 8.5.2023)	Plenum	Impuls	Beamer
10′	Ergebnissicherung	Die Ergebnisse der Unterrichtsstunde werden anhand eine Mind-Maps um den Begriff Behinderung gesichert.	Plenum	Mindmap	

Zusatzmaterial:

- **M 6** Kriterien der Leichten Sprache
- **Ethische Kodizes in Medizin und Biotechnologie:** https://www.aerzteblatt.de/archiv/8323/Ethische-Kodizes-in-Medizin-und-Biotechnologie-Schutz-vor-aerztlichen-Verfehlungen

M 1 Lied: Vergiss es nie

Vergiss es nie: Dass du lebst war keine eigene Idee
https://www.youtube.com/watch?v=mOhBuLllaC4

Vergiss es nie: Dass du lebst war keine eigene Idee, und dass du atmest, kein Entschluss von dir. Vergiss es nie: Dass du lebst, war eines anderen Idee, und dass du atmest, sein Geschenk an dich.

Du bist gewollt, kein Kind des Zufalls, keine Laune der Natur, ganz egal, ob du dein Lebenslied in Moll singst oder Dur. Du bist ein Gedanke Gottes, ein genialer noch dazu. Du bist du ... Das ist der Clou ... Ja, du bist du.

Vergiss es nie: Niemand denkt und fühlt und handelt so wie du und niemand lächelt so, wie du's gerade tust. Vergiss es nie: Niemand sieht den Himmel ganz genau wie du, und niemand hat je, was du weißt, gewusst. Du bist gewollt, kein Kind des Zufalls, keine Laune der Natur, ganz egal, ob du dein Lebenslied in Moll singst oder Dur. Du bist ein Gedanke Gottes, ein genialer noch dazu. Du bist du ... Das ist der Clou ... Ja, du bist du.

Vergiss es nie: Dein Gesicht hat niemand sonst auf dieser Welt, und solche Augen hast alleine du. Vergiss es nie: Du bist reich, egal ob mit, ob ohne Geld, denn du kannst leben! Niemand lebt wie du. Du bist gewollt, kein Kind des Zufalls, keine Laune der Natur, ganz egal, ob du dein Lebenslied in Moll singst oder Dur. Du bist ein Gedanke Gottes, ein genialer noch dazu. Du bist du ... Das ist der Clou ... Ja, du bist du.

M 2 Schönheitsvorstellungen

A) Welche Schauspielerin/welchen Schauspieler finden Sie schön? Welche der abgebildeten Personen finden Sie schön, ansprechend und/oder interessant?

1. ______________________________

2. ______________________________

B) Versuchen Sie zu beschreiben, warum Sie eine Person/einen Menschen schön finden?

1. ______________________________

2. ______________________________

C) Welchen Zusammenhang sehen Sie zwischen Aussehen und Charakter?

1. ______________________________

2. ______________________________

D) Was vermuten Sie, wie Sie von anderen eingeschätzt werden und welches Bild von Ihnen andere Menschen haben?

1. ______________________________

2. ______________________________

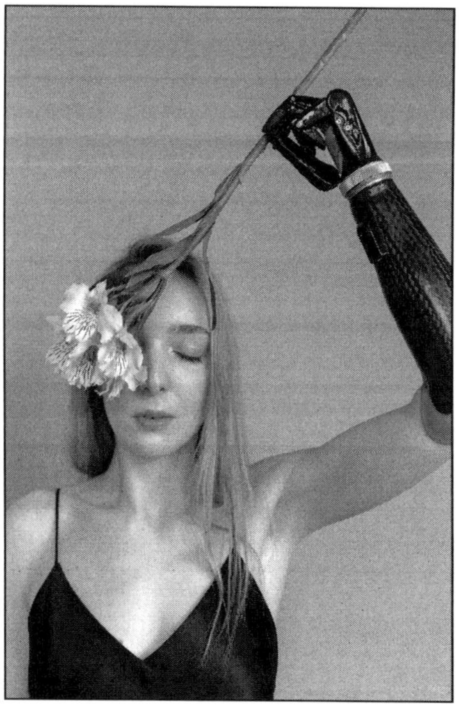

© pexels.com / anna shvets

© pexels.com / cliff booth

Rollstuhlfahrer macht Selfie von sich und seinen Freunden – Gesellschaftsbilder.de

Markus Rehm gewinnt Gold im Weitsprung – Gesellschaftsbilder.de

M 3 Schönheit und Behinderung

Kurzfilm: Pro Infirmis „Wer ist schon perfekt?“
https://www.youtube.com/watch?v=vf55LVk4ek4&feature=emb_logo

Aufgabe:
Schauen Sie den Clip von Pro Infirmis „Wer ist schon perfekt?“ an. Anschließende Fragen zur Reflexion:

a) Wie haben Sie diesen Film erlebt?

b) Wie wird in diesem Clip Behinderung in Szene gesetzt?

c) Welches Bild von Behinderung wird hier erzeugt?

d) Welches Bild haben Menschen von Behinderungen von sich selbst?

e) Gibt es einen Widerspruch zwischen Selbst- und Fremdwahrnehmung?

f) Wie schätzen Sie die Reaktionen der vorbeigehenden Passantinnen und Passanten ein?

g) Welches Bild von Schönheit wird in diesem Clip in Szene gesetzt?

h) Wie erleben Sie den Augenblick, als die Menschen mit Behinderungen ihr Spiegelbild in der ihnen angepassten und nachgebildeten Schaufensterpuppe sehen?

i) Findet in diesem Clip eine Ästhetisierung von Behinderung statt?

j) In welchem Verhältnis stehen Schönheit und Behinderung?

k) Welche Intention könnte für den Regisseur handlungsleitend gewesen sein?

l) Wie erzählen Sie diesen Film und Ihre Eindrücke bei Ihren Freunden?

m) Welche Fragen stellen Sie selbst zu diesem Film oder welche Antwort bleibt der Clip schuldig?

- ☐ neugierig machend
- ☐ gut gemacht
- ☐ so habe ich Behinderung noch nie betrachtet
- ☐ dazu passende Musik
- ☐ beschönigend
- ☐ so geht es nur im Traum
- ☐ meinen Horizont erweiternd
- ☐ mich berührend
- ☐ nachdenklich machen
- ☐ die Ästhetisierung von Behinderung so habe ich es noch nie betrachtet
- ☐ einfühlsam
- ☐ aufweckend
- ☐ aggressiv machend

M 4 Der Begriff der Behinderung

UN-Behindertenrechtskonvention
https://www.behindertenrechtskonvention.info/uebereinkommen-ueber-die-rechte-von-menschen-mit-behinderungen-3101/

a) Sozialgesetzbuch Neuntes Buch – Rehabilitation und Teilhabe von Menschen mit Behinderungen – SGB IX), § 2: Begriffsbestimmungen, 2019

Menschen mit Behinderungen sind Menschen, die körperliche, seelische, geistige oder Sinnesbeeinträchtigungen haben, die sie in Wechselwirkung mit einstellungs- und umweltbedingten Barrieren an der gleichberechtigten Teilhabe an der Gesellschaft mit hoher Wahrscheinlichkeit länger als sechs Monate hindern können. Eine Beeinträchtigung nach Satz 1 liegt vor, wenn der Körper- und Gesundheitszustand von dem für das Lebensalter typischen Zustand abweicht. Menschen sind von Behinderung bedroht, wenn eine Beeinträchtigung nach Satz 1 zu erwarten ist.

b) UN-Behindertenrechtskonvention (2006)

Das Verständnis von Behinderung entwickelt sich ständig weiter. Eine Behinderung entsteht aus der Wechselwirkung zwischen Menschen mit Beeinträchtigungen und einstellungs- und umweltbedingten Barrieren. Diese hindern Menschen an der vollen, wirksamen und gleichberechtigten Teilhabe an der Gesellschaft.

c) Behinderung nach der WHO

Die WHO geht bei der Bestimmung von Behinderung von drei Dimensionen aus:

- Schädigung (Funktionsstörung) = Mängel oder Abnormitäten der anatomischen, psychischen oder physiologischen Funktionen und Strukturen des Körpers
- Beeinträchtigung = Funktionsbeeinträchtigung oder -mängel aufgrund von Schädigungen, die typische Alltagssituationen behindern oder unmöglich machen
- Behinderung = Nachteile einer Person aus einer Schädigung oder Beeinträchtigung

d) Internetrecherche: Weitere Bestimmungen von Behinderung

Welche weitere Definitionen und Bestimmungen zu Behinderung können Sie finden?

M 5 Vorurteile und Vielfalt

Kurzfilm: „Das erste Mal“
https://www.aktion-mensch.de/inklusion/bildung/impulse/inklusion-material/impulse-anderssein/u2-modul3-das-erste-mal.html

Abspielen des Films: „Das erste Mal“ in voller Länge

Fragestellungen während und zum Inhalt des Films:

0:55 – Was würden Sie in so einer Situation erwarten?
2:13 – Reagieren Menschen mit Behinderungen anders auf diese Situation?
4:30 – Durch welches Verhalten lassen sich „unangenehme“ Situationen lösen?

Aufgaben:

1. Beschreiben Sie die ersten Augenblicke der Begegnungen und überlegen Sie, wie es den einzelnen Protagonisten ergeht?

2. Welche Vorurteile werden Ihrer Einschätzung nach dargestellt?

3. Wie kommt es zu einer veränderten Wahrnehmung und Einschätzung der Situation?

4. Wie verändern sich in diesem Film das Verhältnis von Selbst- und Fremdwahrnehmung?

5. Wie können Vorurteile erkannt und abgebaut werden und welche Rolle spielt Kennenlernen und Begegnung?

M 6 Kriterien der Leichten Sprache

Die Regeln für Leichte Sprache

Leichte Sprache ist wichtig. VIELE MENSCHEN VERSTEHEN SCHWERE SPRACHE NICHT.

Das ist zum Beispiel schwere Sprache:
- Fremd-Wörter
- Fach-Wörter
- Lange Sätze

Darum gibt es Leichte Sprache. Leichte Sprache verstehen alle besser. Leichte Sprache hilft vielen Menschen.

Zum Beispiel:
- Menschen mit Lern-Schwierigkeiten
- Menschen mit der Krankheit Demenz
- Menschen, die nicht so gut Deutsch sprechen
- Menschen, die nicht so gut lesen können

Viele Menschen wissen nicht genau: Was ist Leichte Sprache? Sie müssen erst lernen:
- Wie schreibt man in Leichter Sprache?
- Wie spricht man in Leichter Sprache?

Hier stehen die Regeln für Leichte Sprache. Und Tipps zum Prüfen von Texten.
- Prüfen ist für Leichte Sprache sehr wichtig.
- Prüfen gehört zur Leichten Sprache.
- Das Prüfen machen Menschen mit Lern-Schwierigkeiten.
- Nur sie können sagen, ob ein Text leicht genug ist.

Darauf müssen Sie bei der Leichten Sprache achten:
1. Wörter; 2. Zahlen und Zeichen; 3. Sätze; 4. Texte; 5. Gestaltung und Bilder; 6. Prüfen

Wörter
- Benutzen Sie einfache Wörter.
- Benutzen Sie Wörter, die etwas genau beschreiben.
- Benutzen Sie bekannte Wörter.
- Verzichten Sie auf Fach-Wörter und Fremd-Wörter.
- Erklären Sie schwere Wörter.
- Kündigen sie schwere Wörter an.
- Sie könne am Ende vom Text ein Wörter-Buch machen.
- Benutzen Sie immer die gleichen Wörter für die gleichen Dinge.

Zum Beispiel:
- Sie schreiben über ein Medikament.
- Benutzen Sie immer ein Wort. Zum Beispiel: Tablette.
- Wechseln Sie nicht zwischen Tablette und Pille.
- Benutzen Sie kurze Wörter.

Wenn das nicht geht:
- Trennen Sie lange Wörter mit einem Binde-Strich.
- Dann kann man die Wörter besser lesen.

Quelle: © Netzwerkes Leichte Sprache e.V.

Literatur

Aquin, Thomas von (1933): Summa Theologica, Salzburg/ Leipzig.

Bieri, Peter (2013): Eine Art zu leben: Über die Vielfalt menschlicher Würde, München.

Bleidick, Ulrich (2001): Behinderung Stichwort. In: Georg Antor / Ulrich Bleidick (Hg.): Handlexikon der Behindertenpädagogik: Schlüsselbegriffe aus Theorie und Praxis. 2. überarb. und erweit. Auflage, Stuttgart.

Bleidick, Ulrich / Ellger-Rüttgardt, Sieglind (2008): Behindertenpädagogik – eine Bilanz: Bildungspolitik und Theorieentwicklung von 1950 bis zur Gegenwart, Stuttgart.

Böckle, Franz (1979): Biotechnik und Menschenwürde. Über die sittliche Bewertung extrakorporaler Befruchtung. Die neue Ordnung 33, S. 356–362.

Bundesministerium für Arbeit und Soziales (BMAS) (2011): Übereinkommen der Vereinten Nationen über die Rechte von Menschen mit Behinderungen [online]. Bonn: Bundesministerium für Arbeit und Soziales, 01.12.2011: https://www.bmas.de/SharedDocs/Downloads/DE/PDF-Publikationen/a729-un-konvention.pdf?__blob=publicationFile&v=3

Cicero, Marcus Tullius: De officiis, Über die Pflichten, in: https://www.schule-bw.de/faecher-und-schularten/sprachen-und-literatur/latein/texte-und-medien/cicero-philosophie/de-officiis, abgerufen am 2.8.2022; 9:32 Uhr.

Cicero, Marcus Tullius (1996): De officiis/Von den Pflichten, hg. von Heinz Gunermann, Stuttgart.

Damschen, Gregor / Schönecker, Dieter (2003): Der moralische Status menschlicher Embryonen. Pro und contra Spezies-, Kontinuums-, Identitäts- und Potentialitätsargument, Berlin.

Dederich, Markus (2000): Behinderung – Medizin – Ethik. Behindertenpädagogische Reflexionen zu Grenzsituationen am Anfang und Ende des Lebens. Zugl.: Köln, Univ., Habil.-Schr. 1. Aufl. Klinkhardt (Klinkhardt-Forschung) Bad Heilbrunn/Obb.

Dederich, Markus (2009): Behinderung als sozial- und kulturwissenschaftliche Kategorie. In: Markus Dederich / Wolfgang Jantzen (Hg.): Behinderung und Anerkennung, Stuttgart, S. 15–40.

Degener, Theresia (2015): Die UN-Behindertenrechtskonvention – ein neues Verständnis von Behinderung. In: Theresia Degener / Elke Diehl (Hg.): Handbuch Behindertenrechtskonvention: Teilhabe als Menschenrecht – Inklusion als gesellschaftliche Aufgabe. Bundeszentrale für Politische Bildung, Bonn, S. 55–74.

Degener, Theresia / Diehl (Hg.) (2015): Handbuch Behindertenrechtskonvention. Teilhabe als Menschenrecht-Inklusion als gesellschaftliche Aufgabe, Bonn.

Dorrance, Carmen / Dannenbeck, Clemens (Hg.) (2013): Doing Inclusion. Inklusion in einer nicht inklusiven Gesellschaft, Heilbronn.

Ebach, Jürgen (1977): Die Erschaffung des Menschen als Bild Gottes: Überlegungen zur Anthropologie im Schöpfungsbericht der Priesterschrift, Göttingen.

Evangelische Kirche im Rheinland (2014): Da kann ja jede(r) kommen. Inklusion und kirchliche Praxis. Orientierungshilfe, Bonn, 3. Auflage.

Frewer, Andreas / Klotz, Sabine / Herrler, Christoph / Bielefeld, Heiner: Gute Behandlung im Alter. Menschenrechte und Ethik zwischen Ideal und Realität, Bielefeld.

Frost, Ursula / Gorki / Krone, Wolfgang / Waßmer, Johannes (Hg.) (2020): Dialog als Prinzip, Festschrift für Hans-Joachim Werner, Bodenburg.

Gemeinsamer Bundesausschuss (2019): Richtlinie zur Empfängnisregelung und zum Schwangerschaftsabbruch.

Goffman, Erving (2012): Stigma: über Techniken der Bewältigung beschädigter Identität, 21. Auflage, Frankfurt/M.

Gröschke, Dieter (2007): Behinderung. In: Heinrich Greving (Hg.) Kompendium der Heilpädagogik, Band 1. Bildungsverlag EINS, Troisdorf, S. 97–109.

Härle, Wilfried (2007): Dogmatik, 3. Aufl., Berlin.

Härle, Wilfried (2011): Ethik, Berlin/New York.

Hey, Monika (2012): Mein gläserner Bauch. Wie die Pränataldiagnostik unser Verhältnis zum Leben verändert. München: E-Books der Verlagsgruppe Random House GmbH.

Hirschberg, Marianne (2003): Die Klassifikation von Behinderung der WHO: Gutachten. Erstellt im Auftrag des Institutes Mensch, Ethik und Wissenschaft (IMEW). Institut Mensch, Ethik und Wissenschaft (IMEW), Berlin.

Höfer, Renate (2000): Jugend, Gesundheit und Identität. Studien zum Kohärenzgefühl. VS Verlag für Sozialwissenschaften (Forschung Soziologie, 86), Wiesbaden.

Hofheinz, Marco (2008): Gezeugt, nicht gemacht. In-vitro-Fertilisation in theologischer Perspektive, Münster.

Hörning, Martin (2016): Medizinische Grundbegriffe für Soziale Berufe – Sozialmedizin, Gesundheit, Krankheit, Behinderung, Public Health. In: Schwarzer, Wolfgang (Hg.): Medizinische Grundlagen für soziale Berufe, Dortmund, S. 11–34.

http://www.dwds.de/wb/Schwangerschaftsabbruch: „Schwangerschaftsabbruch", in: DWDS – Digitales Wörterbuch der deutschen Sprache, hg. von der Berlin-Brandenburgischen Akademie der Wissenschaften.

Hugoth, Matthias / Schwendemann, Wilhelm / Stöbener, André Paul (Hg.) (2016): Menschenrechte und Inklusion, Berlin.

Jacob, Benno (2000): Das Buch Genesis (1934), Stuttgart.

Janowski, Bernd (2000): Art. Gottebenbildlichkeit I. Altes Testament und Judentum, in: RGG, 4. Aufl., Bd. 3, Tübingen, Sp. 1159f.

Jantzen, Wolfgang (1976): Zur begrifflichen Fassung von Behinderung aus Sicht des dialektischen Materialismus. In: Zeitschrift für Heilpädagogik, 27 (7), S. 428–436.

Jantzen, Wolfgang (1998): Die Zeit ist aus den Fugen, Marburg.

Jonas, Hans (1979): Das Prinzip Verantwortung: Versuch einer Ethik für die technologische Zivilisation, Frankfurt/M.

Jüngel, Eberhard (2002): Der Gott entsprechende Mensch. Bemerkungen zur Gottebenbildlichkeit des Menschen als Grundfigur theologischer Anthropologie (1975), in: Jüngel, Eberhard (2002) Entsprechungen: Gott – Wahrheit – Mensch, 3. Aufl., um ein Register erweitert, Tübingen.

Kant, Immanuel (1907/14): Grundlegung zur Metaphysik der Sitten, Akademie Ausgabe, Band IV, Berlin/New York.

Kastl, Jörg Michael (2010): Einführung in die Soziologie der Behinderung, Wiesbaden.

Kastl, Jörg Michael Inklusion und Integration oder: Ist Inklusion Menschenrecht oder eine pädagogische Ideologie. Soziologische Thesen, http://www.imew.de/fileadmin/Dokumente/Volltexte/FriedrichshainerKolloquien/ Kastl_Inklusion_und_Integration_IMEW_Okt2012_END.pdf (Zugriff am 7.01.2020).

Khoury, Adel Theodor (2007ff): Koran, in: https://koran.wwpa.com/page/Koran-Ubersetzung-von-Khoury.

Köbsell, Swantje (2012): Wegweiser Behindertenbewegung: Neues (Selbst-)Verständnis von Behinderung. Arbeitsgemeinschaft Sozialpolitischer Arbeitskreise, Neu-Ulm.

Kreutz, Marcus / Lachwitz, Klaus / Trenk-Hinterberger, Peter (2012): Die UN-Behindertenrechtskonvention in der Praxis: Erläuterungen der Regelung und Anwendungsgebiete, München.

Krolzik-Matthei, Katja (2015): § 218. Feministische Perspektiven auf die Abtreibungsdebatte in Deutschland, Münster 2015.

Liedke, Ulf / Wagner, Harald u.a (Hg.) (2020): Inklusion. Lehr und Arbeitsbuch für professionelles Handeln in Kirche und Gesellschaft, Stuttgart.

Maio, Giovanni (2011): Medizin in einer Gesellschaft, die kein Schicksal duldet. Eine Kritik des Machbarkeitsdenkens der modernen Medizin, in: Zeitschrift für medizinische Ethik 57, S. 79–98.

Maio, Giovanni (2014): Medizin ohne Maß?, Stuttgart.

Margalit, Avishai (1996): The Decent Society, Cambridge.

Mannino, Adriano (2021): Wen rette ich – und wenn ja wie viele? Über Triage und Verteilungsgerechtigkeit, Stuttgart.

Pico della Mirandola, Giovanni (1496/2004): De hominis dignitate/Über die Würde des Menschen, Göttingen.

Mukerji, Nikil; Mannino, Adriano (2020): Covid-19: Was in der Krise zählt. Über Philosophie in Echtzeit, Stuttgart.

Mürner, Christian / Sierck, Udo (2012): Behinderung: Chronik eines Jahrhunderts, Weinheim.

Neumann Dirk / Pahlen Ronald u.a. (Hg.): Sozialgesetzbuch IX: Rehabilitation und Teilhabe behinderter Menschen. Kommentar, 14. neubearbeitete Auflage 2020.

Neumann-Gorsolke, Ute (2004): Herrschen in den Grenzen der Schöpfung. Ein Beitrag zur alttestamentlichen Anthropologie am Beispiel von Psalm 8, Genesis 1 und verwandten Texten (WMANT 101), Neukirchen-Vluyn.

Noss Peter (2019): Inklusion in Sport und Kirche. Handlungsfeld der öffentlichen Theologie, Bielefeld.

Nussbaum, Martha C. (2006): Frontiers of Justice: Disability, Nationality, Species Membership, Cambridge.

Petersen, Peter (1994): Reproduktionsmedizin – Herausforderung an die ärztlich-wissenschaftliche Haltung der Menschwerdung. In: Udo Benzenhöfer (Hg.): Herausforderung Ethik in der Medizin, Frankfurt/M., S. 81–98.

Reinmuth, Eckart (2002): Hermeneutik des Neuen Testaments. Eine Einführung in die Lektüre des Neuen Testaments, Göttingen.

Reinmuth, Eckart (2004): Eschatologie und Historik. Ein theologischer Beitrag zu 1. Kor 15, in: Schröter, J. / Eddelbüttel, A. (Hg.), Konstruktion von Wirklichkeit. Beiträge aus geschichtstheoretischer, philosophischer und theologischer Perspektive, TBT 127, Berlin / New York, S. 221–235.

Reinmuth, Eckart (2004): Paulus. Gott neu denken, BG 9, Leipzig, S. 91–105.

Reinmuth, Eckart (2006): Anthropologie im Neuen Testament, Tübingen.

Reinmuth, Eckart (2009): Neutestamentliche Exegese, Theologie und Gesellschaft. Diskurstheoretische Überlegungen, in: M. Öhler / C. Claußen (Hg.), Exegese und Dogmatik, BTS 107, Neukirchen-Vluyn.

Rosa Hartmut (2020): Unverfügbarkeit, Wien.

Schaber, Peter (2012): Menschenwürde, Stuttgart.

Schmidt, Werner Hans (1974): Die Schöpfungsgeschichte der Priesterschrift. Zur Überlieferungsgeschichte von Gen 1,1–2,4a und 2,4a–3,24 (WMANT 17), 3. Aufl., Neukirchen-Vluyn.

Schmuhl, Hans-Walter (2010): Exklusion und Inklusion durch Sprache – Zur Geschichte des Begriffs Behinderung. Institut Mensch, Ethik und Wissenschaft (IMEW), Berlin.

Schnelle, Udo (2007): Theologie des Neuen Testaments, UTB 2917, Göttingen.
Schöpfungsbericht der Priesterschrift, PTh 66, S. 198–214.
Schroer, Silvia (1987): In Israel gab es Bilder. Nachrichten von darstellender Kunst im Alten Testament (OBO 74), Freiburg (Schweiz).
Schwarzer, Wolfgang / Crefeld, Wolf / Gödecker-Geenen, Norbert / Grond, Erich / Hörning, Martin / Hoffmann, Peter Michael / Hülshoff, Thomas (Hg.) (2016): Medizinische Grundlagen für soziale Berufe. Sozialmedizin. 2., verbesserte und erweiterte Auflage, Dortmund.
Schweiker, Wolfhard (2017): Prinzip Inklusion. Grundlagen einer interdiziplinären Metatheorie in religionspädgogischer Perspektive, Göttingen.
Spatschek, Christian / Thiessen, Barbara (Hg.): Inklusion und Soziale Arbeit. Teilhabe und Vielfalt als gesellschaftliche Gestaltungsfelder, Opladen 2017.
Stichweh Rudolf / Windolf Paul (Hg.): Inklusion und Exklusion. Analysen zur Sozialstruktur und sozialen Ungleichheit, Wiesbaden 2009.
Tiedemann, Paul (2006): Was ist Menschenwürde? Eine Einführung, Darmstadt.
Waldschmidt, Anne (2005): Disability Studies: Individuelles, soziales und/oder kulturelles Modell von Behinderung? In: Psychologie und Gesellschaftskritik 29 (1), S. 9–31.
Waldschmidt, Anne (2009): Disability Studies. In: Markus Dederich und Wolfgang Jantzen (Hg.) Behinderung und Anerkennung. Kohlhammer, S. 125–133, Stuttgart.
Waller, Heiko (2002): Sozialmedizin. Grundlagen und Praxis, 5., überarb. und erw. Aufl. Kohlhammer, Stuttgart.
Weizäcker, Richard von (1993): Ansprache von Bundespräsident Richard von Weizsäcker bei der Eröffnungsveranstaltung der Tagung der Bundesarbeitsgemeinschaft Hilfe für Behinderte [online]. Bundespräsidialamt, 01.07.1993, Berlin. http://www.bundespraesident.de/SharedDocs/Reden/DE/Richard-von-Weizsaecker/Reden/1993/07/19930701_Rede.html
Welti, Felix (2018): Behinderung. In: Olaf Deinert und Felix Welti (Hg.) Behindertenrecht: Arbeits- und Sozialrecht/Öffentliches Recht/Zivilrecht. Alphabetische Gesamtdarstellung, 2. Aufl., Baden-Baden.
Wesselmann, Carla: Inklusion aus dem Blickwinkel der Disabilty Studies – Perspektiven und Konsequenzen für die Soziale Arbeit, in Spatschek/Thiessen 2017.
Westermann, Claus (1999): Genesis, Kap. 1–11 (BK I/1), 4. Aufl., Neukirchen-Vluyn.
Wildberger, Hans (1965): Das Abbild Gottes. Gen 1,26–30, in: ThZ 21, 245ff.481ff.
Wildberger, Hans (1984): Artikel Saelaem/„Abbild“, in: THAT, 3. Aufl., Bd. 2, München/Zürich, S. 556–563.
Zimmerli, Walther (1957): Die Urgeschichte. 1. Mose 1–11 (Prophezei), 2. Aufl., Zürich.

Wilhelm Schwendemann / York Breidt / Melanie Saunus

Menschenwürde und Migration

Vier Unterrichtseinheiten für die Klassen 9 bis 13 und berufliche Schulen

1. Auflage 2019
126 Seiten, farbige und sw Abbildungen
Format: DIN A4, broschiert
ISBN 978-3-7668-4494-1

Das Heft bietet Informationen und praktische Anregungen zur kompetenzorientierten Erarbeitung des Themas „Migration und Menschenwürde“ in der Sekundarstufe I und II.

Den vier Unterrichtseinheiten vorangestellt ist eine ausführliche Einführung zum Thema Menschenwürde und Migration. Sie beinhaltet religionspädagogische Ausführungen und Verortung im Bildungsplan. Zudem sind relevante Informationen zum Thema „Migrationsgesellschaft Deutschland“ mit statistischen Zahlen vorhanden.

Ausgehend vom Artikel 1 unseres Grundgesetzes und Bildern zu menschenverachtendem Umgang werden die Schülerinnen und Schüler an das Thema herangeführt. Weiterführend erarbeiten sie sich den inhaltlichen Begriff der Menschenwürde (Themenfelder: Recht / Geschichte / Philosophie / Theologie / Menschenrechte), um anschließend aktuelle Fallbeispiele zu bearbeiten.

Eine abschließende Übung zur Fragestellung: „Wie kommen Menschen untereinander aus und wie machen sie das?“ rundet die Unterrichtseinheit ab.

Zudem finden sich praktische Übungen zum Umgang mit Migration im Zusammenhang der Menschenwürde (Gestaltgesetze der Wahrnehmung / Gestaltgesetze im Zusammenhang von Migration und Selbstreflexion: Gesetz der Nähe, Gesetz der guten Gestalt, Gesetz der guten Fortsetzung, Gesetz der gemeinsamen Region, Gesetz der Gleichzeitigkeit, Gesetz der Verbundenheit, Gesetz der Ähnlichkeit/Zusammengehörigkeit, Gesetz der Geschlossenheit, Gesetz des gemeinsamen Schicksals).